# Book of
# Musical
# Anecdotes

# 音乐逸事
【修订版】

【英】诺曼·莱布雷希特 著　盛韵 译
(Norman Lebrecht)

生活·讀書·新知三联书店

Simplified Chinese Copyright©2019 by SDX Joint Publishing Company. All Rights Reserved.
本作品中文简体版权由生活·读书·新知三联书店所有。未经许可，不得翻印。

Copyright © 1985 Norman Lebrecht
This edition arranged with A.M Heath & Co Ltd. through Andrew Nurnberg Associates International Limited.

**图书在版编目 (CIP) 数据**

音乐逸事 /（英）莱布雷希特著；盛韵译 . -- 2 版（修订版）. -- 北京：生活·读书·新知三联书店, 2019.1
（音乐生活丛书）

ISBN 978-7-108-06241-3

Ⅰ. ①音… Ⅱ. ①莱… ②盛… Ⅲ. ①作曲家 – 生平事迹 – 世界 Ⅳ. ① K815.76

中国版本图书馆 CIP 数据核字 (2018) 第 040973 号

| | |
|---|---|
| 责任编辑 | 樊燕华 |
| 装帧设计 | 张　红　优　昱 |
| 责任印制 | 徐　方 |
| 出版发行 | 生活·讀書·新知三联书店<br>北京市东城区美术馆东街22号 |
| 邮　　编 | 100010 |
| 网　　址 | www.sdxjpc.com |
| 图 字 号 | 01-2017-0173 |
| 经　　销 | 新华书店 |
| 排版制作 | 北京红方众文科技咨询有限责任公司 |
| 印　　刷 | 河北鹏润印刷有限公司 |
| 版　　次 | 2011年4月北京第 1 版<br>2019年1月北京第 2 版<br>2019年1月北京第 2 次印刷 |
| 开　　本 | 880毫米×1230毫米　1/32　印张 14 |
| 字　　数 | 299千字 |
| 印　　数 | 07,001—15,000 册 |
| 定　　价 | 56.00 元 |

（印装查询：010-64002715；邮购查询：010-84010542）

# Contents

目录

中文版序　　　　　　　　　　　　　001
序　　　　　　　　　　　　　　　　003

阿雷佐的奎多　　　　　　　　　　　010
（GUIDO of Arezzo，991年后—1050年前）

沙特兰·德·库西　　　　　　　　　011
（Chastelain de COUCY，约1160—1203）

纪尧姆·德·马肖　　　　　　　　　012
（Guillaume de MACHAUT，约1300—1377）

若斯坎·德·普雷　　　　　　　　　013
（Josquin des PRES，约1440—1521）

马丁·路德　　　　　　　　　　　　014
（Martin LUTHER，1483—1546）

罗朗·德·拉絮斯　　　　　　　　　015
（Rolande de LASSUS 或 Orlando di Lasso，约1532—1594）

堂·卡洛·杰苏阿尔多，维诺萨亲王　016
（Don Carlo GESUALDO，Prince of Venosa，约1561—1613）

克劳迪奥·蒙特威尔第　　　　　　　017
（Claudio MONTEVERDI，1567—1643）

海因里希·许茨 018
(Heinrich SCHÜTZ, 1585—1672)

让-巴蒂斯特·吕利 019
[Jean-Baptiste LULLY, 本名乔万尼·巴蒂斯塔·吕利
(b. Giovanni Battista Lulli), 1632—1687]

亚历山德罗·斯特拉德拉 020
[Alessandro STRADELLA, 1638(9)—1682]

阿尔坎杰洛·科雷利 021
(Arcangelo CORELLI, 1653—1713)

马兰·马雷 022
(Marin MARAIS, 1656—1728)

亨利·珀塞尔 023
(Henry PURCELL, 1659—1695)

弗朗索瓦·库普兰 024
(François COUPERIN, 1668—1733)

安东尼奥·维瓦尔第 025
(Antonio VIVALDI, 1678—1741)

乔治·菲利普·蒂勒曼 025
(Georg Philipp TELEMANN, 1681—1767)

让-菲利普·拉莫 027
(Jean-Philippe RAMEAU, 1683—1764)

约翰·塞巴斯蒂安·巴赫 028
(Johann Sebastian BACH, 1685—1750)

约翰·盖伊 039
(John GAY, 1685—1732)

乔治·弗里德里克·亨德尔 039
(George Frideric HANDEL, 1685—1759)

尼古拉·波尔波拉 048
(Nicola PORPORA, 1686—1768)

朱塞佩·塔尔蒂尼 048
(Giuseppe TARTINI, 1692—1770)

约翰·约阿希姆·匡茨 049
(Johann Joachim QUANTZ, 1697—1773)

乔万尼·巴蒂斯塔·萨马丁尼 050
(又称圣马丁尼,Giovanni Battista SAMMARTINI
或 San Martini,约 1700—1775)

法里内利 050
[原名卡洛·布罗希, FARINELLI (b. Carlo Broschi),
1705—1782]

托马斯·奥古斯丁·阿恩 052
(Thomas Augustine ARNE, 1710—1778)

卡法雷利 053
[CAFFARELLI,原名加艾塔诺·马约拉诺(b. Gaetano
Majorano), 1710—1783]

腓特烈大帝或普鲁士的腓特烈二世 054
(FREDERICK the Great 或 Friedrich II of Prussia, 1712—1786)

让-雅克·卢梭 056

（Jean-Jacques ROUSSEAU，1712—1778）

克里斯托弗·维利巴尔德·冯·格鲁克  058
（Christoph Willibald von GLUCK，1714—1787）

查尔斯·伯尼  060
（Charles BURNEY，1726—1814）

弗朗索瓦·安德烈·菲利多  061
（François André PHILIDOR，1726—1795）

弗朗茨·约瑟夫·海顿  062
（Franz Joseph HAYDN，1732—1809）

约翰·克里斯蒂安·巴赫  067
（Johann Christian BACH，1735—1782）

威廉·亨歇尔爵士  069
（Sir William HERSCHEL，1738—1822）

乔万尼·帕伊谢洛  070
（Giovanni PAISIELLO，1740—1816）

安德烈·格雷特里  071
（André GRETRY，1741—1813）

路易吉·博凯里尼  072
（Luigi BOCCHERINI，1743—1805）

多梅尼科·奇马罗萨  073
（Domenico CIMAROSA，1749—1801）

安东尼奥·萨列里  073
（Antonio SALIERI，1750—1825）

穆齐奥·克莱门蒂  075

（Muzio CLEMENTI，1752—1832）

乔瓦尼·巴蒂斯塔·维奥蒂 076
（Giovanni Battista VIOTTI，1755—1824）

沃尔夫冈·阿玛迪乌斯·莫扎特 078
（Wolfgang Amadeus MOZART，1756—1791）

路易吉·凯鲁比尼 092
（Luigi CHERUBINI，1760—1842）

路德维希·冯·贝多芬 094
（Ludwig van BEETHOVEN，1770—1827）

加斯帕罗·斯蓬蒂尼 116
（Gaspare SPONTINI，1774—1851）

丹尼尔·奥柏 117
（Daniel AUBER，1782—1871）

约翰·费尔德 119
（John FIELD，1782—1837）

尼科洛·帕格尼尼 120
（Niccolò PAGANINI，1782—1840）

路德维希（路易）·施波尔 126
[Ludwig（Louis）SPOHR，1784—1859]

卡尔·玛利亚·冯·韦伯 128
（Carl Maria von WEBER，1786—1826）

贾科莫·迈耶贝尔 130
[Giacomo MEYERBEER，本名雅各布·利伯曼·比尔
（Jakob Liebmann Beer），1791—1864]

卡尔·车尔尼 132
(Karl CZERNY, 1791—1857)

焦阿基诺·罗西尼 133
(Gioacchino ROSSINI, 1792—1868)

弗朗茨·舒伯特 139
(Franz SCHUBERT, 1797—1828)

盖塔诺·多尼采蒂 145
(Gaetano DONIZETTI, 1797—1848)

雅克·弗罗芒塔尔·阿莱维 147
(Jacques Fromental HALEVY, 1799—1862)

温琴佐·贝利尼 148
(Vincenzo BELLINI, 1801—1835)

约瑟夫·兰纳 151
(Joseph LANNER, 1801—1843)

埃克托·柏辽兹 151
(Hector BERLIOZ, 1803—1869)

米哈伊尔·(伊凡诺维奇·)格林卡 159
[Mikhail (Ivanovich) GLINKA, 1804—1857]

威廉明妮·施罗德—德弗里恩特 160
(Wilhelmine SCHRÖDER-DEVRIENT, 1804—1860)

老约翰·施特劳斯 161
(Johann STRAUSS [Ⅰ], 1804—1849)

迈克尔·威廉·巴尔夫 162
(Michael William BALFE, 1808—1870)

玛丽亚·马里布兰     162
(María MALIBRAN, 1808—1836)

费利克斯·门德尔松—巴托尔迪     165
(Felix MENDELSSOHN-BARTHOLDY, 1809—1847)

奥利·布尔     171
(Ole BULL, 1810—1880)

弗里德里克·肖邦     173
[Frédéric (Fryderyk) CHOPIN, 1810—1849]

罗伯特·舒曼     179
(Robert SCHUMANN, 1810—1856)

弗朗茨（弗伦茨）·李斯特     183
[Franz (Ferencz) LISZT, 1811—1886]

路易·朱利安     193
(Louis JULLIEN, 1812—1860)

西吉斯蒙德·塔尔贝格     195
(Sigismond THALBERG, 1812—1871)

朱塞佩·威尔第     195
(Giuseppe VERDI, 1813—1901)

理查德·瓦格纳     210
(Richard WAGNER, 1813—1883)

威廉·斯顿代尔·贝内特爵士     223
(Sir William Sterndale BENNETT, 1816—1875)

查尔斯·古诺     223
(Charles GOUNOD, 1818—1893)

雅克·奥芬巴赫　　　　　　　　　227
(Jacques OFFENBACH, 1819—1880)

克拉拉·舒曼　　　　　　　　　228
(Clara SCHUMANN, 1819—1896)

珍妮·琳德　　　　　　　　　　229
(Jenny LIND, 1820—1887)

亨利·维厄当　　　　　　　　　231
(Henri VIEUXTEMPS, 1820—1881)

塞扎尔·弗朗克　　　　　　　　232
(César FRANCK, 1822—1890)

安东·布鲁克纳　　　　　　　　233
(Anton BRUCKNER, 1824—1896)

爱德华·汉斯利克　　　　　　　236
(Eduard HANSLICK, 1825—1904)

小约翰·施特劳斯　　　　　　　237
[Johann STRAUSS (Ⅱ), 1825—1899]

斯蒂芬·科林斯·福斯特　　　　240
(Stephen Collins FOSTER, 1826—1864)

路易斯·莫劳·戈特沙尔克　　　240
(Louis Moreau GOTTSCHALK, 1829—1869)

安东·鲁宾斯坦　　　　　　　　243
(Anton RUBINSTEIN, 1829—1894)

汉斯·冯·彪罗　　　　　　　　245
(Hans von BÜLOW, 1830—1894)

西奥多·莱谢蒂茨基 248
(Theodor LESCHETIZKY, 1830—1915)

约瑟夫·约阿希姆 249
(Joseph JOACHIM, 1831—1907)

亚历山大·鲍罗丁 250
(Alexander BORODIN, 1833—1887)

约翰内斯·勃拉姆斯 253
(Johannes BRAHMS, 1833—1897)

卡米尔·圣-桑 261
(Camille SAINT-SAËNS, 1835—1921)

西奥多·托马斯 262
(Theodore THOMAS, 1835—1905)

亨利·维尼亚夫斯基 263
(Henry WIENIAWSKI, 1835—1880)

莱奥·德利布 264
(Léo DELIBES, 1836—1891)

威廉·施文克·吉尔伯特爵士 265
(Sir William Schwenk GILBERT, 1836—1911)

米利·巴拉基列夫 266
(Mily BALAKIREV, 1837—1910)

乔治·比才 267
(Georges BIZET, 1838—1875)

马克斯·布鲁赫 269
(Max BRUCH, 1838—1920)

莫杰斯特·穆索尔斯基 269
(Modest MUSSORGSKY, 1839—1881)

彼得·伊里奇·柴科夫斯基 273
(Pyotr Ilyich TCHAIKOVSKY, 1840—1893)

安东宁·德沃夏克 280
[(Antonín DVOŘ)ÁK, 1841—1904]

阿里戈·博伊托 283
(Arrigo BOITO, 1842—1918)

朱尔·马斯内 284
(Jules MASSENET, 1842—1912)

阿瑟·苏利文爵士 285
(Sir Arthur SULLIVAN, 1842—1900)

爱德华·格里格 286
(Edvard GRIEG, 1843—1907)

阿德利娜·帕蒂 288
(Adelina PATTI, 1843—1919)

汉斯·里希特 290
(Hans RICHTER, 1843—1916)

尼古拉·里姆斯基—柯萨科夫 291
(Nikolay RIMSKY-KORSAKOV, 1844—1908)

巴勃罗·德·萨拉萨蒂 292
(Pablo de SARASATE, 1844—1908)

加布里埃尔·福雷 292
(Gabriel FAURE, 1845—1924)

托马斯·阿尔瓦·爱迪生 293
(Thomas Alva EDISON, 1847—1931)

让·德·雷什克 294
(Jean de RESZKE, 1850—1925)

恩格尔贝特·洪佩尔丁克 295
(Engelbert HUMPERDINCK, 1854—1921)

莱奥什·雅纳切克 296
(Leǒs JANCEK, 1854—1928)

约翰·菲利普·苏萨 296
(John Philip SOUSA, 1854—1932)

阿图尔·尼基什 298
(Artur NIKISCH, 1855—1922)

爱德华·埃尔加爵士 299
(Sir Edward ELGAR, 1857—1934)

鲁杰罗·莱翁卡瓦洛 303
(Ruggero LEONCAVALLO, 1857—1919)

莉莲·诺迪卡 304
(Lillian NORDICA, 1857—1914)

埃塞尔·史密斯女爵 305
(Dame Ethel SMYTH, 1858—1944)

贾科莫·普契尼 305
(Giacomo PUCCINI, 1858—1924)

尤金·伊萨伊 308
(Eugène YSAYE, 1858—1931)

古斯塔夫·马勒     311
(Gustav MAHLER, 1860—1911)

伊格纳西·扬·帕德雷夫斯基     320
(Ignacy Jan PADEREWSKI, 1860—1941)

雨果·沃尔夫     322
(Hugo WOLF, 1860—1903)

内莉·梅尔芭     325
(Nellie MELBA, 1861—1931)

(阿希尔-)克劳德·德彪西     326
[(Achille-) Claude DEBUSSY, 1862—1918]

弗里德里克·戴留斯     331
(Frederick DELIUS, 1862—1934)

彼得罗·马斯卡尼     332
(Pietro MASCAGNI, 1863—1945)

尤金·达尔伯特     333
(Eugen d'ALBERT, 1864—1932)

理查·施特劳斯     334
(Richard STRAUSS, 1864—1949)

亚历山大·格拉祖诺夫     337
(Alexander GLAZUNOV, 1865—1936)

卡尔·尼尔森     338
(Carl NIELSEN, 1865—1931)

让·西贝柳斯     338
(Jean SIBELIUS, 1865—1957)

费鲁奇奥·布索尼 341
(Ferruccio BUSONI, 1866—1924)

埃里克·萨蒂 342
(Erik SATIE, 1866—1925)

恩里克·格拉纳多斯 343
(Enrique GRANADOS, 1867—1916)

阿图罗·托斯卡尼尼 345
(Arturo TOSCANINI, 1867—1957)

列奥波德·戈多夫斯基 346
(Leopold GODOWSKY, 1870—1938)

弗朗茨·莱哈尔 347
(Franz LEHAR, 1870—1948)

亚历山大·斯克里亚宾 347
(Alexander SCRIABIN, 1872—1915)

拉尔夫·沃恩·威廉斯 349
(Ralph VAUGHAN WILLIAMS, 1872—1958)

恩里科·卡鲁索 350
(Enrico CARUSO, 1873—1921)

费奥多尔·夏里亚宾 352
(Feodor CHALIAPIN, 1873—1938)

谢尔盖·拉赫玛尼诺夫 355
(Sergei RACHMANINOV, 1873—1943)

马克斯·雷格尔 359
(Max REGER, 1873—1916)

| | |
|---|---|
| 查尔斯·艾夫斯<br>(Charles IVES, 1874—1954) | 360 |
| 阿诺德·勋伯格<br>(Arnold SCHOENBERG, 1874—1951) | 362 |
| 莫里斯·拉威尔<br>(Maurice RAVEL, 1875—1937) | 369 |
| 阿尔贝特·史怀哲<br>(Albert SCHWEITZER, 1875—1965) | 371 |
| 保(巴勃罗)·卡萨尔斯<br>[Pau(Pablo)CASALS, 1876—1973] | 372 |
| 卡尔·拉格尔斯<br>(Carl RUGGLES, 1876—1971) | 372 |
| 托马斯·比彻姆爵士<br>(Sir Thomas BEECHAM, 1879—1961) | 373 |
| 贝拉·巴托克<br>(Béla BARTÓK, 1881—1945) | 376 |
| 珀西·格兰杰<br>(Percy GRAINGER, 1882—1961) | 380 |
| 阿图尔·施纳贝尔<br>(Artur SCHNABEL, 1882—1951) | 380 |
| 利奥波德·斯托科夫斯基<br>(Leopold STOKOWSKI, 1882—1977) | 381 |
| 伊戈尔·斯特拉文斯基<br>(Igor STRAVINSKY, 1882—1971) | 382 |

埃德加·瓦雷兹　　　　　　　　　　　389
(Edgard VARESE, 1883—1965)

安东·冯·韦伯恩　　　　　　　　　　389
(Anton von WEBERN, 1883—1945)

阿尔班·贝尔格　　　　　　　　　　　392
(Alban BERG, 1885—1935)

威廉·富特文格勒　　　　　　　　　　394
(Wilhelm FURTWÄNGLER, 1886—1954)

谢尔盖·普罗科菲耶夫　　　　　　　　395
(Sergei PROKOFIEV, 1891—1953)

安德列斯·塞戈维亚　　　　　　　　　397
(Andrés SEGOVIA, 1893—1987)

保罗·欣德米特　　　　　　　　　　　397
(Paul HINDEMITH, 1895—1963)

埃里希·沃尔夫冈·科恩古德　　　　　398
(Erich Wolfgang KORNGOLD, 1897—1957)

乔治·塞尔　　　　　　　　　　　　　399
(Georg SZELL, 1897—1970)

乔治·格什温　　　　　　　　　　　　399
(George GERSHWIN, 1898—1937)

恩斯特·克热内克　　　　　　　　　　400
(Ernst KŘENEK, 1900—1991)

阿隆·科普兰　　　　　　　　　　　　402
(Aaron COPLAND, 1900—1990)

雅沙·海菲茨　　　　　　　　　　403
（Jascha HEIFETZ，1901—1987）

弗拉基米尔·霍洛维茨　　　　　　403
（Vladimir HOROWITZ，1903—1989）

德米特里·肖斯塔科维奇　　　　　404
（Dmitri SHOSTAKOVICH，1906—1975）

赫伯特·冯·卡拉扬　　　　　　　409
（Herbert von KARAJAN，1908—1989）

奥利维尔·梅西安　　　　　　　　410
（Olivier MESSIAEN，1908—1992）

约翰·凯奇　　　　　　　　　　　410
（John CAGE，1912—1992）

本杰明·布里顿　　　　　　　　　411
[Benjamin BRITTEN（又称奥尔德堡的布里顿勋爵），1913—1976]

伦纳德·伯恩斯坦　　　　　　　　413
（Leonard BERNSTEIN，1918—1990）

玛丽亚·卡拉丝　　　　　　　　　414
[Maria CALLAS（原名卡洛耶罗普洛斯），1923—1977]

捷尔吉·利盖蒂　　　　　　　　　415
（György LIGETI，1923—2006）

皮埃尔·布列兹　　　　　　　　　415
（Pierre BOULEZ，1925—2016）

汉斯·维尔纳·亨策 417
(Hans Werner HENZE, 1926—2012)

姆斯季斯拉夫·罗斯特罗波维奇 417
(Mstislav ROSTROPOVICH, 1927—2007)

卡尔海因茨·施托克豪森 418
(Karlheinz STOCKHAUSEN, 1928—2007)

译后记 420

## 中文版序

在"二战"之后的六七十年中,学院派的音乐学学者剥夺了社会史家和"专业人士"讲故事的权利,他们从整体上清除了音乐中令人津津乐道的话题,而只专注于五线谱上的蝌蚪符。本书于1985年在伦敦和纽约出版,正是希望通过重现音乐万花筒中最多彩的传记逸闻来矫正这种失衡状态。

我的准备工作十分谨慎,务必保证这些逸事的真实性,但也不必太过纠缠于细节。换言之,每则逸事都相当于一位目击者鸟瞰了某位重要作曲家生命中的重要时刻,而通常这一时刻的行为又能体现他的性格。

本书一直不停地再版,如今已经通过多种语言来到了第三代读者的手中。我十分欣喜地见到它被翻译成中文,带给中国朝气蓬勃的交响乐和歌剧观众。这是一个新兴的群体,可以不带任何西方听众的陈腐偏见去欣赏艺术,也不必为了大学教员的饭碗而参与门户之争。本书正如其封面上所称:永恒艺术之缔造者的永恒故事集锦。它们永远不会老去。

诺曼·莱布雷希特
2006 年 10 月于伦敦

# 序

  1791年,当约瑟夫·海顿来到伦敦时,对伦敦之大与生气盎然感到十分兴奋,于是这位井井有条的先生记下了满满四大本伦敦印象[1]。他辛辛苦苦记下的"逸事"足以作为纪念品带回古板的维也纳充当饭桌上的谈资了。海顿为自己的仰慕者们准备了足以令他们惊诧的故事:一位牧师在听到他的《第75交响曲》的慢乐章时,突然倒地死亡,因为他在前夜的梦里听过相同的音乐;他还为音乐家同僚们准备了有趣的段子:一个自负的指挥等不及定音鼓调好音就开始演出,而让鼓手在演出当场变调;他为贵族恩主们详细记录了伦敦市长大人在皇家阿斯科特赛马场比赛当天的晚宴,有趣的是,他隐约提到德文郡公爵夫人的衬裙底下露出了一只陌生人的脚。
  作为一个业余采集者,海顿挑选的是最广义概念上的"逸

---

[1] 见克雷比尔(H.E.Krehbiel)的《古典时期的音乐和风俗》(*Music and Manners in the Classical Period*),纽约,1898。

事"——塞缪尔·约翰逊在《英语词典》1773年第四版中指出："现在这个词根据法语而来，指生平事件，私生活中的剪影。"[1]

本书追随海顿的逸事足迹，通过许多大音乐家本人、他们的至爱亲朋或者同时代人的冷眼旁观勾勒了他们的生活。这些故事绝不是为了制造小道消息或者窥私秀，而是为了告诉大家伟大的音乐是在怎样的环境中诞生的，尽管我的方式有些转弯抹角。这些逸事或幽默或悲剧，或浮浅或深刻，或世俗或崇高，或私人或公开；它们代表了一种尝试：为一千年的音乐加上人性的一面。

在许多领域，尤其是社会学、政治科学以及一些艺术方面的研究中，逸事是必不可少的成分。英语文学中充满了逸事集锦，其中以詹姆斯·萨瑟兰的《牛津文学逸事》为此类选集的典范。

然而，在过去半个世纪的音乐领域中，逸事却背上了种种骂名。弗兰克·沃克在他的《威尔第其人》（1962）中曾说："现今大家都对'逸事传记'不以为然，不相信任何没有文献依据的故事。"即便那些有文献记载的逸事，现代音乐学者也宁可弃之不用，代之以极度详尽的作品注释和结构分析的研究方式。[2]

这种倾向在大型音乐参考书中表现得最为明显。乔治·格罗夫在四卷本《音乐与音乐家词典》（1879—1889）中扼要归纳了大量的个人见解；但在20册的《新格罗夫词典》（1980）中却只有大量的日期、名单、分类，连一个小故事都难得看到。珀西·肖

---

[1] 这本书依据《牛津英语词典》的定义："逸事指对于有趣或显著的个别事件的叙述。"
[2] 特例是戴维·布朗（David Brown）的《柴科夫斯基》（1978），亨利·路易斯·格兰奇（Henry Louis De La Grange）的《马勒》（1973），梅纳德·所罗门（Maynard Solomon）的《贝多芬》（1977），罗宾·兰登（Robin Landon）的《海顿》（1976）和克里斯托弗·霍格伍德（Christopher Hogwood）的《亨德尔》（1985）。

*Book of Musical Anecdotes*

尔的《牛津音乐指南》（1938）及其大部头续集《新牛津音乐指南》（1983）同样表现出那种单调与苍白。著名音乐学院毕业的学生熟知马勒管弦乐配器法的每个细节，但是对于这位堪称自我描述型的音乐家，却除了他的生卒年月以及他娶了一个著名的坏女人外一无所知。音乐创作者的个性被认为与其作品毫无关系。

在严肃音乐的听众明显减少的年代里，大家开始盲目地寻求刺激的信息，音乐文学开始向歪曲事实者投降。彼得·谢弗歪曲莫扎特的舞台和银幕形象[1]居然打动了数百万人，足以证明了为广大读者重塑伟大音乐家真实形象的紧迫性。

很明显，即便对于一位作曲家的生平不甚了解，也不妨碍你享受他（她）的音乐。但是一则相关的逸事所表达的个人洞见，往往能提供一种探索音乐的深层含义和动因。如果这故事足够离奇或富于灵感，就更为音乐平添了一种风味。

最早的音乐逸事见于《圣经》，对《诗篇》作者[2]不合宜地进入耶路撒冷（《撒母耳记》下，第六章，14—23节）的记录就是一个例证。在18世纪晚期之前，逸事零星地散落在音乐史中，直到塞缪尔·约翰逊的两位朋友查尔斯·伯尼和约翰·霍金斯爵士将这些老掌故挖出来写进各自的音乐史中。第一部音乐逸事集锦出现在1828年，叫作《演奏厅与乐队中发生的音乐和音乐家逸事》，其中引用了大量伯尼和霍金斯的记述，还有作者托马斯·巴斯比自己的许多观察。

曾经充斥在成千本音乐传记、回忆录及通信中的逸事由于早

---

[1] 彼得·谢弗的话剧《莫扎特》（*Amadeus*），1980。
[2] 指大卫王。——译注

已绝版，在现代研究中少有提及。这些失落的文献记录了许多无法替代的事实。比如，1901年在纽约出版的一位美国钢琴家的自传中，有他目睹浪漫主义音乐晚期的两极人物——勃拉姆斯和李斯特——的相遇和分别的唯一记载。在19世纪那些老一辈大师的传记中也充满了逸事。在威廉·洛克斯特罗1883年的《亨德尔生平》一书中，逸事构成了一个长达30页篇幅的章节，而且每个故事都能做到谨慎地追本溯源。

不过，在本书之前，还没有过任何通过重要音乐家的逸事来考察音乐的系统尝试。本书的目的是：重现音乐史上久被遗忘的事件，时而揭示不为人知的插曲，通过这种曲径来纠正当下音乐史研究中普遍存在的不平衡现象。

在这当中，我必须、也有必要武断地做一些个人取舍，无疑这会令我错过一些精彩的故事和丰富的资源。一些当时广为人知的饭后闲谈由于没有见诸纸端而失传；另一些则存在于方言记载中，未能进入英语世界；还有许多耳熟能详的故事因不可信而被排除。

组织本书的最合理的方式大概是编年体，以人物而不是事件为核心。一些边缘人物的出现是因为他们曾有绝妙的逸事；同时，早期的许多重要作曲家因为缺乏有趣的故事而不得不被略去。我特别遗憾在这本书里没有出现杜费、帕莱斯特里那、亚历山德罗·斯卡拉蒂、阿尔坎、斯美塔那和库特·威尔。如果有读者知道关于他们的逸事，我很乐意帮助出版。我同样欢迎各方的指正，在这样一本大书中，不可避免会有漏网的错误。

总而言之，我尽力把那些从根本上为音乐带来改变的作曲家和演奏家囊括其中。最重要的二十多位占据了很大的篇幅，但是，他或她所被记录的篇幅不应成为评判的标准。外向的和性情古怪的人更容易制造话题，例如帕格尼尼、罗西尼和李斯特，他们每个人都可以填满一部完整的逸事著作。

在处理逸事时，真实性是永恒的问题。我们永远不会知道一个故事在什么时候被粉饰得具有了戏剧效果（很多有趣的逸事必然经过粉饰），我们也永远不会知道一个故事究竟什么时候才真正成形。哪怕是最称职的历史学家也在编造的故事上栽过跟头：

> 1845年我第一次去维也纳，曾和著名的竖琴家帕里什-阿尔瓦斯、指挥鲁林一起在咖啡馆喝小杯清咖啡，后者告诉我，我们坐的地方正是当年舒伯特跟贝多芬一边抽雪茄、一边创作艺术歌曲之所在。舒伯特相当胖，他的雪茄灰都堆积在马甲上，如果贝多芬恰好有幽默的兴致，就会把烟灰吹到乐谱上，然后用一种嘲笑英雄的口吻唱道："看哪！凤凰从烟灰里涅槃了！"[1]

约翰·埃拉，这位维多利亚时代的音乐会组织者、作家，应该最清楚这是怎么回事。贝多芬从来没有和舒伯特去过咖啡馆；事实上，他俩压根儿就没见过面。而且，鲁林不认识舒伯特，舒伯特也不抽雪茄。尽管有这些小错误，你还是会在一些对舒伯特的记载中读到这个故事。

---

[1] 约翰·埃拉在音乐会节目册（1856年6月24日）里提及；奥托·埃里希·多伊奇（Otto Erich Deutsch）在《舒伯特——友人的回忆录》（1958）中予以驳斥。

通常我会追查一则逸事最早的出版源头。如果一个故事引起我的怀疑，只有在找到确凿的支撑性证据后我才会收录。在一些例子中，有争议的或者伪造的非凡逸事被保留下来，关于这些逸事，书后的注释中会进行有保留的判断。

我基本上保持逸事原文的行文、拼写以及标点，只有少数地方为清晰及流畅的需要而做了少量修改。编辑删除的地方用省略号标注，添加的部分用方括号标出；尽量避免专业术语，如果无法避免则加以注释；对外文加以翻译。

为了理解、精简或组合不同叙述的需要，我重写了某些段落，这种情况下，注释前会用介词"from"表明。每则逸事都有编号，根据编号，可在书后的附录里找到出处。

在七年全心投入的研究和写作中，我要向所有给我提供灵感、材料，帮助我写作的人们表示由衷的谢意，特别是以下的诸位：

奥地利：Helga Hazelrig, Ferdinand Hennerbichler, 奥地利国家旅游局, Elise & John Holmes, Dr H.Wessely

加拿大：K.Pringsheim 教授

法国：Rene & Gusti Klein, Astrid Schirmer, Nancy Hartmann

德国：Ursula & Hermann Kleinstück, Tatiana Hoffman

荷兰：Sjoerd van den Berg

美国：Gilbert E. Kaplan, Lawrence Schoenberg

英国：Patrick Carnegy, Carol Felton, Judy Grahame, Howard Hartog, Victor Hochhauser, Camilla Jessel, Ruth Jordan, Dvora Lewis, Calum MacDonald, Robert Maycock, John McMurray, Donald Mitchell, Jasper Parrott, Daniel Snowman, Janis Susskind,

Peter Watson，Robin Young

  在我的出版人中，要特别感谢 Dieter Pevsner 的信任，Andre Deutsch 的坚持，还有 Sara Menguç 勇攀编辑工作的珠穆朗玛峰的勇气。

  《星期日泰晤士报》的许多同事鼓励过我，他们是：Don Berry，Tony Bainbridge，Stephen Boyd，Harry Coen，George Darby，David Gwyn Jones，Brian MacArthur，Liam McAuley，Tony Rennell 和 Stephen Wood。

  最后我要感谢所有为这本书花费了时间和精力的朋友，以及那些授权我引用版权书籍（见附录）的人们。

  我要把最诚挚的感谢献给爱尔碧和女儿们，她们对我事业的长期支持是我的好奇心和力量的源泉。

*Book of Musical Anecdotes*

## 阿雷佐的奎多

（GUIDO of Arezzo，991 年后—1050 年前）

奎多是一位本笃会修士，希望改善教堂唱诗，设计了用音节（比如"ut""re""mi"）来区别音符的系统，并且发明了六音音阶，这种音阶非常容易进行视唱，在 1600 年以前一直被用于歌唱教学。

· *1* ·

**奎多写给彭波萨的米夏埃多的信——**

教皇约翰 19 世统治着罗马教会，他听别人说起了我们学校，通过我们采用的［礼拜圣歌中的］轮唱书，孩子们可以学习他们从未听过的歌曲。他对此感到非常惊讶，派了三个使者前来带我去见他。我去了罗马，和我同去的有尊敬的修道院院长格伦沃尔德师与阿雷佐教堂的经文总管彼得师，后者也是我们时代最博学的人。教皇见到我们很高兴，聊了很多，问了许多问题。他拿着我们的轮唱书反复翻阅，好像那是一种奇观，还对着书前所记的规则沉思了许久。他不停地看着，事实上一直在座位上动也没动，直到满足心愿地学会唱一首他从未听过的礼拜短诗。他本不相信别人能做到的事，现在他自己也做到了。还能说什么呢？我必须离开罗马了——那些潮湿、沼泽地般的地方产生的夏季热毒对我来说是致命的。无论如何，我们决定等冬天来临时再去罗马，为教皇和教士们讲解我们的作品。

# 沙特兰·德·库西

（*Chastelain de COUCY*，约 1160—1203）

早期贵族叙事诗人，参加了两次十字军东征，死于东方。

· 2 ·

在腓力·奥古斯都和理查一世的时代，库西是一位有勇有谋的骑士……在法国的皮卡第，他与邻居法耶尔大公的妻子陷入了热恋。在经历了许多感情的痛苦与折磨后，库西决定跟随英国和法国的国王远征圣地。法耶尔夫人得知后，用丝缎和自己的秀发为他编织了一条美丽的网兜，他系在头盔上，用大珍珠做装饰。这对恋人的分别自然无比缱绻。库西到达巴勒斯坦后，表现非常英勇，希望自己的战绩可以传到远在欧洲的恋人耳中；但不幸的是，在一次包围战中，基督徒被撒拉逊人击退，库西也受了致命伤。他恳求他的随从：他死后立刻将心脏取出进行防腐处理，带给法耶尔夫人，另外再把她编的网兜和其他定情物放在骨灰盒中一并送给她。他在病床上亲手给恋人写了一封充满柔情的绝笔信。

随从忠实地执行了他的遗愿。他抵达法国后，便在法耶尔夫人居住的城堡外徘徊，想找到一个机会亲手把骨灰盒交到夫人手里。不幸的是，他被法耶尔大公发现了。法耶尔对库西的痛恨超过任何人，他以为随从是奉库西之命前来拐走自己的妻子，便打倒了随从。法耶尔本可以立刻杀了他，不过随从苦苦哀求，并告诉了他自己受库西所托之事。于是愤怒的丈夫夺走骨灰盒，打发走受惊的随从，径直来到自己的厨子面前，命令他将库西的心脏煮熟，加上一些美味的酱料，在晚餐时上桌。与此同时，厨子还准备了一道看起来很相似的菜给法耶尔吃,而他的夫人则会吃掉自己情人的心脏。晚餐后,法耶尔问夫人喜不喜欢晚上的菜,她回答:"很喜欢。"他又说:"我就知道你会高兴的;这可是你一直都很喜欢的一道佳肴啊,所以我才让人特意为你做的。"夫人并没有起疑心,也没有回应;于是她的丈夫不依不饶,继续问她是否知道自己吃的是什么。她回答不知道。"那么好吧,"他说,"为了进一步满足你,我必须告诉你,你吃掉的是沙特兰·德·库西的心脏。"用这种方式提起她的朋友,令她觉得很不安,她无法相信丈夫说的是真话,直到他拿出了骨灰盒和信。当她仔细检查这些物件时,面容渐渐凝固;片刻之后,她对法耶尔说:"的确,你帮我准备了一道我非常钟爱的佳肴,但也是最后一次;因为从今往后,其他任何食物都太乏味。"然后她回到了自己的房间。之后她再也没吃过任何东西,不久就在绝食和痛苦中死去。

## 纪尧姆·德·马肖

(*Guillaume de MACHAUT*,约 1300—1377)

兰斯的作曲家、外交家和诗人,14 世纪法国和意大利的新艺术领军。虽然他是一位神父,但他写的音乐大多是世俗的。

· *3* ·

马肖快 60 岁的时候已经半瞎了,因为痛风,腿也跛了,他收到了一位贵族少女佩罗爱尔的来信:"她从未见过您,但是真诚地爱着您,愿意献上她所有的心意。"她策划在朝圣之路半途来见马肖,但马肖很担心见面后她会反感自己的衰老。

他们坐在一棵樱桃树下。她睡着了,头枕在他的膝上。马肖的秘书走过来,放了一片树叶在她的唇上,示意马肖弯下腰去吻她,然后他移走了那树叶……做弥撒的时候,他们躲在柱子后面再次亲吻。

在之后的旅行中,马肖大白天将佩罗爱尔带去一间小旅馆。佩罗爱尔的嫂子作为女伴一同前来,占了房间里的一张床,马肖和他的爱人占了另一张床。佩罗爱尔急切地要求更多的吻,马肖有些害羞,开始还想替她保持名节,但最后还是顺从了她的欲望。不久佩罗爱尔被家人安排嫁给了一个年轻人,马肖在孤独的晚年写了一首诗《视言》来纪念他们的爱情。

# 若斯坎·德·普雷
(*Josquin des PRES*,约 1440—1521)

文艺复兴全盛时期的作曲家,他的作品由第一位音乐印刷商——威尼斯的奥塔维亚诺·彼得鲁奇出版。马丁·路德曾经说过:"若斯坎是一位独特的音符大师——音符必须听从他的意志,而其他人都是被迫听从音符。"

· 4 ·

相传法国的路易十二嗓音非常难听。他很喜欢从前听到过的一些歌曲,就问若斯坎,有谁能写一首多声部歌曲,使他也能唱一个声部。若斯坎对国王的要求深感好奇,因为他知道国王对音乐一窍不通。犹豫片刻,他决定这样回答:"亲爱的国王,我会写一首歌,让陛下您也能唱一唱。"第二天国王用过早餐之后,根据宫廷习惯要听歌提神,于是作曲家写了一首四声部歌曲。对于他的写作技巧我[1]可不敢恭维，不过费了不少脑筋倒是真的。他写的歌曲由两个男孩在高声部轻声地唱卡农，明显是为了不让国王孱弱的嗓音被盖住。他让国王唱中音部，其中包括一个持续的高音，当然是在国王音高的范围内。这还不够，为了保证国王不走调，作曲家本人唱低声部，在固定音程的低八度上支持国王的声部。这小伎俩使国王满意地笑了，他赏给作曲家礼物和他想要的东西。

· · 5 · ·

当若斯坎开始同意为路易工作时，得到了有圣俸的许诺。但这位亲王一反平日自由公正的习惯，居然忘记了承诺。主子的健忘给若斯坎带来了很多不便，终于他决定铤而走险，公开提醒亲王兑现承诺。皇家礼拜堂委托他写一首无伴奏圣咏，他从第119首赞美诗中选了一段："噢，想想你的仆人吧，想想你说过的话。"国王不仅被音乐打动，而且立即感受到了歌词的力量，很快就兑现了向若斯坎许下的承诺。作为对公平、宽厚的回报，若斯坎在同一首赞美诗中写了一段感恩赞："噢，主啊，您对仆人宽宏无量。"

## 马丁·路德
（Martin LUTHER, 1483—1546）

宗教改革家，创作了许多赞美诗和圣歌，至今仍是新教教堂音乐的基础。曾有人说，没有路德，就不会有巴赫。

---

[1] 叙述者是海因里希·格拉雷努斯（Heinrich Glareanus, 1488—1563），瑞士哲学家、人文主义者和音乐学者，伊拉斯谟的朋友。

· 6 ·

路德在工作的时候，经常受到撒旦的各种骚扰。有一次，当卢卡斯·艾登伯格（萨克森的恩斯特公爵的老师）与几名音乐家来拜访他时，发现他被锁在房间里，已经很久没有吃过东西。敲门后，路德没有回答，艾登伯格从钥匙孔里看到路德摊着四肢，不省人事地躺在地上。他撞开门，将路德扶起，然后跟同来的音乐家一起唱歌。慢慢地，路德恢复了知觉，他的忧愁渐渐散去，不久也加入了歌唱。后来路德要求卢卡斯和他的同伴经常来看望自己，不管自己在做什么都不要走开；因为他相信，只要听见音乐，撒旦和悲痛就会被驱散。

## 罗朗·德·拉絮斯

（ Rolande de LASSUS 或 Orlando di Lasso，约 1532—1594 ）

法裔佛兰芒作曲家，16 世纪最重要的复调音乐理论家。他游历各地，创作过 200 首意大利情歌、146 首法国香颂、93 首德国艺术歌曲以及约 500 首拉丁文圣咏。

· 7 ·

1565 年的基督圣体节那天，慕尼黑下了一场猛烈的暴风雨。依照惯例，会有游行队伍从圣彼得大教堂出发并绕城一周。公爵阿尔布莱希特五世下令仪式只能在室内举行。但是当游行队伍的前部走到教堂的门廊，合唱队开始唱拉絮斯的圣咏《品尝，看见》的前几小节时，暴风雨突然平息了，仪式得以照常举行。这件事被视作神迹，慕尼黑人"用最虔诚的热情将拉絮斯视为神圣的存在"。之后，只要大家想要好天气，就会选择这首圣咏。

*Book of Musical Anecdotes*

## · 8 ·

在他的纪念碑上有段幽默的铭文,可能是他自己写的:

> 小时候,我唱高声部,
> 年轻时,我唱对位声部,
> 成年时,我唱男高音,
> 但现在,我只能唱低音了,
> 亲爱的使徒,如果您爱基督,
> 请保佑我的灵魂在天国也可以歌唱吧。

## 堂·卡洛·杰苏阿尔多,维诺萨亲王

(Don Carlo GESUALDO, Prince of Venosa, 约 1561—1613)

意大利的情歌作曲家,也是一个杀人犯。这两种职业具有内在的情感联系:"只有杰苏阿尔多放弃杀人时,他才把作曲当回事。"他特殊的作曲风格受到斯特拉文斯基的推崇。

## · 9 ·

杰苏阿尔多的妻子玛丽亚·达瓦洛斯出身名门望族,她结婚只是为了找个丈夫做伴。被丈夫冷落后,她为自己找了一个骑士情人——安德利亚公爵。当杰苏阿尔多发现后,他换掉了妻子房间的门锁,然后假装去了乡下,他的妻子就让情人晚上前来幽会。他们风流快活时,完全不知杰苏阿尔多已悄悄回到了城堡。他带上了全副武装的随从来到妻子的房间,砸开门,用两把枪朝他俩射击,公爵当场毙命。然后,杰苏阿尔多开始用锐器折磨他的妻子。她不断哀求,并要求忏悔,但一切皆是徒劳。她被床单盖住头,临死前还念诵着《圣母经》。

· 10 ·

在杀了两人后,杰苏阿尔多被一大群恶灵困扰、折磨。许多天,他都得不到片刻宁静,只有每天让 10 到 12 个年轻人狠狠地鞭打他三次,他才会展开笑容。

## 克劳迪奥·蒙特威尔第
(Claudio MONTEVERDI, 1567—1643)

意大利作曲家,致力于创作"能打动所有人"的音乐。《奥菲欧》(1607)是第一部成熟的歌剧。他出生于克雷莫纳,终其一生,只要遇到个人危机时,他就会回到这里;他在曼图亚公爵的宫廷中待了 20 年,还在威尼斯的圣马可大教堂当了 30 年合唱队指挥。

· 11 ·

**蒙特威尔第写给《奥菲欧》的台本作者、贵族亚历山德罗·斯特里吉奥(1573—1630)的信——**

我必须告诉您,在一个曼图亚向导陪同我回威尼斯的路上,我们被三个恶棍意外地抢劫了!事情是这样的:一个恶棍突然从路边野地里跳出来,他中等身材、皮肤黢黑、长着稀稀拉拉的胡子,拿着一把上了膛的毛瑟枪;另一个走上来用枪指着我;第三个拽住了我的马笼头,马还在无知无觉地向前走,也没有反抗就被牵进了野地。很快我就被拖下马,被迫跪在地上。一个拿枪的向我要钱包,另一个则问向导要皮箱。向导从马车里扛出皮箱,他们逐一打开,其中一人负责把能找到的所有值钱的东西打包。我呢,就一直跪在地上，被一个家伙用枪指着头。后来两个强盗开始洗劫，第三个拿着短剑放哨，注意有无行人路过。当他们将所有东西洗劫一空后，搜过向导的那个家伙朝我走来，命令我脱掉衣服，看看里面是不是还有钱。我告诉他没有，他就走到我的女仆那儿让她也脱掉衣服。她一边苦苦地哀求，一边掉眼泪，居然成功地保全了自己。然后他们把所有最好、最值钱的东西捆成一捆。这时有个强盗开始寻找好衣服，他一眼就看中了我的斗篷。但是，他发现我的斗篷太长了，就叫道："给我另外一件！"然后抓住我小儿子的斗篷，可惜又太短。向导见势说："先生，这都是可怜的老实人的东西，您就开恩放了我们吧！"强盗于是悻悻作罢。接着，他又整个检查了一遍小孩的衣服，女仆在哀求无果之后又交出了一些东西。最后，这些恶棍把所有的东西装进一个大口袋，背在背上逃走了。我们把他们拣剩的东西收拾好，找了一家小旅店住下。第二天早晨我们报了案，然后垂头丧气地继续赶路。

## 海因里希·许茨

（*Heinrich SCHÜTZ*，1585—1672）

第一位名声传到国外的德国作曲家。许茨为归正会写了许多音乐，还创作了第一部德语歌剧《达芙妮》(1627)。

· *12* ·

*1652年5月28日，许茨写给萨克森选帝侯的秘书克里斯蒂安·赖希布罗德的信——*

我无法再向您隐瞒男低音乔治·凯泽的穷困处境了。前一阵他不得不当掉衣服，现在像丛林中的野兽一样住在家里。他叫妻子传话给我,说他必须离开这个地方。

如果我们的教堂失去这样一位金嗓子,实在是莫大的遗憾。就算他是因为没有每天得到一桶酒来滋润嗓子而变成了坏脾气,但这又有什么关系呢?毕竟,像他那样的宽喉咙肯定要比一个窄喉咙需要更多的滋润嘛。

## 让-巴蒂斯特·吕利

*[Jean-Baptiste LULLY, 本名乔万尼·巴蒂斯塔·吕利 ( b. Giovanni Battista Lulli ), 1632—1687]*

意大利作曲家,少年时被带到法国,受到路易十四的宠幸。他发展出一种独特的法国风格歌剧,和莫里哀一起创作芭蕾喜剧,其中最著名的一出是《贵人迷》。

· *13* ·

他的歌剧《阿尔米德》起初受到冷遇,那音乐不像往常一样受欢迎。吕利特别敝帚自珍,[他自己承认]如果谁胆敢说他的音乐写得不好的话,他就会杀了谁。演出只是为了他的自我满足,他本人就是唯一的观众。国王听说了这怪事,认为如果吕利自己觉得那么好的话,这歌剧肯定不会坏到哪里去。于是国王要求为自己专门演一场,而且听得很入迷;接着,宫廷和大众也纷纷改变了看法。

· *14* ·

人们经常请求他用小提琴拉段小曲,但他拒绝了那些大公和浪荡公子们的要求。唯一一个成功让他演奏的人是格拉蒙元帅。元帅有个男仆叫拉·朗德,此人后来成了欧洲最棒的小提琴家之一。一次吃完饭，元帅请求吕利听他的男仆演奏，并给些建议。拉·朗德使尽了浑身解数。但是吕利被他的一些小错误搞得很烦躁，于是从他手里抢过琴，一口气拉了三个小时，放下琴的时候还很不情愿。

· 15 ·

一次国王抱恙，差点危及性命。他痊愈后要求吕利写一首感恩赞……吕利在创作音乐时面面俱到，为演出做好了充分的准备；而且，为了证明自己的热情，他亲自指挥打拍子。他动作太大，不慎将打拍子的手杖戳伤了脚趾，伤口化了脓，而且越来越严重，最后，他的医生阿里奥特不得不建议他立即切掉小脚趾；但在拖延了几天之后，感染扩散到了整只脚，然后是整条腿……

· 16 ·

吕利的忏悔神父拒绝赦免他的罪过，除非他把歌剧《阿喀琉斯与波吕克塞娜》的手稿烧掉。吕利同意了，手稿被丢进熊熊烈火中。几天后，他的病有了些好转，年轻的旺多姆亲王前来探望他，"怎么了巴蒂斯特？"亲王问，"您难道已经愚蠢到烧毁自己新写的歌剧去讨好一个哭丧脸神父吗？""嘘，嘘！"吕利说，"我留了一份副本。"

## 亚历山德罗·斯特拉德拉

[Alessandro STRADELLA, 1638（9）—1682]

意大利声乐家、歌剧作曲家。

· 17 ·

一个受过良好歌唱训练的威尼斯贵族的情妇，渴望师从炙手可热的音乐家斯特拉德拉深造,并邀请他前来她家里上课;这大大违背了威尼斯人的风俗,他们可是众所周知的爱吃醋。上了几个月的课之后,老师和学生之间互生情愫,最后决定私奔。那贵族几乎被逼疯,决定派刺客暗杀他们二人,并立刻找来两个威尼斯最臭名昭著的刺客。

二刺客来到罗马,获悉斯特拉德拉第二天下午5点在圣若望拉特朗大殿有一部清唱剧上演,于是准备等他和情人回家时实施刺杀。但是当天,观众的热情以及音乐本身深深地打动了两名刺客,他们的愤怒也被转化成了虔敬。他们一致认为杀掉这样一个全意大利人都崇拜的音乐天才实在是一个遗憾。

在斯特拉德拉离开教堂时,两名刺客向他表达了对清唱剧的喜爱,并且告知了此行的目的,奉劝他第二天立刻躲到安全的地方去。[1]

## 阿尔坎杰洛·科雷利

(Arcangelo CORELLI, 1653—1713)

科雷利的《大协奏曲》为独奏协奏曲打下了基础。

· 18 ·

一天晚上,在红衣主教奥托波尼的府邸,宾客们要求科雷利演奏他最新创作的独奏曲。正在他演奏的时候,一些人开始窃窃私语。科雷利很绅士地放下琴,于是有人问他怎么了,"没事,"

---

[1] 后来威尼斯贵族企图在都灵刺杀他,未果,最终斯特拉德拉在热那亚被一名士兵刺杀身亡。

他回答,"我只是担心打扰了大家谈话的兴致。"

## · 19 ·

科雷利在罗马名头很大,那不勒斯宫廷说服他带上两个他自己团里的伴奏一起去演奏。亚历山德罗·斯卡拉蒂和其他人劝说科雷利为国王演奏他的协奏曲,但科雷利抗议,说他没有自己的乐团,也没有足够的时间排练。不过不久他又发现,那些罗马人需要排练好多次才能演的曲目,那不勒斯乐手只要看一眼就能演了。

他拉的第一首是奏鸣曲,国王觉得又臭又长,很快就没了兴致,离开了房间,让科雷利大丢颜面。然后有人让科雷利拉一首斯卡拉蒂写的假面剧,结果他拉不出来,而一个那不勒斯提琴手却可以拉得很好。最后,大家让他拉个C小调的小曲儿,结果他拉成了C大调。斯卡拉蒂很耐心地说:"咱们再来一遍。"结果科雷利又弄错了调子,斯卡拉蒂终于忍无可忍,朝他吼出了正确的调子。科雷利灰溜溜地离开那不勒斯,而且很快就放弃了小提琴演奏。

## 马兰·马雷
(Marin MARAIS,1656—1728)

巴黎作曲家,著名的古大提琴演奏家,并为该乐器创作了许多乐曲。在他的作品中,有一部组曲描写了胆囊摘除手术。

## · 20 ·

在霍特曼[1]死后,圣-科隆贝接手了他的学生马雷的教育,但

---

[1] 尼古拉斯·霍特曼(Nicholas Hotman,死于1663年),法裔德国维奥尔琴演奏家及作曲家。

是六个月后,他发现这学生可能会超过自己。于是他就告诉马雷自己已经没有什么可以教他的了。马雷对他的维奥尔琴非常着迷,急切地想从大师这里学到更精湛的技艺来充实自己。由于他可以随意出入老师的家,于是开始等待夏天的来临。圣-科隆贝在一棵大桑树的枝干上搭了一个小木屋,每到夏天他就会钻到木屋中研习技法,因为在那里可以享受极致的宁静和愉悦。一等到圣-科隆贝把自己锁进小木屋,马雷就偷偷溜到树底下观看大师如何演奏特定的段落,以及老大师们习惯于保密的运弓方法。这计划没实施多久就被发现了,圣-科隆贝开始小心提防学生继续偷听自己练习。

## 亨利·珀塞尔
(Henry PURCELL,1659—1695)

英国最重要的作曲家之一,在他之后两百年无人能出其右。他为剧院、教堂和皇家礼拜堂作曲。《狄多与埃涅阿斯》是第一部英国歌剧。

· 21 ·

1689年年初他卷入了一场论战,首先是与斯普拉特博士,接着是教长,然后是西敏寺牧师会。原因如下:在威廉国王和玛丽王后的加冕礼上,他收钱让人进管风琴包间,因为从那里能更近地观礼。他肯定赚了一大笔钱,因为在西敏寺西侧的一个房主人最后收取的观礼费用涨到了500英镑(他的房子只能看到仪仗队而已)。而当时管风琴位于合唱队的北侧,比现在要离神坛近得多,所以从那儿可以看到加冕全过程……

如果有先例可循,那么珀塞尔将这种收入作为自己职权的奖金也未尝不可，但是他的上司并不这么认为，他们坚持这钱应该归他们所有。我在一本牧师会旧账本上找到这么一条："1689年4月18日，管风琴师珀塞尔先生必须将出售管风琴阁楼获得的收入悉数交给尼德汉姆先生，他的职务将被取消，他的薪水将由财务代为保管，等待进一步的指示。"

· 22 ·

珀塞尔死于1695年11月21日，传说是一天晚上他在自家门外等候时感染伤寒所致。由于他平日常常很晚回家，于是他妻子下了一道命令：午夜以后，仆人不许为他开门。不幸的是，那天他在小酒馆贪杯，回家的时候比规定的时间晚了一个小时。挨冻染疾导致了他的死亡。

## 弗朗索瓦·库普兰
（François COUPERIN，1668—1733）

为了将他与家族中的其他音乐家区分，人们叫他"大库普兰"。他出版了四册为羽管键琴而作的音乐，影响了巴赫。

· 23 ·

这套作品［四部组曲《国族》］中的第一首奏鸣曲是我的处女作，也是第一首在法国创作的作品。其中的故事挺有趣。我对科雷利的奏鸣曲很着迷，有生之年都会一直喜欢它们，就像我喜欢吕利的法国作品一样。所以我决定自己也要写一首。

由于法国人崇洋媚外，缺乏自信，我就假称有个亲戚在替萨丁岛国王做事，他给了我一部意大利作曲家的奏鸣曲。我把自己的名字写成意大利语［Coperuni 或者 Pernucio］，署在作品上。这部奏鸣曲大受欢迎。我又写了几部,于是我的意大利假名收获了一片喝彩声。

## 安东尼奥·维瓦尔第
(Antonio VIVALDI, 1678—1741)

维瓦尔第以其志业和头发的颜色著称,人称"红发神父"。他一生有大半时间在威尼斯一家孤女院当音乐老师,为他的学生们写了五百多首协奏曲(包括《四季》)。他还创作了四十多部歌剧。1741年他迁居维也纳,不久死于穷困。

· 24 ·

一天,维瓦尔第在做弥撒时,脑海里突然闪现了一个赋格的主题。令教众大为吃惊的是,他立刻走下讲坛,冲进圣器室把这个主题记下来,然后再回到讲坛上继续宣讲。因为这次失职,他受到了质询;但是他的错误被认为是天才的过失,除了将来不许他宣讲弥撒以外,并没有受到进一步处罚。

## 乔治·菲利普·蒂勒曼
(Georg Philipp TELEMANN, 1681—1767)

德国作曲家,创作了约一千首组曲、120首协奏曲及多部歌剧。在巴赫之前,他被选为莱比锡的唱诗班指挥,但他为了更高的薪水去了汉堡。

· 25 ·

尽管他几乎能演奏所有乐器,12岁时就尝试过写歌剧,但是父亲过世后,他极不情愿地听从了寡母的旨意,郑重地宣布放弃自己的音乐追求，在 20 岁时去了莱比锡大学学习法律。然而去莱比锡的路上，蒂勒曼在哈雷逗留，他说："我认识了亨德尔，他已经非常有名了，我再次沉醉于音乐的毒药中，这几乎动摇了我所有的决心。"

"但是，"蒂勒曼继续说道，"在和亨德尔告别后，我继续依照母亲的计划去莱比锡求学；但不幸的是，我住的房子永远充满了各种音乐，虽然比我写的要差得多，但还是再度诱惑了我。一个同学在我的稿纸中发现了一首谱好曲的赞美诗，我已经扼杀了所有想要作曲的企图，但还是有漏网之鱼；该同学请求我允许他在圣托马斯教堂演奏这首赞美诗，结果获得了许多赞美，市长甚至要求我每两星期就写几首类似的作品。"

· 26 ·

蒂勒曼挚爱的第一任妻子在他们结婚 15 个月后死于难产。他的第二任妻子为他生了 8 个孩子（只有两个活了下来），但却为了一个瑞典军官而背叛了他。她的风流韵事成了整个汉堡的街谈巷议，甚至被编成一出讽刺剧，不过被官方禁演了。最后她跟情人私奔，给蒂勒曼留下了 3000 泰勒的巨额债务。他写信向朋友求助，并以一首打油诗结尾：

> 现在我的生活容易多了，
> 奢侈生活跟我老婆一起离开。
> 什么时候能还清债，
> 天堂就会再度光临我的住宅。
> 汉堡真团结，忠诚又实在，

大度又慷慨,

也许汉堡墙外有更多恩人在?

您乐观的仆人——蒂勒曼上

## 让-菲利普·拉莫
(Jean-Philippe RAMEAU, 1683—1764)

直到50岁那年,拉莫才成为一个键盘乐作曲家及杰出的理论家,并且登上舞台。之后的30年中,他写了25部重要歌剧,为法国歌剧注入了新鲜血液。

· 27 ·

拉莫在排练的时候必须说很多话,但他说话时太卖力,以致经常口干舌燥,必须吃些水果才能继续,这种情况也会发生在正常的谈话中。每到他谈兴大发时,会经常突然失声,张着嘴像演哑剧一样,表明自己发不出声音了。

· 28 ·

在《游侠骑士》的一次排练中,拉莫不断地让一个女演员将一首咏叹调唱得快一些。

"但是如果我唱得那么快的话,"女演员说,"观众们就听不清歌词了。"

"无所谓,"作曲家说,"我只要他们听到我的音乐就行了。"

· 29 ·

拉莫年轻的时候在克莱蒙特当管风琴师,他非常向往去巴黎出版自己的《和声学》,但是又没有办法说服教堂执事解除合约。

于是，在一个星期六早晨的礼拜仪式中，拉莫只弹了两个和弦就离开管风琴包房，砰地摔上门。没人觉得奇怪，大家都以为是管风琴手没来导致拉莫发脾气。可是在晚祷中，拉莫又无缘无故地乱弹琴，连内行人都说只有他才能弹得这么差。

于是拉莫受到了训斥，他回应道：除非解除和约，不然他就一直这么弹下去。教会执事最终同意了。之后的几天，拉莫用精彩的演奏结束了自己的义务。他弹得那样优雅、精致、有力、和谐，以至于教众都为他即将离去而深深惋惜。

· *30* ·

尽管拉莫声望很高，可是《游侠骑士》并没有获得成功，而且不久就停演了。在观众尚未学会欣赏这部作品时，作曲家断言："梨子还没熟呢！"

"那也不妨碍它们从树上掉下来。"索菲·阿诺德[1]反驳道。

· *31* ·

拉莫临终前告诉一个朋友："我比以前更有品位，只是再也没有天分了。"

## 约翰·塞巴斯蒂安·巴赫
（*Johann Sebastian BACH*, 1685—1750）

出生于埃森纳赫的音乐世家，其家族七代人中出了六十多个职业音乐家。1723 年，他被任命为莱比锡圣托马斯大教堂的唱诗班指挥。除了音乐之外，他的生活平淡无奇，性格亦无可圈可点

---

[1] Sophie Arnould（1740—1802），法国女高音，拉莫和格鲁克为她创作了许多角色。

之处，亲朋好友的回忆也少有留存。

· 32 ·

巴赫年轻的时候总是不畏艰险地去汉堡偷听[那些老前辈们总是害怕别人学到自己纯熟的技巧]管风琴大师赖因肯的演奏……有一次他在汉堡逗留的时间太长，结果要回吕讷堡的时候，身上只剩下两先令。还没到家他已经饿得头昏眼花，只好坐在一个酒馆旁休息。从厨房里传出来的阵阵香味，更是让他痛苦地意识到自己的胃口和荷包之间的巨大差距。他的一脸馋相似乎打动了楼上某位先生或小姐。他听到窗户打开的声音，接着有两个鲱鱼头被扔了下来。看到来自老家图林根的美味，哪怕是残羹剩饭，他也禁不住开始流口水。于是他急不可耐地捡起了鱼头。当他把鱼头撕开的时候，又有一个大大的惊喜：每个鱼头里面都有一枚丹麦金币！这个重大发现不仅可以解他的燃眉之急，而且还能让他的下一次汉堡之旅体体面面。这位不知名的好心人，无疑从窗户后面目睹了自己善行的结果，但也并不想知道这个孩子是谁。

· 33 ·

年轻教师巴赫曾因与一名学生公开争吵而得罪了阿恩施塔特的官员。一天，巴赫和表亲芭芭拉·凯瑟琳娜穿过市场的时候，遇见了盖耶什巴赫和其他五个学生，他们刚吃完一场洗礼仪式后的大餐。盖耶什巴赫要求知道巴赫为何贬低他吹奏低音管的能力。他的火气越来越大，叫巴赫"龌龊狗"，并且用棍子打了他的脸。巴赫也拔出剑，另一个学生奋力阻拦才避免了流血事件。

巴赫向宗教法庭上诉，结果法庭宣判巴赫挑衅在先，因为他曾说盖耶什巴赫是"老母羊低音管"。巴赫被劝诫与学生友善相处，他的回应是——自作主张地去吕贝克待了很久，听布克斯泰胡德的管风琴演奏。

· 34 ·

巴赫非常尊敬亨德尔，而且一直想和亨德尔见上一面。因为亨德尔也是一位伟大的键盘和管风琴演奏家，许多莱比锡的爱乐者都希望看到两位巨人能够当面一较高下。但是两人一直没有碰到见面的机会。亨德尔三次从伦敦回到故乡哈雷，第一次大约是1719年，巴赫还在科腾，离哈雷仅四德里。他一听到亨德尔到达，便立刻动身去拜访，但亨德尔就在他到达的当天离开了哈雷。亨德尔第二次去哈雷是在1730年到1740年间，巴赫在莱比锡，但是生病了。他一听说亨德尔来了，就立刻派大儿子威廉·弗里德曼去邀请他到莱比锡，但是很遗憾，亨德尔不能去。在亨德尔第三次到访的时候（可能是1752年或者1753年），巴赫已经去世了。

· 35 ·

尽管巴赫拥有很多好品质，但脾气又急又暴躁。圣托马斯大教堂的管风琴手古纳[1]一直弹得很好，可是有一次弹出了错音，巴赫突然变得非常激动，抓起自己的假发扔在那可怜的人的头上，并且朝他咆哮着说："你还弹什么管风琴！我看你应该去做鞋匠！"

· 36 ·

当巴赫走进一间挤满了人的房间时，一个门外汉正在键盘上

---

[1] 约翰·戈特利布·古纳（Johann Gottlieb Görner，1697—1778），莱比锡的管风琴手，后来成为巴赫幼子们的监护人。

即兴发挥，他突然从座位上起身，结果导致弹出了一个不协和音。巴赫径直走过主人，冲向大键琴，解决了错音，加上一句完美的结束句，然后，才跟主人寒暄。

· 37 ·

巴赫非常喜爱全和声，经常使用踏板，不过据说在手和脚都没空的时候，他还会用嘴衔一根木棍去触键。

· 38 ·

经常有人请巴赫演示一些极简单的乐曲，他通常会说："嗯，看看我能做什么。"这时，他会选择一个简单的主题开始，但是，当他充分发展主题之后，别人总会发现这曲子其实并不简单。如果大家开始抱怨这曲子还是太难的时候，巴赫会笑着说："只要多练，就能弹好；你不是跟我一样有两只手、十个健康的手指吗？"

· 39 ·

巴赫经常在礼拜仪式中大发雷霆地赶走某个不听话的学生，接着在晚餐时又再一次将他从餐桌上赶走。这些武断的举动有时会牺牲一个教师的尊严，所以对于他来说，要让那些捣蛋的孩子们老老实实地听话实在是难上加难。

· 40 ·

一群乞丐经常发出一串不和谐的哀求声，巴赫觉得其中包含了某种有趣的音程。首先他装出想给钱但是又找不到钱的样子，当乞丐们哀求声的频率渐渐升高时，他就拿出一点点钱来降低那些叫声，如此数番。最后，他突然拿出一大笔钱——令他非常满意的是，他制造了一个完整的和声和一个叫人满意的结束句。

*Book of Musical Anecdotes*

· *41* ·

1747年巴赫在柏林时参观了一间新歌剧院。他能够一眼看出剧院的结构对于音响效果的利弊,这是其他人多年积累才能有的经验。他被带到剧院内的大厅,来到环绕大厅的回廊,他看了看天花板,完全没有做进一步的考察,就说……如果一个人在大厅的一角对着墙小声说话,另一个人站在平行四边形对角线的另一头面对着墙,便可以清楚地听到这悄悄话,而站在大厅的中心或任何其他部分都无法听到。天花板的拱形的方向产生了这种效果,而巴赫一眼就发现了这个特质。此类观察结果使巴赫开始尝试着运用管风琴不同音栓的非常组合,制造前所未闻的音响效果。

· *42* ·

巴赫的儿子查尔斯·菲利普·伊曼纽尔·巴赫于1740年开始为腓特烈大帝工作。腓特烈大帝经常听说老巴赫技艺超群,于是很想见一见这位艺术大师。起初,他只是绕着弯子暗示小巴赫,也许有一天他的父亲应该来波茨坦;但渐渐地,他开始直截了当地问为什么他父亲还不来。于是小巴赫向父亲道明了国王的意思……

1747年,巴赫开始准备这次旅行,由他的大儿子威廉·弗里德曼陪同。当时国王每天晚上都要开私人音乐会,通常他自己会演奏几首长笛协奏曲。那天晚上,正当他准备好长笛,乐手们入座以后,一位侍官递上了一张到访者的名单。国王拿着长笛,浏览了一遍名单,突然激动地转过身去对乐手们说:"先生们,老巴赫来了。"他立刻将长笛搁在一边;老巴赫刚刚到达儿子的住处,就立刻被召唤入宫。威廉·弗里德曼告诉了我[1]这件事,我必须承认现在一想到他叙述的口气还是会感到快乐。见面要进行啰唆冗长的夸奖是当时的风尚,由于老巴赫没来得及脱去旅行便服换上唱诗班指挥的黑色长袍,就风尘仆仆地出现在国王面前,必然要进行长篇累牍的道歉。这里我就不赘述那些歉意了,只是从威廉·弗里德曼口中听说了国王与道歉者间礼节性的对话。

更重要的在后面。国王放弃了当晚的音乐会,转而邀请巴赫试奏西尔伯曼为他制造的几架早期钢琴。这些崭新的钢琴分散在王宫的许多房间中,乐手们跟着巴赫一间一间试奏了每一架钢琴,他会随时即兴创作。一段时间后,他让国王给他出一个赋格的主题,以便当场表演。国王非常钦佩他的才学,就即兴出题,而且,为了知道这种艺术能达到什么境界,还要求他创作一个六声部赋格曲。由于不是每个主题都适宜这样的全和声创作,巴赫选了一个主题开始即兴创作演奏,在场的人都对他的才华和风度惊叹不已。国王又想听他演奏管风琴,于是第二天,巴赫被带去演奏所有波茨坦的管风琴。回到莱比锡后,巴赫用国王给他的主题写了三声部和六声部赋格曲,并且添加了一些复杂精巧的卡农。这套作品取名为《音乐的奉献》,题献给它的创作者。

这是巴赫的最后一次旅行。

· 43 ·

凯泽林伯爵曾经是萨克森选帝侯宫里的俄罗斯大使,他常去

---

[1] 约翰·尼古拉斯·福克尔(Johann Nicolaus Forkel, 1749—1818),德国音乐家,J.S. 巴赫的第一位传记作者。

莱比锡小住,并带着哥德堡[1]去跟巴赫学音乐。伯爵体弱多病,常常失眠。在这些不眠之夜,和伯爵同住的哥德堡就必须在隔壁房间弹些音乐陪伴他。一次伯爵要求巴赫为哥德堡写些温柔活泼的键盘小品,好为自己的不眠之夜添些乐趣。巴赫觉得满足他愿望的最好办法就是变奏曲,在相同的基础和声上进行不断的变奏,但他并不觉得这任务多么有趣。当时他所有的作品都是艺术典范,就连变奏曲也不例外。而且,这是他留给我们的唯一一部变奏曲。此后伯爵就将之称为"我的"变奏曲,百听不厌;很长一段时间中,只要他一失眠,就会说:"亲爱的哥德堡,从我的变奏曲里挑一首弹弹吧。"也许巴赫的任何一部作品都没有得到过这样高的报酬:伯爵送给他一只金高脚杯,里面满满盛了一百个金路易。

• 44 •

*1748 年巴赫给表亲约翰·伊莱亚斯(施韦因富特高级中学的唱诗班指挥及学监)的信——*

尊敬的表亲:

昨天我收到了你的来信和那桶新酒,我非常感谢您的好意,并祝您和您妻子身体健康。很遗憾的是,由于路上的颠簸或其他原因,装酒的桶坏了,在进城的常规检查报告中说,其中三桶已经完全空了,只剩下不到六罐;这么贵重的礼物哪怕少一滴也是憾事啊。我为这美好的葡萄酒而祝福我的表亲,同时为自己无以回报而感到遗憾。但"推迟不等于彻底没有",我还是希望将来有

---

[1] 约翰·戈特利布·哥德堡(Johann Gottlieb Goldberg,1727—1756),管风琴家及作曲家。

机会投桃报李。

我们居住的两个镇实在离得太远，以至于不能常来常往；否则我一定会邀请您来参加我女儿丽申的婚礼，她将在明年1月结婚，新郎官阿特尼科是瑙姆堡新来的管风琴师。由于刚才提到的距离原因以及严寒的季节，我们大概不太可能见到您了，所以我仅希望您能够祝福我们。我代表全家向您致敬，您的恭顺的表亲、忠实的仆人。

J.S. 巴赫

又及：伯恩鲍姆六个星期前下葬了。

再及：尽管您已经表达了要继续送给我美酒的良好愿望，但我必须谢绝这一好意，因为花费实在太高——马车花了16格罗申[1]，搬运工要了2格罗申，进城费2格罗申，地方税5格罗申3芬尼，一般税3格罗申，所以您可以算一下，平均下来每个小节我都得付差不多5格罗申，这对于收一份礼来说未免太多了。

### · 45 ·

7月28日晚大约8点一刻的时候，他在睡梦中静静地离开了人世。

他被埋葬在莱比锡圣约翰教堂的墓地里，但是没有任何十字架或墓碑标记他长眠的地点。关于他葬礼的唯一记录是保存在莱比锡镇图书馆的一份死亡登记，上面这样写道："约翰·塞巴斯蒂安·巴赫，男，67岁，圣托马斯大教堂的音乐指导和唱诗班指挥，于1750年7月30日下葬。"

---

[1] Groschen，奥地利辅币名。——译注

· 46 ·

在 1800 年 5 月的《莱比锡音乐新闻》上有一则请愿书,是巴赫的崇拜者罗克利兹[1]刊登的,上面写着:"巴赫家族香火几近断绝,如今只剩下伟大的塞巴斯蒂安·巴赫的一个女儿尚在人世;这位女士年事已高,生活困顿。很少有人知道这事实,因为她不愿——不,她不应该乞求!"……

1801 年 5 月 19 日,罗克利兹又写道:"我们为帮助巴赫家族的唯一幸存者——塞巴斯蒂安·巴赫的小女儿所发的号召得到了响应……5 月 10 日,我们收到了维也纳音乐家安德烈亚·施特赖歇尔先生捐赠的 307 维也纳弗罗林币,深受感动……同时,另一位著名的维也纳作曲家、钢琴家冯·贝多芬先生自愿将一部新作品的出版收入全部赠给巴赫的女儿,以便这位老妇人可以长期从中受益,他还竭尽所能地加快该作品的出版速度,以防她过早身故。"[2]

· 47 ·

基恩贝格尔[3]有……一幅他的老师塞巴斯蒂安·巴赫的肖像。这幅肖像挂在他房间的两扇窗户之间、钢琴正上方的墙上,我[4]

---

[1] 约翰·弗里德里希·罗克利兹(Johann Friedrich Rochlitz, 1769—1842),音乐评论家、编辑。
[2] 她于 1809 年 12 月 14 日去世。
[3] 约翰·菲利普·基恩贝格尔(Johann Philipp Kirnberger, 1721—1783),作曲家、理论家,巴赫的学生。
[4] 卡尔·弗里德里希·采尔特(Carl Friedrich Zelter, 1758—1832),柏林作曲家、教育家,歌德的朋友。这则逸事见于 1829 年 1 月 24 日他给歌德的信。1829 年 3 月 11 日,采尔特的 20 岁的门徒德尔松在柏林指挥了《马太受难曲》,宣告了巴赫的复兴。

一直很欣赏它。一个有点小钱的莱比锡亚麻商人是基恩贝格尔的旧相识,基恩贝格尔还是托马斯学校唱诗班歌手的时候,在游行仪式队里唱着歌经过商人父亲家门口;这次他来到柏林,觉得应该拜访一下已是大名人的基恩贝格尔。还没坐定,这个莱比锡人就大叫起来:"哇,我的天!你居然把我们的唱诗班指挥巴赫挂在这儿;我们在莱比锡的托马斯学校也挂着他呢!他们说他是个暴躁的家伙。噢,这自负的傻子居然不知道给自己画上件体面的丝绒外套。"基恩贝格尔一言不发地站起身,走到椅子后,双手抡起椅子对着客人的脸,先是低声、然后大喊道:"滚出去!你这只狗!滚出去!你这只狗!"那莱比锡人受了惊吓,抓起帽子和手杖,急忙冲向大门,闪电一样蹿到街上。之后,基恩贝格尔让人把那俗不可耐的家伙坐过的椅子清洗干净,然后取下肖像,蒙上一层布之后放回原位。

· 48 ·

我[1]和费利克斯·门德尔松经常碰面研究怎样将《马太受难曲》缩减到适宜演出的长度,因为上演全剧是绝对不可能的事情。它蕴含着早期时代的精神,我们真心希望人们能够意识到那种内化的伟大。许多歌曲将被略去,只有交响乐部分得以演出;而福音使者的部分也将被删去,因为对受难曲的音乐会来说并不那么关键。我们时常产生分歧,因为对我们来说这关乎良心;不过最终的定稿似乎恰到好处,因为这部作品之后的演出基本上都采用了该版本。

---

[1] 爱德华·德弗里恩特(Eduard Devrient),门德尔松多年的好友及他的传记作家。

到了该邀请独唱演员的时候了,我们决定一起巡视。费利克斯孩子气地要求我俩要穿得一模一样,蓝外套、白背心、黑领结、黑裤子,戴上当时很时髦的黄色羚羊皮手套。[他的零用钱花光了,于是我借给他一泰勒买了手套。他妈妈对此很不高兴,说:"一个人不应该助长年轻人铺张浪费的习气。"]

在品尝了费利克斯最爱的巧克力之后,穿着"巴赫"制服的我们兴高采烈地开始了……我们开始谈及这奇妙的机遇:一部原本在一百年中被湮没的作品,现在又将重见天日。"想想吧,"费利克斯站在歌剧院广场的正中央得意扬扬地说,"是一个演员和一个犹太人让人们重新领略到这部最伟大的基督教杰作!"

· 49 ·
### 20世纪大提琴家巴勃罗·卡萨尔斯——

一天我告诉爸爸我要给巴哈雷拉咖啡馆找点新的独奏曲目,于是我们一起开始搜索。有两个原因使我永远难以忘记那个下午。第一,我父亲给我买了第一把成人大提琴……然后我们来到靠近码头的一个音乐老店,开始浏览一大摞乐谱。突然我发现了一捆纸,破破烂烂的,因为年代太久而褪了色。那是约翰·塞巴斯蒂安·巴赫的无伴奏组曲——专为大提琴而作。我惊讶地翻阅着这六首独奏大提琴组曲,这字里行间隐藏着怎样的魔力和秘密啊!我从未听说过这些组曲的存在,没有人——哪怕是我的老师——向我提起过这部作品……我赶紧捧着组曲回家,好像它是皇冠上的宝石,一进房间我就开始全心研读。我读了一遍又一遍,那时我才13岁,而之后的80年中,我对它的好奇与日俱增。这些组曲开启了一个全新的世界……在接下来的12年中,我每天都要研究、练习它们。是的，12年光阴似箭，直到25岁那年我才有勇气在公众面前演奏其中一首组曲。直到那时，从未有任何小提琴家或大提琴家演奏过完整的巴赫组曲……它们被认为是学术作品，机械呆板，没有温度。想想吧！它们可是巴赫的精华，而巴赫就是音乐的精华。

## 约翰·盖伊
（John GAY，1685—1732）

英国诗人、剧作家。盖伊写了《乞丐的歌剧》讽刺意大利歌剧以及当时的社会。他还为亨德尔的《阿西斯与加拉蒂亚》写过台本，并在1732年建造了第一座科文特花园剧院[1]。

· 50 ·

这歌剧先送给德鲁里巷的经理西伯过目，被他拒绝了；然后被送到竞争对手、科文特花园的掌门里奇手中，明智又幸运的他决定接受这部作品。结果该剧让作者和剧院经理都赚翻了天，于是大家说"《乞丐的歌剧》让里奇（Rich）高兴（gay），让盖伊（Gay）富裕（rich）"。（Beggar's Opera had made Rich gay and Gay rich.）

## 乔治·弗里德里克·亨德尔
（George Frideric HANDEL，1685—1759）

亨德尔是哈雷一个剃头医生（barber-surgeon）[2]的儿子，先

---

[1] 此处有误，建造科文特花园剧院的是约翰·里奇（John Rich）。——译注
[2] 中古时期理发师兼当外科医生，既可理发，又可替人放血、包扎伤口，进行接合、截肢等手术。——译注

是在意大利出了名，然后成为汉诺威选帝侯（后成为英格兰的乔治一世）的乐队长。他比主人先移民到伦敦，在半个世纪中创作了近五十部歌剧。当歌剧不再受欢迎的时候，亨德尔又以一系列圣经主题的清唱剧重新吸引观众。

· 51 ·

亨德尔很小的时候就对音乐产生了无可救药的迷恋。他的父亲想让他学习民法，所以对他的艺术嗜好很是警惕。当父亲发现他的音乐倾向与日俱增时，就不择手段地压制它。他严格限制亨德尔触摸任何乐器，家里所有和音乐有关的东西全部被扫地出门，连亨德尔出门的时候也不许去有乐器的地方。但是这种压制反而更加激发了亨德尔的艺术激情。他想办法偷偷运了一架小型古钢琴到家里的阁楼上，等到全家都睡着了以后偷偷地练习。

· 52 ·

他在佛罗伦萨待了将近一年，下决心要走访意大利所有的音乐圣地。威尼斯是他的下一站。有人在一个假面舞会上见过他，当时他戴着面具在弹古钢琴。正好斯卡拉蒂也在那儿，他确信除了那著名的萨克森人之外没人能弹得这么好，除非是魔鬼。于是亨德尔就这样被发现了，大家还强烈要求他创作一部歌剧。但这事好像既没名也没利，他极不情愿答应。然而最终他还是同意了，用三周时间写出了歌剧《阿格丽皮娜》，连演了27晚……

在剧院里，几乎每次休息，都能听到"亲爱的萨克森人万岁"的欢呼以及无数溢美之词。

· 53 ·

他经常说："我刚到这儿来的时候，发现英国人里有很多演奏家,但没有作曲家;而现在,他们全是作曲家,没有演奏家了。"

· 54 ·

莫里斯·格林[1]博士的作品不管是为教堂所作还是为室内乐,没有哪部能称得上优美流畅,他请求亨德尔细读一首自己新近创作的独唱赞美诗并提出建议。这位伟大的德国人邀请他第二天早上一起喝咖啡,然后谈谈自己的看法。格林十分准时,喝了咖啡,两人谈了许多话题,但是亨德尔对他的作品只字不提。终于,格林等不及了,再也无法掩饰焦急和渴望,急切地问道:"那么,先生,对我的赞美诗——您怎么看?""噢,你的赞美斯(诗)——啊——为什么我觉得它缺气,格林博士?""气?""是的,空气;所以我就把它晾到床(窗)外去了。"

· 55 ·

一天库佐妮[2]拒绝唱《奥托内》中的"Falsa imagine",亨德尔说:"噢!亲爱的夫人,我知道你是个道地的女魔头,但是我会让你知道我是魔王。"说完他就将她拦腰抱起,而且发誓如果她继续找麻烦的话,就把她从窗户里扔出去。

值得一提的是,这是德国某些地区以前处决犯人的方式。

· 56 ·

一个叫戈登的英国歌手因为伴奏方式的问题跟亨德尔起了争执。最后戈登说,如果亨德尔继续那样伴奏的话,他就会跳到他的大键琴上去把它敲成碎片。"噢!"亨德尔回答,"你准备那样

---

[1] Maurice Greene(1695—1755),作曲家、管风琴演奏家,1735年任御前音乐指挥。
[2] 弗朗西斯卡·库佐妮(Francesca Cuzzoni,1700—1770),反复无常的意大利女高音。

干的时候赶紧通知我,我会替你做个大广告;相信来看你上蹿下跳的人要比来听你唱歌的人多得多。"

· 57 ·

众所周知亨德尔非常敏感而易怒,他不能忍受任何乐器调音的声音,因此乐队总是在他到剧院之前就把音调好。一个捣蛋鬼决定拿他的暴脾气开涮,于是偷偷潜入后台把所有的乐器都弄走音。而这天晚上威尔士亲王要来听音乐会。

亲王一到达,亨德尔就让乐队开始演奏。结果发出的恐怖噪音不忍卒听,暴怒的亨德尔从座位上跳起来,将挡在他面前的倍大提琴推翻在地,抓起定音鼓就奋力朝乐队首席扔过去,过于激烈的动作把假发都弄掉了。他光着脑袋站在乐队面前,气呼呼地喘着粗气,被盛怒哽住了喉咙,一句话也说不出来。在这荒唐的情势下,他瞪大眼睛气急跺脚了好一阵子,观众们爆发出大笑,他气得没法重新回到座位上坐好。直到亲王亲自上前,费了老大劲才平息了他的怒气。

· 58 ·

在咏叹调的结尾处,他总是用一种极为可怖的声音大叫"合唱!";而且,他在卡尔敦别墅排练清唱剧时,如果威尔士亲王[后来的乔治三世]及王妃没有大驾光临,他通常会特别凶;然而,王室对他如此敬重,以至于王储亲口承认亨德尔有理由抱怨,有人听到他说:"实际上让这些可怜的人儿(指乐手们)花这么长时间等着我们是很残忍的,这样他们就没法教课赚钱了。"但是如果有宫女或女宾在演出时聊天,我恐怕这位现代提摩太不仅会咒骂,还会点名;这种时候威尔士王妃通常会温柔而好心地劝说:"嘘!

嘘！亨德尔要发火了！"

• 59 •

亨德尔热爱美食和美酒。一次收到别人赠送的一打顶级香槟[1]，他觉得数量太少不舍得分给朋友，于是留着自己享用。有一次他在家里开派对的时候，特别想喝几口香槟，但又想不出什么借口离开大伙儿。突然他故作沉思状，用食指敲着脑门儿说："我有了一个宁（灵）感！我有了一个宁（灵）感！"朋友们以为他马上要写下什么不朽的乐章，于是满怀敬意地目送他离开。他回来后不久，又有了第二个、第三个、第四个"宁感"。一个捣蛋鬼疑心为何圣塞西莉亚[2]如此眷顾亨德尔，就尾随他进了隔壁的房间，结果发现他打开壁橱，拿出他的宝贝香槟，几口猛灌。这个发现令大伙儿无比欢乐，亨德尔的"宁感"也成了众所周知的梗。

• 60 •

亨德尔发现在餐馆里吃饭很方便，就叫了三人份的食物。结果左等不来右等不来，他开始不耐烦，叫来了店主，"为什么你们让我等这么久？"亨德尔带着饿汉的急躁问道。店主说："我们在等您的客人大驾光临。""赶紧上！我就是客人。"亨德尔气急败坏地说。

• 61 •

**1776年3月30日查尔斯·伯尼给莫宁顿大公的信——**

一位女士非常喜爱音乐，亨德尔邀请她前来听一场《弥赛亚》

---

[1] 据查尔斯·伯尼（Charles Burney，1726—1814）——英国音乐史家，亨德尔纪念日的发起者——说是勃艮地香槟。
[2] 音乐主保圣人。——译注

的非公开排练。她被合唱异常庄严的表现深深地打动了,而清唱部分又与神圣的歌词如此契合,音乐一结束,她就问亨德尔为何像他那样"英文不太好的人"可以如此深刻地理解歌词的崇高精神。我觉得他的回答给所有作曲家(至少是宗教音乐作曲家)上了一课:"夫人,感谢上帝,我还有一点信仰。"

· 62 ·

当《弥赛亚》第一次在伦敦上演时,观众被音乐深深地打动了。当合唱开始唱"我主我神全知全能大权"时观众们如此迷醉,索性全部起立直到合唱结束,国王也在其中。于是在演出这段音乐时全体起立成了英格兰的时尚。在这神圣的清唱剧首演之后几天,亨德尔前去拜望老友金诺尔勋爵。勋爵自然少不了要恭维他为大家带来的高雅娱乐,可是亨德尔说:"我的爵爷,如果这只是娱乐大众,那我实在觉得很遗憾,我是希望能让他们变成更好的人。"

· 63 ·

当亨德尔的仆人早上给他送去巧克力的时候,"常常怔在那儿,看着他的主人在泪水和墨水的交织中写下神圣的作品。"伯格还说:"一个朋友去拜访这位大音乐家的时候,他正好在为'他遭人鄙夷,为世所不容'这样的句子谱曲,而且泣不成声。"

· 64 ·

1741年亨德尔去爱尔兰(进行《弥赛亚》的首演)路过切斯特时,我[1]正好在当地的公学里读书,很清楚地记得他抽着烟斗坐在镇咖啡馆里喝咖啡的情景。那时我对这样一个大人物实在非

---

[1] 查尔斯·伯尼。

常好奇，于是竭尽全力盯住他；恰好天公作美，大风令他在切斯特耽搁了几天，我就看了个够。这期间，他问我的第一个音乐老师、管风琴家贝克先生教堂里有没有人可以进行视唱，因为即将在爱尔兰演出用的乐谱是匆忙中抄写的，他要找合唱队试唱一下检查有无错误。贝克先生提到了一些符合要求的歌手，其中一位名叫詹森的印刷工有着美妙的男低音，是合唱队里最好的音乐家……

亨德尔在下榻的金隼酒店安排了一次非公开的排练。可是，唉！在试唱《弥赛亚》合唱中的"他受鞭刑，我们得到疗治"时，可怜的詹森几次尝试都没唱对，亨德尔怒火中烧，在用四五种不同的语言诅咒过之后，他开始用蹩脚的英语大骂："里（你）这无赖！不是里（你）告诉我里（你）能视唱的吗？"——"是的，先生，"印刷工说，"我可以的，但不是看一眼就能唱。"

· 65 ·

一天晚上，亨德尔在都柏林，杜伯格[1]正在演奏一首乐曲的独奏部分，快结束的时候有一段自由发挥，杜伯格变了好几次调之后看上去有些疑惑，似乎不记得原来是什么调了。最后他总算哆哆嗦嗦拉完了这支曲子，亨德尔兴高采烈地喊道："欢迎回来！杜伯格先生！"声音大到剧院最远处都能听到。

· 66 ·

格鲁克想知道亨德尔对《巨人陨落》的看法。"你写的歌剧太麻烦了，"他告诉格鲁克，"在英格兰，这简直就是浪费时间。英国人喜欢的是能让他们打拍子的音乐，直接震动耳膜的音乐。"

---

[1] 马修·杜伯格（Matthew Dubourg, 1703—1767），著名小提琴家。

· 67 ·

一次他正在刮脸,这时有人送来了他从费尔顿牧师[1]那儿订的管风琴协奏曲。亨德尔脸上还带着肥皂泡,推开理发师的手狂怒地站起身,气急败坏地叫道:"去里(你)的!见龟(鬼)去吧!牧师写些(协)奏曲!他怎么不去布道啊?"布朗见他发了这么大的火,而且伸手就能拿到剃刀,于是速速逃出了房间。

· 68 ·

为了报答公众对他的厚爱,也为了做善事,亨德尔决定为一所亟须帮助的孤儿院演出《弥赛亚》。他不但坚持了许多年,而且将乐谱的一份副本捐给了孤儿院,看起来好像是要给他们独家演出权一样。这一慷慨的行为被基金会的一些管事误解了,他们向议会提交了一份决议,要求确认自己的既得权利;简言之,就是要禁止除了亨德尔和他们之外的任何人演出《弥赛亚》,违者罚款。为了使这项决议顺利通过,他们要求亨德尔配合,但亨德尔对此种权利根本毫无知觉,别人一提及这事儿,他就愤怒地大叫:"为哈(啥)孤儿院要把俄(我)的清唱剧弄到议会去?过混(分)!俄(我)的音乐不应该去议会!"

· 69 ·

一个星期天,亨德尔参加了乡村教堂的礼拜,结束后他请求教堂的管风琴手允许他演奏管风琴来送大家步出教堂,自然得到了同意。于是,亨德尔坐下开始演奏,他如此具有大师风范,立刻就吸引了所有人的注意,大家不仅没有像平时那样离开,反而停留了

---

[1] 威廉·费尔顿(William Felton, 1715—1769),圣公会牧师,管风琴家、作曲家。

很久,默默地表达敬意。可是那管风琴手开始着急了(说不定他老婆正在等他吃饭),不断劝说大师这样弹是不会把大家送出教堂的,还是打消这个念头吧;有他在这儿演奏,谁也舍不得走出门的。

· 70 ·

亨德尔眼盲的第一年,剧院里上演了《参孙》,史密斯[1]弹奏管风琴,比尔德深情地唱道:

日全食啊——没有太阳、没有月亮
一片黑暗,降临在正午的艳阳天

大家回忆起亨德尔创作了这音乐,又看见眼盲的作曲家坐在管风琴旁,许多人被感动得潸然泪下。

· 71 ·

当听到"哈利路亚大合唱"时,海顿哭得像个孩子,大喊道:"他是我们所有人的大师!"

· 72 ·

我[2]有一次坐得离(贝多芬)很近,听到他清楚地用德语说:"亨德尔是古往今来最伟大的作曲家。"……接着他又说:"如果我去他的坟前,一定会脱帽致敬,并且谦卑地下跪。"这时我们每个人都被他深深地感动了。然后我们不停地想把话题转到莫扎特身上,不过他没什么反应;我只听到他说:"在君主制里,大家都知道谁最大。"——这话也许是回应,也许只是句全不相干的闲话。

---

[1] 约翰·克里斯托弗·史密斯(John Christopher Smith, 1712—1795),亨德尔的学生、抄写员。
[2] 爱德华·舒尔茨(Edward Schulz),英国音乐家,于1816年、1823年拜访过贝多芬。

## 尼古拉·波尔波拉
（Nicola PORPORA，1686—1768）

意大利声乐作曲家、教师。他的学生包括卡法雷利、法里内利、海顿和梅塔斯塔西奥。

· 73 ·

在参观德国一所修道院时，僧侣们要求他参加礼拜仪式，以便听一听管风琴手的演奏。之后僧侣长问："那么您觉得我们的管风琴手怎么样？""噢，他是个聪明人。"波尔波拉回答，"也是个慈悲的人。"僧侣长插话："他的淳朴简直是一种福音。""噢，"波尔波拉说，"就他的淳朴而言，我已经观察到了，因为他的左手并不知道右手在做什么。"

## 朱塞佩·塔尔蒂尼
（Giuseppe TARTINI，1692—1770）

天才小提琴家、理论家，一生中大部分时间居住在帕多瓦，与一个学生非法结婚后逃到阿西西。他躲藏在一所修道院期间写下了超难技巧的奏鸣曲《魔鬼的颤音》。

· 74 ·

纳尔迪尼[1]经常听到塔尔蒂尼叙述这段景象：一天晚上他梦见自己与魔鬼签下了条约，魔王必须按他的命令演奏。他将小提琴放到魔王手中让他拉，魔王拉了一首绝妙的奏鸣曲，而正当他

---

[1] Nardini（1722—1793），小提琴家、作曲家。

为之狂乱地鼓掌时，却醒了过来。他立刻冲向小提琴，想重现其中的一些段落，却无济于事！它们溜走了！但是这奏鸣曲日夜在他的想象中盘旋，于是他尽全力写了一首模仿之作，称为《"魔鬼的颤音"奏鸣曲》，尽管这首跟他梦里的那首奏鸣曲比起来根本不值一提。后来他经常说，如果能靠其他工作讨生活，他早就离开音乐这行了。

## 约翰·约阿希姆·匡茨
(Johann Joachim QUANTZ, 1697—1773)

普鲁士国王腓特烈大帝的长笛教师，他于1752年在柏林写了第一部长笛演奏法专著。

· 75 ·

匡茨年轻的时候在德累斯顿附近的拉德贝格替镇上的音乐家当助手，但这工作并没持续多久。1714年圣约翰日那天的赎罪苦行之后，一场大雷雨引发了火灾，"四个小时里"小镇被烧成灰烬。匡茨与集市中的难民一起，看着他曾经工作的教堂在熊熊火光中燃烧，教堂塔尖被"飞来的一块熏肉点燃"。

就在那天早上教区长进行了一次言辞激烈的布道，把拉德贝格与所多玛、蛾摩拉相提并论，他的结语是："你们会知道的。上帝会降雷霆毁掉这里！阿门。"匡茨说，那教区长的家是大火后唯一完好的屋子。

## 乔万尼·巴蒂斯塔·萨马丁尼

（又称圣马丁尼，Giovanni Battista SAMMARTINI 或 San Martini，约 1700—1775）

米兰作曲家，交响乐发展中的关键人物，风格与海顿相仿。

· 76 ·

**司汤达——**

我记得很清楚，30年前在米兰，有一场为著名的米斯利维切克[1]举办的音乐活动。当演出萨马丁尼的几首老交响曲时，这位波西米亚教授立即叫起来："我发现了海顿风格之父……"

这位充满热情与创意的萨马丁尼，也曾为尼古拉斯·埃斯特哈齐[2]亲王服务，尽管他住得很远。萨马丁尼每献上一部作品，亲王就让米兰一个名叫卡斯特利的银行家付给他八个金币（相当于四英镑）。作曲家每月至少要写两部，多则不限。不过，在他的晚年，年老令他变得懒惰，我很清楚地记得，那银行家经常向他抱怨维也纳那边嫌收到的作品太少。萨马丁尼嘟囔着回答："我会写的，我会写的，但那古钢琴差点要了我的命。"

## 法里内利

[原名卡洛·布罗希，FARINELLI (b. Carlo Broschi), 1705—1782]

著名阉伶歌手，出身贵族家庭，在那不勒斯长大。他通过手

---

[1] 约瑟夫·米斯利维切克（Josef Myslivecek, 1737—1781），波西米亚作曲家，很受莫扎特敬仰。
[2] Nicholas Esterházy，海顿的雇主。

术保持的声音是18世纪音乐的一大奇迹。

· 77 ·

西班牙国王腓力五世得了抑郁症，他拒绝梳洗，既无法出席会议，也无法处理国事。王后试了各种可能帮助他康复的办法，均无功而返。最后她决定用音乐来做试验，因为她丈夫很着迷于音乐的魅力。法里内利的大名从欧洲各地（特别是巴黎）传到了马德里，当他到达马德里时，王后策划在国王寝宫的隔壁房间开一场音乐会，由这位歌手演唱他最拿手的歌曲。腓力五世先是很惊讶，然后就被打动了；在第二首咏叹调结束后，他让这位艺术家去他的寝宫，大大夸奖，恩宠有加。国王问他怎样才能奖赏如此的天才，并且保证他提的任何要求都不会被拒绝。法里内利按照指示，仅仅要求亲自为陛下梳洗打扮，以便国王能像往常一样出席会议。从那以后国王的病开始有了解药：这位歌手就是治病良方。[1]

· 78 ·

他定做了一件华服参加宫廷庆典。当裁缝来送衣服的时候，他问裁缝要账单。"我没开账单，先生，"裁缝说，"也不应该开账单，"他继续说，"我不收您的钱，但是想请您帮个忙。我知道我要求的东西是无价之宝，只有王公大臣才能享受。但是既然我有幸能为您这样一个人人为之倾倒的人工作，我只想听您唱一首歌。"法里内利竭力想让裁缝收下钱，不过没成功。终于，在争论了很久以后……他把裁缝带进乐室，为他演唱了几首最叫好的咏

---

[1] 在接下来的25年里，他的任务就是每晚为国王唱相同的四首歌。

叹调，这位热情听众惊讶的表情令他很开心。裁缝越是惊讶、越是感动，法里内利就发挥得越是淋漓尽致。唱毕，裁缝好不容易才从极大的喜悦中回过神来，由衷地向他道谢，然后准备告辞。"请先别走，"法里内利说，"我也有一些自尊心，因为某种特殊状况我才获得了一点比其他歌手优越的条件；我已经为你的嗜好让了步，现在为了公平起见，你也应该迁就一下我。"他拿出钱包，坚持让裁缝收下了几乎是两倍于礼服的报酬。

## 托马斯·奥古斯丁·阿恩
（Thomas Augustine ARNE，1710—1778）

阿恩是《统治吧，不列颠！》的作者，主要为伦敦剧院作曲。

· 79 ·

**阿恩的学生查尔斯·伯尼写道——**

他一生好色，从未错过街上任何一个女子，只要她不是丑八怪，他就会上前搭讪。这种情况频频发生在我和某位露水女子回家的路上，只要我们分开几分钟，他就会与她攀谈，于是我必须马上回到她身边，好让他知道她是属于谁的。

· 80 ·

阿恩博士一次去刚去世的钱多斯公爵的封地坎农斯，帮助惠特彻奇教堂唱诗班演一部清唱剧。由于人太多，公爵府邸没有准备足够的食物。于是博士来到厨房，发现炉子上只有一条羊腿。侍者告诉他，这是一群绅士们预订好的。博士决定要把这只羊腿弄到手，于是他拿出一根小提琴弦，切成小段，悄悄地撒在羊肉上，然后走出了厨房。他非常耐心地等到侍者把羊腿端上桌，接着听到一位绅士大叫:"来人!这肉都爬满蛆了——快拿走!"这正是博士所期望的。"喂,给我吧。"他说。"噢,先生,"侍者说,"您不能吃这个——已经生蛆了。""没关系,小提琴手的胃是很强壮的。"于是,他拿到了羊腿,刮掉上面的碎弦后,饱餐了一顿。

· 81 ·

阿恩博士的父亲是科文特花园的家具商,当他发现儿子有些音乐天分的时候,就找了个外国人来给他上小提琴课。一天晚上老师来了,有些吃惊地发现小阿恩在储藏室里练琴,谱架放在一个棺材上。他表达了惊讶之情,并且加了一句,"想到棺材里有尸体就没法学习"。"的确有的。"小音乐家说,然后推开棺盖,果然有一具尸体。老师大大受惊,谁也说服不了他再来教这学生。

# 卡法雷利

[CAFFARELLI,本名加艾塔诺·马约拉诺(b. Gaetano Majorano),1710—1783]

意大利阉伶,亨德尔为他写了一首著名的"广板"。他的名声仅次于法里内利。

· 82 ·

像许多阉人一样,卡法雷利很吸引女性,因为他既有男性的阳刚又不会让人怀孕。然而,偷情对他来说还有其他种种危险。1728年他在罗马被一个刚回家的丈夫捉了现行,活像喜歌剧里的情节,他整晚躲在一个废弃的水池里才勉强逃过一劫,但染上的风寒让他几个礼拜动弹不得。更要命的是,那丈夫发誓要向卡法雷利报复,以致他在罗马剩下的日子里提心吊胆,他那心急如焚的爱人为他雇了四个保镖。

## 腓特烈大帝或普鲁士的腓特烈二世
(FREDERICK the Great 或 Friedrich II of Prussia, 1712—1786)

长笛家、作曲家、征服者,他建立了一支宫廷乐队、修建了一所歌剧院,令柏林成为音乐中心。C.P.E. 巴赫是他的羽管键琴演奏家;其父的《音乐的奉献》是对国王创作的一个主题的发挥。

· 83 ·

**腓特烈给他的瑞士朋友亨利·德·卡特的信——**

午饭后我会吹长笛帮助消化,然后签署文件、读书到 4 点钟。那时你可以来看我,我们可以聊天到 6 点钟,然后我的小音乐会就开始了。如果这差强人意的音乐能够令你愉悦,只是因为你用心听了;7 点半,音乐会(我只在郊外的行宫举办)结束;之后我会在纸上涂鸦,写点歪诗,直到 9 点钟;接着我就会投入墨菲斯[1]的怀抱。

· 84 ·

腓特烈二世爱好音乐和文学,他特别欣赏作曲家门德尔松的爷爷——哲学家门德尔松,宴会时经常请他坐在自己身边。这令一位大使非常嫉妒:一个平民而且是个犹太人怎能享受这样的殊荣?于是他开始向国王挑拨离间,说门德尔松"从不关心任何人,他会因为一些妄想而觉得自己受到了伤害,进而冒犯陛下"。

"我倒是想见见这种情形,"国王说,"不过我不会给他任何理

---

[1] 睡神。——译注

由让他觉得受到了伤害，而且，无论如何他都不会冒犯我。"

"打赌吗？"大使问。

"当然可以。"国王回答。

"请陛下在下次的晚宴上写一张纸条：'门德尔松是个傻蛋。'然后亲手签上您的名字，放在他的桌子上。"

"我不会这样做，实在太粗鲁了。"

"只是看看他会怎样反应嘛……而且这张纸上必须签上'腓特烈二世'，这样他事后就不能抵赖说自己不知道这是国王您亲自写的了。"

国王极不情愿但是又非常好奇这事到底会怎样收场，于是按要求写下了这句话并且签了名。

夜幕降临，12人的餐桌已经布置停当，那要命的纸条放在门德尔松的盘子上，好几个客人已经被告知了内情，大家都等着看这场好戏。

门德尔松坐定后，深度近视的他发现了纸条，然后把纸条凑到眼睛跟前读了一遍，露出了吃惊的表情。

"怎么啦？"国王问，"我希望不是什么坏消息，门德尔松先生。"

"噢，不是，"门德尔松说，"没什么。"

"没什么？没什么您怎么会那么吃惊呢？我命令您告诉我那是什么。"

"噢，完全不值一提——"

"但是我已经命令您告诉我那是什么。"

"噢，如果陛下命令我的话，我只能说有人居然胆敢利用陛下您开了一个很恶劣的玩笑；我最好还是不要——"

*Book of Musical Anecdotes*

"利用我？请您别让我再等下去了，到底是什么呀？"

"嗯，有个人在这里写着：'门德尔松是一个大傻蛋，腓特烈是第二大傻蛋。'（Mendelssohn is one ass, Frederick the second.）"

## 让-雅克·卢梭
(Jean-Jacques ROUSSEAU, 1712—1778)

这位瑞士哲学家也是一位优秀的作曲家（他的歌剧《乡村卜者》屡演不衰）、音乐史家（1768年作《音乐辞典》）。

### · 85 ·

一天早晨我[1]去卢梭家，看见许多人来来去去，有的来取乐谱，有的则是送去让他抄写。他就衣冠不整地站在那儿收乐谱，一会儿对这个说要付多少钱，然后收钱；一会儿对那个说："需要什么时候抄好？""我的女主人希望两个礼拜之内。""噢，那不可能，我还有其他事情，没有三周抄不完。"我问他为何不将才华用在更好的地方。"啊哈，"他回答，"世界上有两个卢梭：一个富有，或者本可以选择变得富有，他任性、卓尔不群、才华横溢；这是公众眼里的卢梭。另一个被迫为稻粱谋，就是你眼前看到的卢梭。"

### · 86 ·

乐队中的法国乐手特别痛恨卢梭，因为他每次都在作品中用无比鄙夷的口吻提到他们。格雷特里在他的回忆录中说，当卢梭指挥他的《乡村卜者》排练时，总是极度傲慢地对待乐队，于是乐手把他的肖像吊起来以示报复。卢梭说："我一点儿也不奇怪他

---

[1] 伯纳丁·德·圣-皮埃尔（J.H.Bernadin de Saint-Pierre, 1737—1814），法国作家。

们想吊死我,因为他们已经折磨了我这么长时间。"

· 87 ·

**卢梭在 20 岁时就开始靠音乐赚取功名了——**

我把姓氏卢梭的字母打乱变成瓦索,然后叫自己瓦索·德·维尔纳夫(Vaussore de Villeneuve)。我对作曲一窍不通,却跟所有人吹嘘自己的技巧;其实我连一首最简单的饮酒歌也写不出来,但还是自称作曲家。这还不是全部呢。有人介绍我跟一位法学教授特雷托仁认识,他是个爱乐者,经常在家里开音乐会。我决定向他证明我的才华,于是开始为他的音乐会创作一部作品,怎么大胆怎么写。我在这部优秀的作品上坚持工作了两个礼拜,然后抄写了很多份到处分发,好像它是一部不朽名作。最后——你可能很难相信,不过却是真的——为了让这高贵的作品锦上添花,我加上了一首脍炙人口的美妙的小步舞曲……

我一学会这首小曲和它的低音伴奏部分,就大着胆子把它放在我作品的结尾处,并自信满满地宣布这是本人的创作,好像我的听众都是月球居民似的。

乐手们前来演奏我的音乐。我向他们解释了节奏型、演奏方法和重复部分的提示。五六分钟的调音准备对我像五六个世纪那么长。最后总算一切就绪。我用漂亮的纸卷煞有介事地在指挥台上敲了五六下,注意!于是四下一片寂静。我开始一本正经地打拍子,他们开始演奏了。在整个法国歌剧史上大概从来没有过这么刺耳不和谐的玩意儿。不管他们本来怎么看我假装出来的才华,这下子出来的音乐肯定比他们的任何期待都要差。乐手们笑得都喘不过气来了,观众们瞪大了眼睛,能让耳朵听不到最好,可惜做不到。那可恶的乐队,简直就是在取乐,故意拉得响得连聋子的耳膜都能震破。我居然有勇气继续指挥,豆大的汗珠直冒,说真的,我只能羞耻地站在那儿,根本没有勇气逃跑。让我感到一些安慰的是,我听到观众们窃窃私语:"真让人难以忍受";或者"多么疯狂的音乐";或者"吵死人了!"可怜的让-雅克,在那残酷的一刻你大概永远想不到,将来有一天你的音乐可以在王宫中为法国国王演出,可以引起惊奇的低语和掌声,包厢中迷人的女士们会说:"多么悦耳的声音!多么美妙的音乐!每首咏叹调都让我心动!"

## 克里斯托弗·维利巴尔德·冯·格鲁克
(Christoph Willibald von GLUCK,1714—1787)

波西米亚作曲家,活跃于维也纳和巴黎,他通过确立戏剧性的至高地位,一改意大利式歌剧的花哨习气。《俄耳甫斯和欧律狄刻》依然是他最著名的作品。

· 88 ·

1777年1月27日的《巴黎日报》上登载了一则故事:在上演格鲁克先生的悲剧《阿尔西斯特》时,莱瓦瑟小姐如此深情地唱出"它撕裂了我,揪扯着我的心",一位坐在正厅前排的绅士听得心醉神迷,热烈地鼓掌。然而,他旁边的一位明显持不同意见,对着歌手大叫:"你在揪扯的不是我的心,是我的耳朵!"前一位绅士站起身说道:"那是你的幸运;现在你可以赶紧去换一双耳朵了!"

· 89 ·

格鲁克和皮奇尼[1]的拥趸势同水火,在两派的斗争白热化之际,歌剧指挥伯顿安排了两位首脑会面,希望平息两派战火。据然格内说,伯顿安排了一次晚宴,格鲁克和皮奇尼拥抱对方后,双双入座。整个晚上他们的交谈都很友善。晚饭后,格鲁克像一个真正的德国人一样,几杯酒下肚便开诚布公地大声说:"法国人是好人,不过也让我发笑;他们希望别人为他们写歌,可惜又对歌唱一窍不通。我亲爱的朋友,您的声名遍及欧洲,所以大概只想着怎么维持名声。您为法国人写了那么多美妙的音乐,但对您有什么好处呢?我打赌您肯定只想着赚钱。"皮奇尼很礼貌地回答说,格鲁克举的例子正好证明了名利双收是可能的。然格内还说,"他们像见面时那样友好地告别,无疑他们之间的友谊是真诚的。但是因他们而起的论战并没有停止。也许可以这样说——就像那些政治领导人一样,他们本人是最不像自己党派的人。"

· 90 ·

一天早晨,在我[2]与他一起唱过歌后,他说:"先生,请跟我上楼,我要向您介绍一个人。我一生都在研究他,努力模仿他。"我跟着他进了卧室,在床头正对面,是一幅巨大的亨德尔全身像,画框十分豪华。他说:"先生,这就是为我的艺术带来灵感的大师肖像。当我早晨睁开眼,就会满怀敬意地看着他。您的国家应该得到最高的赞誉,因为是贵国认可并珍视了他的天才。"

---

[1] Piccini (1728—1800),意大利歌剧作曲家。
[2] 迈克尔·凯利(Michael Kelly,1762—1826),爱尔兰歌唱家。

· 91 ·

1775年1月初重演了《奥里斯的伊菲格涅亚》。格鲁克对乐谱进行了一些调整和增加,不过大大有违他意愿的是,芭蕾部分被加长了。由于他看起来很愿意听任何人的建议,老维斯特里斯就请求他为小维斯特里斯加一段夏空舞曲。

"你觉得希腊人会跳夏空吗?"作曲家吼道。

"他们不跳吗?"老舞者一脸真诚的惊讶,"那对他们来说真是太遗憾了。"

"好吧好吧,"作曲家说,"就给你写一段夏空去跳吧,反正这歌剧的音乐已经糟透了。"

· 92 ·

在一次严重的发病后,格鲁克只能卧床。他的朋友不想让他知道他已经生命垂危,就开始讨论他写的一首神圣三重唱,并就救世主的那个部分应该用什么音调展开了激烈的争论。"好吧,我的朋友们,"他说,"既然你们不能决定救世主该怎么唱,我就去见他,当面请示他该怎么办。"他于1787年11月15日平静地去世了。

## 查尔斯·伯尼
(Charles BURNEY, 1726—1814)

英国音乐史家,海顿的朋友、梅塔斯塔西奥的传记作者、小说家范妮·伯尼的父亲。

· 93 ·

在伯尼博士的怪癖中,有两种无伤大雅:第一,不停地收集上等好酒；第二，怕见风。"关上门"是任何走进他房间的人听到的第一句问候语，很少有人会忘记这规矩。哪怕是在最不堪的情况下，他也不会放弃这条规矩。一天晚上回家的路上，他在马车里被打劫了……在劫匪们准备逃离的时候，他把他们叫回来，用他一向决断的语气叫道："关上门！"这威风凛凛的声音收到了立竿见影的效果——贼们马上听从了他。

## 弗朗索瓦·安德烈·菲利多
(François André PHILIDOR，1726—1795)

喜歌剧的创始者，他的作品中《汤姆·琼斯》最受欢迎。他还是最早的国际象棋大师。据说他是第一位观众鼓掌要求谢幕的作曲家。

· 94 ·

他唯一被记录下来的妙语看来是在很严肃的情况下说的，根本无意于幽默。一天，他进家门的时候看到两个儿子（大概一个14岁、一个16岁）在下棋，于是就在一旁观战。两三步棋之后，他对老婆说："亲爱的，我们的孩子已经相当成功地把象棋变成了碰运气的游戏。"

· 95 ·

我们在剧院里只有一张他的画像……他和他英俊的儿子安德烈正在与一位漂亮的女歌手柯伦布小姐会面，她屈尊成了男孩的"初恋情人"。"我希望他能让您高兴。"这位父亲对着她深深地鞠躬，感谢她启蒙了这毛头小伙子。他作为家长对这对小情人的私房事儿了如指掌，已经令姑娘和小伙子手足无措，而他自己却浑然不觉。

# 弗朗茨·约瑟夫·海顿
(Franz Joseph HAYDN, 1732—1809)

同时代人都知道他的昵称"海顿爸爸",他鼓励过莫扎特,教过贝多芬,他的作品开了现代交响曲和弦乐四重奏的先河。

· 96 ·

奥地利作曲家迪特施多夫和海顿是发小。一天晚上他们在马路上闲逛,发现一家普通小酒吧里面有一群半醉半醒的音乐家正拉着海顿的小步舞曲打发时间……

"我们进去吧!"海顿提议。

"进去吧我们!"迪特施多夫附和。

走进酒吧,海顿坐在领奏旁边假意问道:"这是谁的小步舞曲呀?"那人说:"海顿的。"海顿挪到他面前,假装生气地说:"这曲子也太烂了!"

"谁说的?!"这个小提琴手暴怒地从椅子里跳出来。其他乐手也围过来,准备把他们的乐器砸到海顿头上去。但是迪特施多夫身材魁梧,他用胳膊护住海顿,然后把他推出了酒吧。

· 97 ·

1759年海顿得到第一次任命,成为维也纳的莫尔钦伯爵的音乐指导。后来他经常说起这件事:一天他坐在羽管键琴边,美丽的伯爵夫人凑近来看乐谱,围巾散开了。"那是我第一次看到这样的景象,我怔在那儿,停止了演奏,手指粘在琴键上。'怎么了,海顿?在干吗呢?'伯爵夫人说。我十分恭敬地回答:'尊敬的夫人,看到这样的秀色,谁能无动于衷呢?'"

*Book of Musical Anecdotes*

· 98 ·

在埃斯特哈齐亲王的乐队中有很多精力充沛的年轻人，夏日，当亲王前去埃斯特哈扎时，他们就必须撇下妻子跟随亲王。有一次，亲王突然决定在埃斯特哈扎多待几个星期，那些想念妻子的丈夫们感到非常沮丧，于是去找海顿帮忙。

海顿灵机一动，决定写一部交响曲……在这部交响曲中，乐器一样接着一样地完成自己的任务。他还指示每个乐手在自己的部分结束后，吹灭蜡烛，夹着乐器离开现场。

亲王和观众们心领神会……第二天就下令离开埃斯特哈扎。

海顿告诉我[1]这就是《"告别"交响曲》的由来。

· 99 ·

海顿在英格兰待了许多年后，发现英国人很喜欢他写的活泼的快板乐章，而到了慢板，不管音乐多么美他们都会打瞌睡。于是，海顿写了一个充满柔情蜜意的慢板，在乐章最宁静的部分，所有的乐器听起来就要销声匿迹；但是，在温柔的极弱中，所有乐器突然齐鸣，定音鼓再敲出一声巨响，让昏昏欲睡的观众吃了一惊。[2]

· 100 ·

海顿在卧室里挂了自创的 24 首卡农。"我没有钱买名画，所以要挂点别人没有的东西。"有一天他的妻子抱怨，如果他猝死的

---

[1] 乔治·奥古斯特·冯·格瑞辛格（Georg August von Griesinger，1769—1845），萨克森驻维也纳大使馆的官员，海顿的传记作者。
[2] 这部作品后来被称作《"惊愕"交响曲》。

话，家里连安葬费都凑不出来，海顿回答："如果这样的灾难发生，就把那些卡农拿去给出版商。我肯定它们的价值能支付一个体面的葬礼。"

· 101 ·

当海顿与莫扎特同时被邀请赴布拉格参加利奥波德二世的加冕典礼时，他写道："莫扎特在的地方，海顿就不能出现。"

· 102 ·

海顿起程去伦敦的前夕，莫扎特说："爸爸（他一直这么叫他），你对外面的世界没什么概念，而且你几乎不会说外语。""噢！"海顿回答，"我的语言全世界都能听懂呢。"……那天莫扎特一直和他亲爱的朋友海顿在一起。他们一同进餐，临别的时候莫扎特说："也许这是我们这辈子最后一次说再见了。"两人的眼眶都红了。海顿以为这话是为自己说的，根本没想到次年莫扎特便先他而去了。

· 103 ·

一天早晨，一位身材矮小、衣着整洁的绅士走进了豪厄尔的小店，想看一下钢琴乐谱。于是豪厄尔给了他一些新近出版的海顿奏鸣曲。客人还给他说："不，我不喜欢这些。"豪厄尔回答："先生，您没看见这是海顿写的吗？""噢，先生，我看见了，但是我想要些更好的。""更好的？"豪厄尔愤愤地叫起来，"我可没能耐伺候您这样高品位的人物。"正当他准备走开时，客人说他就是海顿本人。惊讶万分的豪厄尔拥抱了海顿，而这次谈话让作曲家喜不自胜，之后他们成了亲密的好友。

*Book of Musical Anecdotes*

**海顿的伦敦笔记——**

· *104* ·

12月14日,我第一次在肖先生家吃饭。他在底楼大门口迎接我,把我介绍给他妻子,周围还有她的两个女儿及其他女宾。当我四处鞠躬问好时,突然发现女主人、她的女儿们及女宾们都在头饰上镶了一条三指粗的珍珠色缎带,上面用金线绣着海顿的名字。肖先生衣领上的精美钢珠也刻着名字,他的衣服用的是上等面料,挺括平整,镶着美丽的钢纽扣。女主人是我平生所见最美的人。她的丈夫希望我送他一样纪念品,我就把刚花了一个几尼买的烟盒送给了他。他把他的烟盒回赠给了我。几天后我再度拜访他时,发现他为我送的烟盒定制了一个银盒子,盒盖上刻着阿波罗的竖琴,周围刻着"鼎鼎大名的约瑟夫·海顿先生所赠"几个字。女主人送给我一枚领带夹作留念。

· *105* ·

有一则关于海顿的逸事是在他与比林顿夫人[1]用餐时发生的。房间里挂着一张她的肖像画[约舒亚·雷诺兹爵士所作],画中的她正在倾听一位天使的歌声。海顿说这幅画应该做一调换:画成天使在听她唱歌。因为这巧妙的恭维,海顿得到了夫人一个香吻。

· *106* ·

在音乐会上半场结束后,威尔士亲王将海顿正式介绍给乔治三世。当时我[2]正好坐得离国王特别近,于是不可避免地听到了

---

[1] 伊丽莎白·比林顿(Elizabeth Billington,1765—1818),英国女高音。
[2] 威廉·托马斯·帕克(William Thomas Parke,1762—1847),英国双簧管演奏家。

他们的谈话。国王（用英文）问："海顿博士，您写了很多作品啊。"海顿谦虚地回答："是的，陛下，很多但并不都好。"国王立刻打断他："噢不，全世界都会反对您这么说的。"

· *107* ·

海顿把《创世记》中的 D 大调咏叹调给我[1]看，这首曲子描写了大海的波动和山崖从海中升起的情景。海顿开玩笑地说："看，这些音符多像波浪呀！上上下下的！看，你还能看见山呢！在一本正经了这么久以后总得给自己找点乐子吧。"

· *108* ·

1805 年，他已经十分虚弱，无法动弹，这引发了关于他死亡的报道。巴黎各报也纷纷登出讣告：国立协会（海顿是会员）将唱弥撒以纪念海顿。这消息令海顿非常愉快："唉，为什么这些博学自由之士不通知我他们的好意呢，说不定我还能在自己的葬礼仪式上打拍子呢。"

· *109* ·

1809 年 5 月 10 日，一个法国军团朝海顿家附近的马利亚胡弗前线挺进，正当他起床更衣时，四声枪响把门窗震得直抖。他对着受惊吓的仆人们大声说："别害怕，孩子们；有海顿在，谁也伤害不了你们！"

· *110* ·

作曲家的遗体从古本多夫运到维也纳时，他的头盖骨居然不

---

[1] 弗里德里克·塞缪尔·希尔弗斯托普（Frederik Samuel Silverstolpe），瑞典驻维也纳大使馆的外交官。

见了！医务人员发现了这位大师的微恙。我[1]不打算在细节上纠缠，这样说吧：1873年11月我最后一次去维也纳时，有幸跟各大医院的总指导罗基丹茨基男爵共进晚餐。餐后，男爵带我进了他的研究室，小心翼翼地把一块保存完好的遗骨放在我手里——正是海顿爸爸丢失的头盖骨。

## 约翰·克里斯蒂安·巴赫
(*Johann Christian BACH, 1735—1782*)

J.S.巴赫第十一个也是最小的儿子，1762年定居伦敦，人称"英国巴赫"，创作了四十多部钢琴协奏曲。莫扎特非常崇拜他，用《第12号钢琴协奏曲》（K414）的慢乐章哀悼他的去世。

· *111* ·

克里斯蒂安·巴赫是一位无忧无虑的快乐人儿。每当严肃的朋友经常批评他过于安逸的生活方式——总是轻而易举地写一些明快肤浅的小品，然后把赚来的钱花在轻浮的感官享乐上时——他就会以在柏林的哥哥（C.P.E.巴赫总是写大部头作品，然后把赚来的钱存起来）为例，然后说："我哥哥活着是为了作曲，而我作曲是为了活着；他为其他人工作，我为自己工作。"

· *112* ·

1764年5月19日，莫扎特被召进宫。他为皇后唱歌弹了伴奏，为一个长笛手的独奏弹了伴奏，最后用亨德尔的一段咏叹调即兴发挥出一段迷人的旋律。没有人比皇后的御前乐师约翰·克里斯

---

[1] 约翰·埃拉（John Ella，1802—1888），英国音乐会组织者，音乐作家。

蒂安·巴赫对这个小音乐家更感兴趣了，他喜欢和这孩子一起演奏，把他放在自己的膝盖上，和他一起弹一首奏鸣曲，每人一小节；他俩都弹得精确无误，没人听得出这是两个人在演奏。

· *113* ·

乔治三世在四旬斋期间的每周五傍晚都要光临秣市的国王剧院，听巴赫指挥的清唱剧，此类演出一般观众寥寥无几。某个周五早上，菲茨帕特里克将军碰到了睿智的议员黑尔先生，就问他："今晚您会去秣市听清唱剧吗？""噢不，"黑尔回答，"我可不想打扰陛下的'独处'时间。"

· *114* ·

每个圈子的话题都是"可怜的多德博士"，那个因为诈骗被判了死刑的牧师。

好心肠的埃布尔[1]是位感官享乐主义者，他坚持认为诈骗行为不应受到与可怕的暗杀同等的处罚。

巴赫可没那么好心，与埃布尔的好脾气比起来，他简直就是铁石心肠，他认为诈骗是心灵肮脏的表现。"你说什么多德博士背了债的鬼话？你不是也时常气（欠）债吗？我不是也一直气（欠）债吗？难道因为气（欠）债造假就有道理了吗？我亲奈（爱）的埃布尔先森（生），我坚持认为他伪造了字条，就应该被吊死。这种人是无赖，不配活在世上。"

埃布尔向来喜欢开玩笑，立刻回答道："噢！噢！巴赫大师！

---

[1] 卡尔·弗里德里希·埃布尔（Carl Friedrich Abel, 1723—1787），德国音乐家，巴赫-埃布尔音乐会的联合创始人。

那么你我都应该被吊死；难道我们造的音符还不够多吗？"

"我亲奈（爱）的埃布尔，你这样说可不好。当然，像你说的那样，我们作举（曲）家都是雅贼、文抄公，我们编造音胡（符）；但是，"他狡猾地加了一句，"有些作举（曲）家造的是错的音胡（符），而我只造对的音胡（符）。"

## 威廉·亨歇尔爵士
（*Sir William HERSCHEL, 1738—1822*）

德裔作曲家、管风琴家，英国音乐会组织者，后来迷上了天文学，他发现了天王星，并于1781年彻底放弃音乐事业。

· *115* ·

他寻找新星球已经到了无比狂热的地步，以至于在自己开的某些慈善音乐会上，也会把望远镜架在窗边，这样幕间他就可以观察星空。

· *116* ·

**海顿的伦敦笔记——**

6月15日我经过温莎、斯劳到了亨歇尔博士家，在那儿我看见了那台伟大的望远镜。那家伙有40英尺长、直径5英尺，虽然巨大但制作精巧，一个人便可以轻易地转动它……

亨歇尔的房东是个寡妇。她爱上了他，并且嫁给他，还带了10万英镑嫁妆。除此之外他有500镑过生活，他太太在今年（1792年）以45岁高龄之躯为他生了个儿子。十年前他让姐姐搬来住，她为他的观测提供了巨大的帮助。通常他会在严寒中坐上五个到六个小时仰望天空。

*Book of Musical Anecdotes*

· *117* ·

只有最尊贵的客人才有机会在亨歇尔的望远镜对准天空前走过那些巨大的管道。乔治三世在1787年的一天拜访了亨歇尔,满心欢喜地向坎特伯雷大主教展示了这"通向天国之路"。

## 乔万尼·帕伊谢洛
(*Giovanni PAISIELLO,1740—1816*)

高产作曲家,为俄罗斯宫廷带去了意大利歌剧。他的《塞维利亚理发师》大受欢迎,以致当罗西尼胆敢重写这部作品时,引发了罗马观众的骚乱。

· *118* ·

帕伊谢洛这个狡猾的意大利人到达巴黎后,一经介绍给拿破仑,便像个老练的弄臣般称拿破仑为"陛下"。

"'陛下?'您什么意思?"第一执政官回答,"我是一个将军,仅此而已。"

"好的,将军,"作曲家继续说,"我听从吾王吩咐。"

"我真心请求您别这样称呼我。"拿破仑说。

"请原谅我,将军,"帕伊谢洛回答道,"我实在改不掉与君王们交谈时养成的习惯,要知道,许多君王同您相比简直是侏儒。但是陛下,我不会忘记您的命令;如果我不幸触犯了它,也请陛下您一定要宽恕我的无心之失。"

一天我[1]和帕伊谢洛在一起，他说起一件趣事证明俄国的叶卡捷琳娜女皇对他有多好。她是他的学生；当他在一个寒冷的早晨陪伴她外出时，冻得直发抖。女皇发现了，就脱下自己身上华贵非凡的披风，披在了他的肩上。另一个表明对他的尊重的例子，出自她对贝洛萨尔斯基元帅的回答。据说元帅受到"绿眼妖怪"的骚扰，以致迷失心志打了帕伊谢洛一拳，而帕伊谢洛体格强健，立刻还手。于是，元帅到女皇那里告状，请求她马上把帕伊谢洛逐出宫廷，因为他居然胆敢对沙俄元帅还手。叶卡捷琳娜的回答是这样的："我既不能也不会满足您的要求。当您出手打一位无辜的人、同时也是一位伟大的艺术家时，您已经忘记了尊严；难道他也要忘记他的尊严吗？至于官衔高低，先生，我想我最有发言权，五十个元帅也抵不过一个帕伊谢洛。"

我只是原封不动地叙述了我听到的这件趣事，但我承认这里面有些惊人的巧合，相同的场景曾经发生在霍尔拜因身上，当时一个大不列颠的贵族企图向亨利八世告他的状。

## 安德烈·格雷特里
(André GRETRY, 1741—1813)

弗莱芒乐派作曲家，创作了约五十部歌剧，其中《狮心王查理》最受欢迎。

---

[1] 迈克尔·凯利（1762—1826），爱尔兰歌手。

• *120* •

**1852 年柏辽兹在婚宴上讲述——**

按照法国的风俗，皇帝在元旦那天要接受来自科学、文学、艺术诸领域杰出人才的祝贺。当格雷特里初次造访时，拿破仑（对法国音乐无感）假装不认识他，然后出其不意地问他："您是哪位？""陛下，我叫格雷特里。"当格雷特里第二次造访时，皇帝再次问道："您是哪位？"格雷特里觉得很丢脸，沉默了一小会儿说："陛下，我叫格雷特里。"第三年，这位写了《狮心王查理》的大作曲家再度来到杜勒丽宫时，皇帝又问："您是哪位？""悲哀啊！——我一直是格雷特里，陛下！"

## 路易吉·博凯里尼
（Luigi BOCCHERINI, 1743—1805）

意大利大提琴家及作曲家，他成年后的大部分时间在西班牙度过。一个同时代人曾经这样说："如果上帝决定对人类说话，他会选择海顿的音乐；但如果他想听世俗的音乐，就会选博凯里尼。"

• *121* •

西班牙国王很喜欢跟博凯里尼一起演奏，奥地利皇帝有时也会加入来个三重奏。一天，皇帝问博凯里尼自己是不是比查理四世（西班牙国王）演奏得好；这位善于外交辞令的音乐家回答："陛下，查理四世用国王的风度去演奏，而殿下您，是用皇帝的气度在演奏！"

## 多梅尼科·奇马罗萨
(Domenico CIMAROSA, 1749—1801)

意大利喜歌剧作曲家,他的《秘婚记》深受利奥波德二世喜爱,1792年在维也纳首演过后,皇帝预订了晚餐款待全班人马,好让他们再演一遍。1799年,奇马罗萨因为同情拿破仑党人,在那不勒斯被判死刑,后来获缓刑并被流放。

### · 122 ·

有一次拿破仑皇帝向著名的格雷特里询问莫扎特与奇马罗萨的区别。格雷特里回答:"陛下,奇马罗萨把雕像放在舞台上,把基座放在乐队里;而莫扎特把雕像放在乐队里,把基座放在舞台上。"

### · 123 ·

奇马罗萨和帕伊谢洛虽是同行,但也是死对头,从不一起出现。没有人可以恭维其中一个而不得罪另外一个。这两位都是伟大的艺术家,但却会乔装打扮潜入剧场,向对方的作品喝倒彩。

## 安东尼奥·萨列里
(Antonio SALIERI, 1750—1825)

有流言说他谋杀了莫扎特,这为普希金的诗歌、里姆斯基-柯萨科夫的歌剧《莫扎特和萨列里》(1898)、彼得·谢弗的剧本《莫扎特》提供了素材。萨列里生于维罗纳附近,1776年迁居维也纳,教过贝多芬、舒伯特和李斯特。

*Book of Musical Anecdotes*

· *124* ·

罗西尼：莫扎特死后，大家都相信是萨列里出于妒忌而用一种慢性毒药害死了他。

瓦格纳：维也纳到现在也还有这种流言。

罗西尼：一天，我对萨列里说了个笑话："贝多芬很幸运，他那种自我保护的直觉让他避免与你共进晚餐。不然你或许也会送他去另一个世界，就像你对莫扎特那样。""我看起来像一个投毒者吗？"萨列里答道。

· *125* ·

萨列里快死的时候，极度虚弱地躺在一家普通医院里，莫谢莱斯[1]去探望他。莫谢莱斯后来写道："我们的见面充满了悲伤；他的样子让我震惊，而且口齿不清地告诉我他快死了。最后他说：'我可以以人格尊严向你保证，那些荒谬的传言绝不是真的。你当然听说过——莫扎特——他们说我毒死了他；但是没有——这是诽谤，绝对的诽谤；亲爱的莫谢莱斯，请告诉全世界老萨列里在他的死床上对你说的话。'我深深地被打动了，当老人流着眼泪几次三番感谢我的来访时，我抢在感情失控前赶紧冲出房间……但是说句公道话，他的那些阴谋伎俩无疑消耗了莫扎特生前的许多宝贵时光。"

---

[1] 伊格纳兹·莫谢莱斯（Ignaz Moscheles，1794—1870），钢琴家及作曲家，萨列里的学生。

# 穆齐奥·克莱门蒂
(Muzio CLEMENTI, 1752—1832)

出生于意大利的作曲家,创作过一百多首奏鸣曲;同时也是键盘艺术家、钢琴制造商以及贝多芬在英国的出版商。

· *126* ·

克莱门蒂因为研究工作过于繁重而变得精神恍惚。比如说,有一天早上他出门时穿了一只黑色袜子和一只白色袜子;不过因为他从来没有忘记穿袜子出门,一些朋友觉得他的恍惚只是装腔作势。但我[1]倾向于认为下列事实可以证明他们错了。一个夏天,克莱门蒂和克罗斯蒂尔[2]一起造访了彭布罗克伯爵在威尔顿的府邸。伯爵的花园里最显眼的装饰是一方美丽的喷泉,于是在闷热的傍晚时分,大家决定在喷泉里冲个凉。克罗斯蒂尔在水里待了一会儿就回到了更衣室,还偷偷把克莱门蒂的衬衫带走了。

克莱门蒂出浴后,自以为穿得好好的。当他正滔滔不绝地讲述专心作曲带给他怎样的愉悦时,一位绅士携夫人到访。在互相介绍之后,那位女士表达了想听克莱门蒂弹奏他创作的奏鸣曲的强烈愿望,克莱门蒂欣然同意。坐定以后,他开始演奏最难的奏鸣曲的第一乐章,在慢乐章开始前,高温让他觉得压抑,于是他下意识地解开了背心上几乎所有的纽扣(当然,背心里面没有穿衬衫),然后继续。那女士大吃一惊,急速退到客厅的最远处,而

---

[1] 威廉·托马斯·帕克(William Thomas Parke, 1762—1847),英国双簧管演奏家。
[2] 约翰·克罗斯蒂尔(John Crosdill, 1751—1825),大提琴家。

彭布罗克伯爵差点笑抽了筋,提醒克莱门蒂注意形象。

## 乔瓦尼·巴蒂斯塔·维奥蒂
(*Giovanni Battista VIOTTI*, 1755—1824)

意大利小提琴家及作曲家,也是现代小提琴技巧的奠基人。1798 年,他因为持不同政见被英国驱逐。

· *127* ·

1790 年的巴黎,立宪议会的一位代表搬进了离大革命发生地不远的一条小马路的五楼公寓里,他是维奥蒂的密友。他们观点一致,都热爱艺术和自由,都崇拜卢梭的天才和作品,这些共同点令两人亲密无间。在那充满了激情和希望的年代,维奥蒂炽热的心灵不可能对那些影响了所有伟大头脑的感情无动于衷,他与好友分享心声。这位代表恳求他满足一些大人物想要听他演奏的愿望,哪怕一次也好。最后维奥蒂同意了,但有一个条件——那就是,音乐会将在那条陋巷的五楼举行!风水轮流转,"我们已经受够了对他们卑躬屈膝,"他说,"但时代变了,现在他们必须爬上来,抬高自己才能见到我们。"

· *128* ·

法国音乐学院的和声学教授费迪南·朗格勒是维奥蒂的密友。一个美丽的夏日傍晚,他俩在香榭丽舍大道上散步,过了一会儿,两人坐在路边的长椅上享受傍晚的宁静,沉浸在遐想中。突然,一阵不和谐的噪音闯进两位音乐家敏感的耳朵,粗暴地将他们拉回现实中。维奥蒂说:"这不可能是小提琴,但有点儿像。"

"也不是单簧管,"朗格勒说,"但有点像。"

他们顺着这不同寻常的声音找去，看见一个可怜的瞎子站在那儿拉一把洋铁皮做的小提琴。

"真妙！"维奥蒂称赞道，"这是一把小提琴，但是一把洋铁皮小提琴！你以前想到过这么个玩意儿吗？"听了一会儿，他又说，"我说朗格勒，我得把这乐器搞到手。你去问问那老瞎子多少钱肯卖。"

朗格勒上前问了那老头，但老人并不打算卖琴。

"但是我们会给你足够的钱买把更好的，"朗格勒接着说，"为什么你的小提琴跟其他人的不一样呢？"

老头解释道，是他在铁匠那儿当学徒的好心肠的外甥尤斯塔奇为他做的。

"好吧，"维奥蒂说，"我出20法郎买你的小提琴。你可以用那钱买一把比这好得多的琴；但让我先试一下。"

他接过小提琴，奏出了奇妙的音响效果。人们慢慢聚集，带着好奇和惊讶欣赏他的演奏。朗格勒抓住了机会，拿着帽子在人群前走了一圈，从围观者那里讨得了不少钱，把这些硬币和20法郎一起递给那惊呆了的乞丐。

"等一下，"瞎子从惊诧中缓过神来，"刚才我说20法郎卖给你，可是我不知道这东西能发出这么好的声音。现在我必须要双倍的价钱。"

维奥蒂从来没有听到过比这更朴实的夸奖，他毫不犹豫地给了这老头两枚金币而不是一枚，然后迅速离开。还没走到40码远，他感到有人在拉他的袖子；那是一个工人，彬彬有礼地脱下帽子，说："先生，您刚才那把琴实在买得太贵了；事实上它是我做的，您想要多少都可以,我卖您6法郎一把。"

## 沃尔夫冈·阿玛迪乌斯·莫扎特
(Wolfgang Amadeus MOZART, 1756—1791)

莫扎特成年后在维也纳当自由音乐家。他的父亲是萨尔茨堡大主教的乐队长。1785年,海顿对利奥波德·莫扎特说:"作为一个诚实的人,我以上帝的名义起誓,令郎是我见过的最伟大的作曲家。"

· 129 ·

*1792年4月24日,萨尔茨堡宫廷小号手约翰·安德烈·沙赫纳给莫扎特的姐姐玛丽亚·安娜的信——*

一次周四的礼拜仪式结束后,我跟你父亲去了你家,看到四岁的沃尔夫冈正在忙着写字。

父亲:你在干吗呢?

沃尔夫冈:写一首键盘乐器的协奏曲,马上就要好了。

父亲:让我看看。

沃尔夫冈:还没写完呢。

父亲:没关系,让我看看。一定写得很好呢。

你父亲拿起了那张涂鸦纸让我看,上面到处都是墨水团。(小家伙每次都把笔戳到墨水瓶的底,这样笔一碰到纸就会掉出一小团墨水来。不过他一点儿也不为此苦恼,用手把墨水抹掉,继续写。)我们起先还笑这孩子爱胡闹,但你父亲开始注意到主题、音符和结构。他越来越急于把这张小纸看个仔细,最后,他眼中涌出了惊讶和喜悦的泪水。

"看，沙赫纳先生，"他说，"多么正确、多么规整啊！可惜没什么用，因为实在太难了，恐怕世界上没有人能演奏。"然后小家伙插话了："所以才叫协奏曲嘛，必须边练习边完善。看！应该这样——"

然后他开始弹奏，向我们解释他的意思。他那时有一个坚定的信念：演奏协奏曲和创造奇迹是一回事。

· *130* ·

歌德说："我在旅行的时候见过他。当时他七岁，开了一场音乐会。那时我大概14岁，至今我还清楚地记得这小人头顶鬈发，佩着剑。"

· *131* ·

一天两位女大公领着他去见皇后，由于不习惯过于光滑的地板，他滑倒了。其中一位女士并没有注意到这意外，但另一位玛丽·安托瓦内特（后来成为不幸的法国断头王后）把他扶起来，好生安慰他。于是小男孩对她说："您真好，我将来要娶您为妻。"她对母亲说了这小故事，她母亲于是问沃尔夫冈怎么会下这样的决心。"为了报答她，"他回答道，"她那么好，可她姐姐却一点儿也不关心我。"

· *132* ·

**玛丽亚·安娜·莫扎特回忆——**

［1764年］8月5日，我们必须在伦敦城外的切尔西租一间乡村住宅，这样父亲可以养病，他的喉疾差点要了他的命……当父亲的病情很危险时，我们不允许碰钢琴。于是莫扎特为了打发时间，写了第一首用上了管弦乐全部乐器的交响曲［K16］。

· *133* ·

他一直到快十岁的时候，都对圆号抱有一种无名的恐惧，特别是当圆号单独演奏的时候。只要拿着一把圆号靠近他就足以把他吓得半死，好像那是一把上了膛的手枪。他父亲希望他克服这种幼稚的恐惧症，有一次不论他如何哀求，仍旧让我[1]对着他吹号；但唉！我并不想这样做。沃尔夫冈一听到那铿锵的声音就脸色发白，如果不是我立即停止的话，他肯定会昏厥过去。

· *134* ·

我[2]很清楚地记得［康斯坦丝］有一次病了很久，当时我陪伴了她八个月。一天我在她的床边，莫扎特在作曲，我们俩沉默得像在坟墓里一样。她在病痛中煎熬了很久后，总算沉入了梦乡。突然一个吵闹的信差进了房间，莫扎特生怕吵到妻子，立刻推开椅子起身，这时他手里的裁纸刀滑落下去，深深地刺进他的脚中。虽然他平时很怕疼，这次却没有发出声音。他示意我跟他去另一个房间，在那儿我发现伤口非常深。约翰尼索医生帮他缝合了伤口，尽管在很长一段时间中，疼痛令他走路一瘸一拐，他都没让妻子发现这次事故。

· *135* ·

［莫扎特的医生］发现不可能让他戒掉熬夜作曲、早上赖床的习惯，于是想通过别的方法避免有害的后果。医生建议他不要在钢琴前久坐，尽量站着作曲，多活动肢体。他喜欢玩撞球令医生

---

[1] 约翰·安德烈·沙赫纳。
[2] 索菲·海贝（Sophie Haibl），康斯坦丝·莫扎特的妹妹。

找到了借口，希望他能够把这种爱好发展成常规运动；莫扎特还喜欢滚球，所以也很乐意遵照医生的指示……因为这些游戏不会干扰他的脑力活动。在布拉格的一天，当他正在玩撞球的时候，一边哼着一首咏叹调，时不时看两眼随身带的书。后来大家才知道，他那时整个脑子里想的都是《魔笛》里的第一首五重唱。

· *136* ·

他的理发师后来回忆，帮他弄头发是件很困难的事。他从来坐不安稳，每时每刻都有灵感出现，然后他就会立刻冲向钢琴，理发师只能跟在后面，手里拿着头绳。

· *137* ·

在听了《后宫诱逃》的排练后，约瑟夫二世召见莫扎特，并对他说："我亲爱的莫扎特，这对我的耳朵来说实在过于华美了，有这么多的音符。"莫扎特回答："请陛下原谅，这些音符一个不多，一个不少。"

· *138* ·

根据维也纳政府的行政命令，他需要提交一份收入证明。他在一张密封的纸条上写道："对于我已经写的来说太多；对于我本该写的来说又太少。"

· *139* ·

一天，莫扎特在维也纳的街头碰见一名乞丐。这乞丐不仅求他施舍，而且竭力表现出他们有亲戚关系。莫扎特感到很兴奋，他身上没带钱，就带着乞丐去了隔壁一间咖啡馆，在那儿拿了纸，开始在上面涂涂画画。几分钟后，一首小步舞曲和三重奏出炉了。莫扎特另写了一封信，让乞丐带着曲子和信去见出版商，于是乞丐领到了大约五个几尼的报酬。

### · 140 ·

维也纳最好的演奏家和作曲家都会参加冯·凯斯的音乐会，海顿的交响曲曾在那儿演奏。莫扎特弹钢琴，乔诺维奇[1]拉协奏曲，女主人唱歌。一天晚上，莫扎特本来答应为女主人写一首歌，但却迟到了。仆人们一个接一个出去找他，最后发现他在一间小酒馆里。莫扎特突然记起了他要写一首歌却还没有动笔，于是让仆人找来一张纸，这才开始写。当歌曲完成时，他还赶上了音乐会。

### · 141 ·

莫扎特在维也纳发现了一位萨尔茨堡的旧识——圆号手约瑟夫·洛伊特盖布……他是一位顶尖的法国号独奏家，但他希望有更高的修养。莫扎特很愿意帮助他，但也经常捉弄他。每次莫扎特为他写完一首独奏后，洛伊特盖布都必须受些小罪。比如说，有一次莫扎特把自己写的协奏曲和交响曲扔得满屋都是，洛伊特盖布就得一张一张捡起来，还要按顺序整理好。只要莫扎特还在写，他就不能停。

### · 142 ·

一天，我[2]坐在钢琴前弹奏《费加罗》中的"再不要做情郎"时，莫扎特正好来看望我们。他走到我身后，一定是因为我弹得让他满意，他开始跟着旋律哼哼，还在我肩上打拍子。突然他拎过一把椅子坐下，让我继续弹低音，然后开始即兴弹奏一段优美的变

---

[1] 乔万尼·马利·乔诺维奇（Giovanni Marie Giornovichi，约1740—1804），小提琴演奏家。
[2] 卡罗琳·皮希勒（Karoline Pichler，1769—1843），维也纳小说家。

奏，每个人都屏息凝神听这位德国奥菲斯[1]的曲调。但他突然厌倦了，跳了起来，陷入了那种经常出现的神经质。他开始在桌椅间跳上跳下，像猫一样喵喵叫，还像难管教的小孩一样翻筋斗。

· 143 ·

莫扎特在作曲时经常陷入痛苦的挣扎，这时他会喝上一杯葡萄酒或潘趣酒提神。他有一间公寓与约翰·马特·洛伊伯紧邻，洛伊伯热爱音乐，是共济会会员，与莫扎特很亲密。而且，他有上等的酒窖，收藏的酒从来不舍得与人分享。他们两家之间的隔墙很薄，莫扎特想找洛伊伯的时候只要敲敲墙就行了。洛伊伯听到钢琴声以及在钢琴中断时的敲墙声，就会派一个仆人去酒窖，然后对家人说："莫扎特又在作曲了，必须给他送点好酒去。"

· 144 ·

大主教因特殊需要，授命米夏埃尔·海顿[2]为小提琴和男高音写几首二重奏。但当时米夏埃尔生了一场大病，在很长一段时间内无法工作。于是大主教威胁要扣他的薪水。莫扎特听说了米夏埃尔的困难，便立刻开始工作，他每天都去探望海顿，在他的病床边创作。不久二重奏（K423，K424）就完成了，署上海顿的名字交给了大主教。

· 145 ·

《唐·乔万尼》在布拉格的最后一次排练中，莫扎特对扮演泽林娜的年轻美女一点儿也不满意，她的声音纯净却缺乏力量。当

---

[1] 希腊神话中的竖琴手。——译注
[2] Michael Haydn（1737—1806），萨尔茨堡作曲家，鼎鼎大名的约瑟夫·海顿的弟弟。

泽林娜被唐·乔万尼无礼的求爱吓坏时，要在幕后惊叫求救，这个场景重复了多次，莫扎特还是觉得这可怜的姑娘尖叫的力量不够。最后，他失去了耐心，从指挥台爬上了舞台。那个时候舞台上没有煤气灯或电灯，只有乐队的谱架旁的牛油蜡烛闪着微光，舞台和剧场的其他部分都是一片黑暗。可怜的泽林娜没注意更没想到莫扎特会突然出现在舞台上。到了她应该尖叫的当口，莫扎特在她胳膊上狠狠拧了一把，这下发出的尖叫总算让他满意了："棒极了！记住你今晚的尖叫！"[1]

· 146 ·

《唐·乔万尼》在布拉格正式演出前一晚，彩排已经结束，他对妻子说要在晚上写出序曲，但她必须陪着他，给他弄些潘趣酒提神。于是她陪着他，给他讲了阿拉丁的神灯、灰姑娘的故事，笑得他眼泪都出来了。但是潘趣酒令他瞌睡，妻子一走开他就开始打盹，她回来讲故事的时候他才工作。最后，兴奋、瞌睡以及他不断与瞌睡做斗争的努力令他筋疲力尽，于是妻子劝他在沙发上睡一会儿，并保证一个小时后叫醒他。可是他睡得太香，以至于她不忍心马上叫醒他。于是他睡了两个小时，直到5点钟。7点钟序曲便已完成，送到了抄写员手里。

· 147 ·

据施沃波达回忆，当乐谱被送到乐队成员手中时，墨迹都还没干。要想排练是不可能了。然而，当晚演奏序曲的时候，不仅

---

[1] 这则逸事以及第147条都是温泽尔·施沃波达（Wenzel Swoboda）回忆的，他是布拉格歌剧院管弦乐团的低音提琴手。

观众的热情被吊到了最高点，连杰出的作曲家也对着乐队大叫："棒极了，棒极了，先生们，真是妙不可言！"

· *148* ·

**莫扎特的台本作者洛伦佐·达蓬特（1749—1838）回忆——**

皇帝派人告诉我他想看《唐·乔万尼》……

我还应该回忆吗？……《唐·乔万尼》并不讨喜！除了莫扎特之外，每个人都觉得少了点什么。第二次上演时加了一些部分，改了一些咏叹调，可是《唐·乔万尼》还是不讨喜！皇帝说了什么呢？他说："这出歌剧是神圣的，我甚至愿意冒险说它比《费加罗》更美。但这音乐好像不合我的维也纳人民的口味。"

我把这评论告诉了莫扎特，他平静地回答："给他们一点时间去品味吧！"

· *149* ·

《魔笛》一开始并没有获得预想中的巨大成功。第一幕结束后，莫扎特脸色苍白地冲向后台的席卡内德尔[1]，后者不停地安慰他。到了第二幕，观众才从之前的惊讶中恢复过来。剧终时莫扎特被要求出来谢幕。他藏了起来，被找到后也不肯出现在观众面前，不是因为害羞，而是那时他早已习惯了满堂喝彩，对开始时观众的冷淡很不满意……

据申克[2]回忆……当序曲结束后，他忍不住满心的喜悦，于是蹑手蹑脚地走到指挥台前，抓住莫扎特的手不断地亲吻；而莫

---

[1] 伊曼纽尔·席卡内德尔（Emanuel Schikaneder, 1751—1812），德国剧院经理和剧作家，《魔笛》的台本作者。
[2] 约翰·申克（Johann Schenck, 1753—1836），奥地利作曲家，贝多芬的老师。

扎特一边用右手打着拍子，一边微笑地看着他，摸他的脸颊。

· *150* ·

意大利人不太能接受德国人写的有趣的和声，也无法从器乐的美妙音效中找到源头。当音乐出版商阿塔利亚把莫扎特的六首四重奏寄到意大利，很快就被退回，原因是：印刷错误百出。尼森回忆到，匈牙利亲王格拉萨科维希有一天听到宫廷乐手们演奏这些作品，不停地说："你们拉错了。"当乐谱被递到他手里证明是他搞错了时，他当场将乐谱撕得粉碎。

· *151* ·

1787年春天，前途无量的青年贝多芬来到维也纳，被带去为莫扎特演奏。莫扎特认为他为这场合刻意做了准备，所以并没有表现出多大热情。贝多芬请求他出一个主题，这样他可以即兴演奏，而且弹奏的时候仿佛是受了在场的大师的启发。莫扎特开始全神贯注地听。最后他走到隔壁房间对朋友们强调："多关注那个年轻人。有一天他会成为全世界的话题。"

· *152* ·

一次，当海顿的一首新四重奏上演时，科策卢[1]站在莫扎特旁边，发现音乐中不时地出现错误。最后他粗鲁自大地断言："我绝不会那样写！"莫扎特回答："我也不会。不过你知道为什么吗？因为不管是你还是我，都不可能有这么妙的主意。"

---

[1] 利奥波德·科策卢（Leopold Kozeluch，1747—1818），捷克作曲家，拒绝接任莫扎特在萨尔茨堡的职务，但后来接受了他在布拉格宫廷中的职务。

· 153 ·

一次,莫扎特和妻子旅游时路过了许多美景,他通常会热切而安静地凝视着眼前的景色。他脸上露出时而心不在焉、时而苦思冥想的表情,开始唱歌或者哼哼,最后叫道:"能把这些主题写下来就好了!"有时康斯坦丝提醒他如果他想的话就写下来,但他会继续:"是的,当然,所有的东西都要讲究形式!真可惜我们必须在自己的书房里构思作品!"

· 154 ·

1791年的一个秋日,夫妻俩去了普拉特。一到无人的地方,两人坐在一起时,莫扎特就开始谈论死亡,说他正在为自己写一部《安魂曲》。她试图避开这些阴郁的话题,但是没有用。他满含着眼泪说:"不,不,我很清楚自己活不长了。我肯定被下毒了,我没办法摆脱这种想法。"

· 155 ·

**司汤达对《安魂曲》的记述已经获得了传奇的地位,但大体上是不真实的——**

一天,当他正沉浸在一首伟大的幻想曲中时,听到一辆马车停在门口。一个陌生人要求和他说话。这个人穿着体面,举止文雅得体,"先生,我受一位要人之托来拜访您。""他是谁?"莫扎特插话。"他不想透露姓名。""那么,他想要什么?""他刚刚丧失了一位挚爱之人,怀念她对于他来说至关重要。他很想每年举办一次神圣的仪式悼念她,所以想请您写一首安魂曲。"莫扎特被这席话打动了,那严肃的语调、神秘的气氛令他决定写一首《安魂曲》。陌生人继续说:"用你所有的天才去创作吧,它注定要由

*Book of Musical Anecdotes*

一位行家来完成。""这样最好。""你需要多长时间？""一个月。""那好，一个月后我会来取。您的酬金是多少？""一百金币。"陌生人数了钱放在桌上，随后就消失了。

莫扎特出神了好久，突然要纸笔、墨水，尽管妻子乞求他别写，他还是开始了。这种创作的狂热持续了好几天。他夜以继日，热情似乎越来越高，但他的身体已经极度衰弱，无法支撑这种激情。一天早晨，他失去了知觉，被迫停止了工作。两三天后，妻子想让他别再去想那阴郁不散的预兆，他冷不丁地对她说："我是为自己写这部《安魂曲》的，我的葬礼上就要演这首曲子！"任何事都无法令他改变这种想法。

当他继续写作时，他感到身体中的力量日渐消逝，谱曲进展得非常缓慢。一个月的期限很快就到了，陌生人再度光临。"我发现无法信守时间期限。"莫扎特说。"别给自己太多压力。"陌生人回答，"您还需要多长时间？""还要一个月。这作品比我预期的更有趣，我在起先的构思上大大加深了内容。""那样的话，我会多付您酬劳。这里是五十金币。"莫扎特非常惊讶，问道："先生，您到底是谁呢？""这不重要。一个月后我会再来的。"

莫扎特立刻派一个仆人跟踪这位重要人物，看他到底是谁。但那仆人缺乏技巧，不久就跟丢了。

可怜的莫扎特于是认定那陌生人不是凡人，必定来自另一个世界，向自己宣布死期将近。他开始更加投入到《安魂曲》的写作中，将之视为自己天才持续的丰碑。当他工作时，被一种严重的昏厥病困扰，但作品终于按期完成了。那陌生人如约前来，而莫扎特却撒手人寰了！

*Book of Musical Anecdotes*

他的事业短暂而辉煌，去世时还不到36岁。然而在这短暂的时间内，他已获得了不朽，只要世上还有情感，莫扎特的名字就不会枯萎。

### · 156 ·

***1791年12月5日深夜，他的妻妹索菲·海贝回家了，但没想到是替他送终。以下是她本人的叙述——***

我极度震惊，我那一向镇定自若的姐姐惊慌失措地来到门口，说："谢天谢地你来了。你走以后他病得很重，我觉得他活不过今晚了。快去看看他怎么样了。"当我来到他的床边，他对我说："你来正好，今晚请留下，为我送别吧。"我竭力劝他别这么想，但他回答："死亡的味道已经在我舌尖了——我尝到了死亡，如果你走了，谁来安慰我的康斯坦丝呢？"我速速到母亲那里告诉了她这个消息，因为她一直在焦急地等待，如果没人告诉她，她会以为莫扎特已经死了。接着我又立即赶回可怜的康斯坦丝那儿。苏斯迈尔[1]站在床边，床罩上放着《安魂曲》，他一直在记录莫扎特对该作品的修改。接着莫扎特叫来了妻子，让她保证先不对外公布自己的死讯，只让阿尔布雷希茨贝格知道，以便他在获得圣斯蒂芬教堂的乐队长一职时能略占优势。他应该能够安息了，因为后来阿尔布雷希茨贝格得到了任命。当他最后一次翻看《安魂曲》时，他含着泪水说："我有没有告诉过你这其实是为我自己写的？"

克劳塞特医生来了，在他滚烫的额头上放冰袋降温。整个过

---

[1] 弗朗茨·塞佛·苏斯迈尔（Franz Xaver Süssmayr, 1766—1803），作曲家，莫扎特的学生，他最终补完了《安魂曲》。

程中他都在发抖，并且开始说胡话。这种状态一直持续了两个小时，午夜时分他去世了。

· *157* ·

一个与莫扎特同时的作曲家（应该是指萨列里）毫无顾忌地对熟人说："失去这么一个天才的确令人遗憾，不过他死了对我们也是好事。如果他一直活下去的话，我们恐怕靠作曲连面包皮也吃不到了。"

· *158* ·

12月6日下午3点，圣斯蒂芬教堂北侧的耳堂中进行了莫扎特遗体的赐福仪式。一场雨雪交加的暴风降临了，当时在场的只有几个朋友，范·史威腾、萨列里、苏斯迈尔、卡佩尔姆。罗泽和大提琴手奥斯勒举着伞护送着棺材，将之运去圣马可教堂的墓地。暴风雨来势凶猛，悼念者们还没到达目的地就都折回了，莫扎特的尸体下葬时没有一个朋友在旁陪伴。由于经济困难，没有买墓地，他的遗体被草草掩埋在一个普通的墓穴里，这种墓穴通常要容纳十五个到二十个棺材，而且每隔十年会挖出旧棺材，填进新棺材。甚至没有一块石头标记莫扎特的安息之所。

· *159* ·

"我欣喜若狂。"海顿在伦敦给朋友写信，"唯一让我遗憾的是，他生前没有机会令那些在黑暗中探索的英国人领略到他的伟大……我会尽一切所能推广他的作品，为他的寡妇争取些利益。我已经写了信给那位可怜的妇人，告诉她，只要她心爱的儿子一到合适的年龄，我就会倾我所能教他作曲，而且不收费用。"

*Book of Musical Anecdotes*

· *160* ·

当门德尔松 1831 年来到意大利时,被介绍给贝多芬的好友、米兰军官之妻多萝西·冯·厄特曼(Dorothea von Ertmann)。她的名字因出现在贝多芬作品 101 号《A 大调第 28 钢琴奏鸣曲》的扉页上而永垂不朽。门德尔松应邀来到她家,为她弹了这首题献给她的奏鸣曲及其他一些贝多芬的作品,这时,坐在角落里的一个小个子奥地利军官[1]走过来怯生生地问:"您能弹一些我亲爱的父亲的作品吗?"

门德尔松:"令尊是?"

奥地利军官:"噢,是莫扎特。"

"于是,"门德尔松说,"接下来的整晚,我一直在为他弹莫扎特。"

· *161* ·

1799 年,奥加敦的一次音乐会上,贝多芬和 J.B. 克拉默[2]一起听了莫扎特的《C 小调钢琴协奏曲》(K491)的演出。这时贝多芬突然站住,让他的同伴注意在乐章接近结束时首次引入的极简单也极优美的动机,然后叫道:"克拉默,克拉默!我们永远也写不出这样的东西!"

---

[1] 卡尔·托马斯·莫扎特(Carl Thomas Mozart,1786—1859),作曲家的大儿子,成了一名奥地利政府官员,在意大利拥有土地;他的弟弟弗朗茨·泽维尔·沃尔夫冈(Franz Xaver Wolfgang,1791—1844)是一位没什么名气的钢琴家和作曲家。

[2] Johann Baptist Cramer(1771—1858),钢琴家、作曲家,贝多芬在伦敦的出版商。

## 路易吉·凯鲁比尼
(Luigi CHERUBINI, 1760—1842)

意大利作曲家,创作了约30部歌剧,在巴黎音乐学院当了20年院长。他以尖酸刻薄闻名,得罪了拿破仑以后被迫逃往维也纳,在那里他给贝多芬留下了深刻的印象。

### · 162 ·

拿破仑在任法国第一执政官之前和凯鲁比尼很熟。一天晚上,凯鲁比尼的歌剧上演,他和拿破仑坐在一个包厢里。拿破仑对他说:"亲爱的凯鲁比尼,您当然是位杰出的音乐家,可您的音乐又吵闹又复杂,我实在听不出什么意思来。"凯鲁比尼回应道:"我亲爱的将军,您当然是位杰出的军人;但是,就音乐而言,请恕我直言,我不认为有必要让我的作品去迎合您的理解能力。"

### · 163 ·

一天凯鲁比尼独自走在路上,突然开始下雨。一位绅士驾着马车路过,认出了这位大师,于是他下车,将马车让给了凯鲁比尼。这位绅士要去相反的方向,于是他问:"凯鲁比尼先生,可以把您的伞借给我吗?""不,我从不把伞借给别人。"这就是凯鲁比尼的回答,然后他驾着马车扬长而去!

### · 164 ·

**柏辽兹回忆录——**

珀内去世后,凯鲁比尼接任音乐学院院长一职。当时音乐学院还没有那么多清规戒律,而他一上任就签署了一系列校内禁令。为了防止男女学生在没有教师监督的情况下私会,他下令让男生从卖鱼妇大街的校门进入，女生从牧羊女街的校门进入。这两个入口位于教学楼的两端。

一天早上我完全忘记了这条道德戒律，像往常一样从牧羊女街的门进入教学楼，径直走向图书馆。突然我发现一个雇工挡在面前，命令我退回去，从另一个入口去图书馆。我觉得这太荒唐，于是完全没有理睬这位穿制服的阿耳戈斯，继续向前走。这恶棍大概想在新主子面前表忠心，立刻跑去打小报告。我沉浸于研读格鲁克的《阿尔西斯特》，全然忘记了刚才发生的事情。这时凯鲁比尼走进了阅览室，他面色苍白，头发蓬乱，目露凶光，脚步沉重。他和那打小报告的一起绕着桌子，盘问了一些全不知情的学生，最后那雇工停在我面前叫道："就是他！"凯鲁比尼情绪激动得简直说不出话来，"哎呀！哎呀，哎呀，哎呀！"终于他叫了出来，盛怒使他的意大利口音变得更为滑稽，"原来你就是那个，那个，那个胆敢穿过我禁止男生出入的那扇门的人！""先生，我当时没有意识到您的命令，下次不会了。""下次！下次！你在这里干——干——干什么？""先生，您看，我正在研究格鲁克的乐谱。""什么——什么——什么格鲁克的乐谱对你有什么用？谁允许你——你——你进图书馆的？""先生！"（我有些怒了，）"格鲁克的音乐是最伟大的，我不需要任何人的允许来这里学习。音乐学院的图书馆从10点开到3点，我有权进来！""有——有——有权？""是的，先生。""我禁止你来这里！""我不管，我还会来的。""你叫什么，什么名字？"他已经气得浑身发抖了。这时我也气得脸发白了。"先生，也许将来有一天您会听到我的名字……但绝不是现在！""抓——抓——抓住他！霍丁（雇工的名字）！把他送到监狱里去！"然后，在所有人惊讶的注视下，主仆二人绕着桌子、撞翻了凳子，想尽力抓住我，最后我逃跑了，在消失前对着他们大喊："你们永远不会抓到我，也不会知道我的名字，我还会再回来学习格鲁克的乐谱的！"

这就是我和凯鲁比尼的第一次见面。

## 路德维希·冯·贝多芬
(Ludwig van BEETHOVEN，1770—1827)

贝多芬出生于波恩，佛兰芒后裔，于1792年迁居维也纳。他的音乐、个性和生命中的事件几乎已成为19世纪的神话：他被奉为天才和创作者的巅峰。

· 165 ·

当贝多芬还是个孩子时，波恩有个名叫施多姆的中年人，曾经是个音乐家，会作曲。据说他从此便发了狂，经常右手拿着指挥棒、左手拿着乐谱在镇上到处走，却一言不发。当他走到莱茵街934号一楼时，觉得没什么人会注意他，就开始在桌子上敲指挥棒……他朝上指着贝多芬的家，好像那儿有支乐队，然后用指挥棒在乐谱上打拍子，一句话也不说。

路德维希·范·贝多芬经常嘲笑他，有一次说："看到他我们就知道音乐家会变成什么样。音乐已经让这人成了疯子——会让我们成什么呢？"

· 166 ·

当约翰·范·贝多芬有客人时，路德维希就会蹭到钢琴旁边，用右手弹几个和弦。这时他父亲会说："乱弹什么？走开，否则请你吃耳光。"一天，路德维希又在即兴弹琴，这时候他父亲走进来，"跟你说了多少次了！你什么时候才能停？"他又弹了一遍，问父亲："这难道不美吗？"他父亲说："跟美没关系，你自己造的吧。你现在还没资格那样做。"

· 167 ·

他告诉我[1]他小时候不太受父母重视，接受的音乐教育糟糕透顶。"但是，"他又说，"我有音乐方面的天才。"

· 168 ·

当格里辛格[2]还只是一个随员的时候，贝多芬也只是一位小有名气的钢琴家，两人都很年轻，一次巧遇在罗布科维茨亲王的府上。贝多芬在同这位绅士的对话中，大致谈到他想避免那些在出售作品时面对的讨价还价，希望能有一个人支付他固定的生活费，作为回报可以拥有他所有作品的独家版权。他还说："我不会在作曲上偷懒的，我相信歌德对科塔[3]偷了懒。如果我没搞错的话，亨德尔的伦敦出版商与他也有类似的协议。"

"我亲爱的年轻人，"格里辛格说，"你别抱怨了，因为你既不是歌德，也不是亨德尔，你永远也成不了那样的人。那样的大师再也不会出现了。"贝多芬咬紧了嘴唇，对发话的人投以无比蔑视的一瞥，再也不说话。

---

[1] 卡尔·车尔尼（Karl Czerny，1791—1857），奥地利钢琴家、作曲家和教师。
[2] 乔治·奥古斯特·冯·格里辛格（Georg August von Griesinger，1769—1845），后来成为驻维也纳的萨克森大臣，海顿的传记作家。
[3] 歌德和席勒最早的出版商。——译注

· *169* ·

他似乎认为陌生感和原创性是作曲应该达到的主要目的,这点从他对一位女士的回答中可以看出来。她问他是否经常去看莫扎特的歌剧,他说自己对那些作品不是很了解,而且他除了自己的音乐外很少听别人的音乐,不然会影响自己的原创性。

· *170* ·

在演奏《C小调钢琴协奏曲》时,他让我[1]翻谱,但是——老天帮帮我吧!说起来容易做起来难。在我眼前的几乎就是白纸若干,最多在一两页上有几个埃及象形文字,他草草记下的这些符号对我来说完全无法理解,对他却是提示。他几乎全凭记忆演奏了整个独奏部分,因为他通常没什么时间把这些规规矩矩写在纸上。每次接近那无形的段落的结尾处,他就会偷偷给我一个眼神。一定是我那种生怕错过关键时刻的慌张神色令他觉得十分好笑,之后在晚餐中他仍旧笑个不停。

· *171* ·

贝多芬有一次听到施特莱彻的女儿在练习[1806年作的《C小调变奏曲》],听了一会儿以后他问她:"这是谁写的?""您呀。""这破烂居然是我写的?噢贝多芬,你以前多么白痴!"

· *172* ·

不管听众是谁,他总是知道如何制造那种感人的气氛,听众们经常润湿了双眼,许多人甚至会大声地抽泣。除了为大家带来

---

[1] 伊格纳茨·里特·冯·塞弗里德(Ignaz Ritter von Seyfried, 1776—1841),奥地利作曲家、指挥家。

的美妙新鲜的灵感、精力充沛的风格外，他的演奏中总有些非同寻常的感情。每次这种即兴表演结束后，他总是朗声大笑，取笑那些受他感动的听众，"你们都是傻瓜！"他会这么说……"谁能活在这么一群被宠坏的孩子当中！"

· *173* ·

贝多芬在创作时，脑子里总有些特别的对象……在写《第三交响曲》时，他想到的是波拿巴，担任第一执政官时的波拿巴。那时贝多芬非常崇拜他，甚至将他与古罗马时代的执政官们相媲美。我[1]和其他几个好友曾经看到这部手稿摊在他的书桌上，波拿巴的名字在标题页上，结尾处署有"路德维希·冯·贝多芬"，但没有其他文字。其中的内容怎样我并不知晓。我是第一个告诉他拿破仑称帝的人，他义愤填膺，咆哮着说："那么，他，也成了一个凡夫俗子！现在，他也会践踏他人的权利，满足自己的野心。他会将自己置于他人之上，成为一个暴君！"贝多芬走到桌边，拿起那张标题页撕得粉碎，扔在地上。他重写了第一页，直到那时，交响曲的标题才被改为"英雄"。

· *174* ·

**1802 年，贝多芬开始逐步丧失听力，他记录下了自己的艰难处境。人们在他死后发现了这份文件，也就是《海利根施塔特遗书》——**

致我的兄弟卡尔和约翰·贝多芬：

噢，世人以为我恶毒、冥顽，乃至厌恶人类，这是怎样的错

---

[1] 斐迪南·里斯（Ferdinand Ries, 1784—1858），德国音乐家，贝多芬的传记作者，现代学者对他这一说法提出了质疑。

怪啊！你们不明白之所以我给你们留下那种印象的隐衷。从童年时代起，我的心灵就一直满怀着善意的温情，甚至还想成就一番伟业。但是，想想这六年，我无望地遭受着病痛的折磨，愚蠢的医生更加剧了我的痛苦。他们年复一年地用有望好转的谎言欺骗我，到头来却让我面对病情持续的可能（也许花上几年能治愈，也许根本不可能）。我虽然天性热情积极，也很易受社会变迁的影响，但很快就要被迫去过离群索居的生活。就算有时我想努力忘掉这一切，唉，可是糟糕的听力又无情地将我拖回到现实，反而更叫人悲伤！我怎能对别人说："请大声点，叫响一点，因为我是个聋子。"唉，我怎能承认这种感官上的缺陷呢？这种感官于我而言本该比旁人的更加完美，而我也曾经拥有过这种感官的极致，其程度在我的同行中几乎无人能及。唉，我做不到；所以，请原谅我，在我应该与你们共享天伦之时却看上去不通人情。我注定会遭人误解，这种不幸令我加倍痛苦；我无法与朋友们轻松言笑，无法促膝谈心，无法交流思想。我必须在孤独中生活，好像被放逐之人；只有万不得已之时才会交际。每当我接近他人，就会产生强烈的畏惧，担心别人会发现我的毛病。因此过去半年里我一直待在乡下。我那明智的医生嘱咐我应尽可能保护听力，正同我现在的想法如出一辙。但有时我还是会禁不住与人为伴的冲动而置医嘱于不顾。然而，当站在我身边的人听到远处传来的笛声，而我却听不到；当别人听到牧羊人的歌声，而我却仍然听不到时，这对我来说真是丢人！这些事几乎把我逼到绝境，只要再多一点，我就会结束自己的生命——只有我的艺术能将我拉回来。唉，似乎不把内心所有的感情都释放出来，我是不可能离开这个世界的。

*Book of Musical Anecdotes*

所以我还在忍受着悲惨的存在——真是悲惨,人的躯体是如此脆弱,一个突然的变化就能将它从最好的状态坠落到最糟的状态。他们说,忍耐,我现在必须听从这指示,而且我已经这么做了——我希望我能一直坚定地坚持到无情的命运女神割断那生命之线。也许我会好起来,也许不会;我已做好准备。在 28 岁时我已被迫成为一个哲学家了,哦,这是何等不易啊。而对一个艺术家来说,这比其他任何人更要难得多。上帝啊,请看看我的灵魂深处吧!那里有对人类的爱和行善的愿望。哦,我的同胞们啊,当你们在某个时刻读到这信时,想想你们对我的误会吧。那些不幸的人也许会因为同病相怜而感到宽慰,你们突破了天性的种种限制,仍旧为跻身于高尚的艺术家和杰出人物的行列做了力所能及的一切。我的兄弟卡尔和约翰,在我死后,请马上以我的名义请施密特医生(如果他还健在的话)描述我的病情,并在病情记录后附上这份文件。这样,至少有可能使世界在我死后与我尽释前嫌。与此同时,我宣布你们两人成为我微薄财产(如果它还能被称为财产的话)的继承人;平均分配;相互宽容,相互帮助。我早已原谅了你们对我造成的伤害。对你,卡尔,我特别感谢你近来对我的关怀。希望你们能比我生活得幸福、自在。把美德教给你们的孩子吧,只有它,而不是金钱,能令他们快乐。这是我的经验之谈,它在我最苦难的时刻给了我支持。多亏了美德和我的艺术,我没有选择自杀来结束生命。永别了!希望你们互相珍爱!我要感谢所有的朋友,特别是李希诺夫斯基亲王和施密特教授。我希望你们两兄弟中的一人能保管亲王送给我的乐器,但别为此起争执。如果有一天它们能够为你们带来益处,就卖了它们吧。如果我在九泉之下还能对你们有些用处，那会让我觉得死而无憾。我将带着喜悦之情迎接死亡。如果在死之前我还没有机会施展我的全部才华，那么对于虽然苦命的我来说仍然太早了，我应该希望死亡晚些来——但或许也值得庆幸，因为它将我从无尽的苦难中解脱了出来？死亡，想来就来吧，我会勇敢地迎接你。永别了，请别在我死后就把我忘记。你们应该记着我，因为我的一生总是不时地挂念你们，想着怎么能让你们高兴。望你们幸福！

路德维希·冯·贝多芬<br>（封印）<br>海利根施塔特<br>1802年10月6日

在我死后由我的兄弟卡尔和约翰拆阅并执行。

海利根施塔特，1802年10月10日——此时此地与尔告别，心中悲切。我曾奢望能缓解病痛乃至痊愈，如今却心如死灰。秋叶飘零枯萎，如我希望破灭。我去好似我来，即便美丽夏日里鼓舞我的勇气消失殆尽。噢神啊！再赐我最后一次单纯至乐吧！哪怕一日我便无怨，因我心失乐已久。噢上帝啊，何时，何时我才能再度感受人与自然？永远不再？噢不！这太难接受。

· *175* ·

一天尼特[1]和贝多芬在一起时，催促他去英国拜访一位杰出的耳科专家，尼特认为贝多芬在那儿肯定可以找到治愈耳聋的办法。

---

[1] 查尔斯·尼特（Charles Neate，1784—1877），英国钢琴家，皇家爱乐协会的创始成员，曾于1815年拜访贝多芬。

"不，"贝多芬坚定地说，"我已经得到了各种各样的建议，肯定是治不好了。我会告诉你这是怎么发生的：当时我正忙着写歌剧——"

尼特："《费德里奥》？"

贝多芬："不是《费德里奥》，是替一个脾气极坏的男高音写咏叹调。我已经为同样的台词写了两首辉煌的咏叹调，他还是不满意。于是我又写了第三首，试唱的时候他总算认可了，拿走了乐谱。谢天谢地终于把他打发了，我立刻坐下来打算完成一部被他的咏叹调耽搁了进程而我又很急着完成的作品。还没写到半个小时，我听到一声敲门声，又是那男高音。他进门的时候我在盛怒中从椅子上跳起来，结果一下子摔在地上，就像舞台上演的那样［这时贝多芬伸开手臂模仿了当时的姿势］。我站起来的时候发现自己聋了，后来一直是这样。医生们说我的神经被损伤了。"

· *176* ·

他让有趣的老厨子为大家做了菜，叫侄子负责选葡萄酒，于是我们五人一起出去散步。贝多芬通常会哼着某些乐章，他喜欢在流通的空气中打草稿。舒潘采[1]告诉我[2]，正是在一次室外工作时贝多芬聋了。当时他在花园里作曲，因为太专心而完全没有注意到突至的倾盆大雨，直到雨水浸透了纸，他无法再写下去。从那天起他便得了耳聋症，无论是艺术还是时间都无法使之痊愈。

---

[1] 伊格纳茨·舒潘采（Ignaz Schuppanzigh, 1776—1830），拉索莫夫斯基（Rasoumovsky）四重奏的领奏，介绍了一些贝多芬的新作品。
[2] 乔治·斯马特爵士（Sir George Smart, 1776—1867），英国作曲家、指挥家，曾于1825年拜访过贝多分。

*Book of Musical Anecdotes*

· 177 ·

贝多芬有一次演出自己新写的钢琴协奏曲,但在第一次齐奏时却忘记了自己是独奏者,于是像往常一样跳起来开始指挥。在第一次强音时,他的手臂抡得太用力,把钢琴上的两盏蜡烛都碰到了地上。观众开始发笑,贝多芬被这种干扰激怒了,他让乐队停下来,重新开始。塞弗里德担心同样的情况会出现在相同的段落,于是让合唱队里的两个男孩举着蜡烛站在贝多芬的两边。一个男孩站得比较近,想看清乐谱,当那致命的强音到来时,贝多芬的右手正好打在他嘴上,可怜的孩子吓得把蜡烛掉在了地上。另一个男孩比较警惕,盯着贝多芬的一举一动,在那重大时刻他立刻弯腰,躲过了被扇嘴巴的危险。如果说之前观众抑制不住发笑,这次可就更难了,他们爆发出了一阵发疯似的喧闹。贝多芬怒不可遏,在独奏部分的前几个和声中就敲断了半打琴弦。真正的爱乐者想重新恢复秩序专心欣赏音乐,在那一刻已经于事无补。观众们再也无缘听到这协奏曲的第一个快板乐章,因为从那毁灭性的一晚起,贝多芬再也没有开过音乐会。

· 178 ·

我们[1]一天下午去了阿尔瑟沃施塔特,爬上了那被称为"黑西班牙人"的房子的二楼。我们撅了门铃,但没人回答;打开门闩后,发现门是开着的,前厅空无一人。我们敲了贝多芬的房门,也没有回答,于是敲得更响。虽然还是没人应答,但可以听到里

---

[1] 阿洛伊斯·杰特利斯(Alois Jeitteles),奥地利诗人,贝多芬声乐套曲《致远方的爱人》的词作者;珀尔·丹尼尔·阿玛迪乌斯·阿特伯姆(Per Daniel Amadeus Atterbom,1790—1855),瑞典诗人、哲学家。

面有动静，于是我们便走了进去。眼前是怎样的景象啊！迎面的墙上挂满了用炭笔标满记号的大纸，贝多芬背对着我们站着，那是怎样的环境啊！他被炎热包围着，脱得只剩贴身衬衫，正忙于用铅笔在墙上写音符，一边打着节拍，一边在没有弦的钢琴上弹着和弦。他并没有转过身来。我们哭笑不得地看了看对方，似乎用声音来吸引这位耳聋的大师是没有希望了，如果我们贸然走上前去他又一定会觉得尴尬。我对阿特伯姆说："身为诗人，能够看到最高贵的天才的一瞬，回家也无憾了吧？至少你可以说：'我见过贝多芬创作。'我们还是悄悄地走吧！"于是我们离开了。可以说我们"抓了个现行"。

· *179* ·

有一天一大早我[1]去看贝多芬，他还躺在床上。他恰好精神不错，立刻从床上跳起来，走到窗前朝外看去。他一边看着风景，一边检查我整理好的《费德里奥》乐谱。一群街上的小孩聚拢在窗户下，他开始咆哮："这些讨厌的小孩想干什么？"我笑着，指了指他的尊容。"噢，噢，你是对的。"他说着，急忙穿上了一件长袍。

· *180* ·

**歌德给采尔特的信——**

1812年9月2日写于卡尔斯巴德

我在特普利兹结识了贝多芬。他的天才令我十分惊讶。然而，不幸的是，他有一种彻底的桀骜不羁的性格。如果他真的觉得这个世界面目可憎，那么产生这种性格也情有可原，只可惜于人于

---

[1] 伊格纳茨·莫谢莱斯（Ignaz Moscheles，1794—1870），钢琴家、作曲家。

己都不会带来快乐。

### · 181 ·

**贝多芬给贝蒂娜·冯·阿妮姆[1]的信——**

当我和歌德这样两个人物走在一起，哪怕是王公大臣也必须明白我们是多么伟大。昨天，我们走在回家路上时，遇到了整个皇家仪仗队；我们老远就看到了队伍，歌德立刻挣开了我的手臂，以便远远地站在一边。无论我怎么说，都无法让他再上前一步。我愤怒地揉皱了头上的帽子，解开上衣的纽扣，把手背在身后，径直朝人群最密集处走去。王公大臣们为我让开了一条路，鲁道夫大公向我脱帽致敬，皇后第一个跟我打招呼——这些大人物都认识我！对我来说，世上最大的乐趣莫过于看着仪仗队从歌德身边走过。他站在一边，脱下帽子，把头尽可能地低下。为此，我之后经常不留情面地责备他。

### · 182 ·

西姆罗克[2]说，由于纸币缩减，贝多芬到处公开咒骂弗朗茨皇帝，"这个恶棍应该找棵树吊死！"不过他太有名了，警察也只好放任自流。

### · 183 ·

大家要求他用钢琴即兴演奏，但他并不想弹。相邻房间里的

---

[1] Bettina von Arnim（1785—1859），歌德的《与一个孩子的通信》就是写给她的，贝多芬曾短暂爱恋过她。这封信的原稿一直未被发现，而且日期与已知的事件不合，不过这个故事显然是有事实基础的。

[2] 彼得·约瑟夫·西姆罗克（Peter Joseph Simrock，1796—1870），贝多芬的波恩出版商的儿子，并继承了父业。

桌子上摆满了食物，最后大家都聚到了桌边。我[1]那时还是个毛头小伙子，对贝多芬特别感兴趣，一直待在他左右。大家遍寻他不着，最终只好坐下用餐。这时他在隔壁房间开始即兴演奏，所有人都安静下来听他弹。我仍旧站在钢琴边看着他。他大概弹了一个小时，人们一个个聚拢到他身边。突然他似乎想起了吃饭这回事，立即从椅子上起来走到饭厅。饭厅门口有一张放满了瓷碗碟的桌子，他绊到桌子，把碗碟打碎了一地，这不幸的事故让富有的骑士杜恩霍夫伯爵大笑。大家再次聚到饭桌边，没人再想着演奏音乐的事儿了，因为在贝多芬弹了他的幻想曲之后，一半的琴键都被他敲断了。

· *184* ·

贝多芬问我[2]是否观察过乡村乐手在演奏中打盹。他们睡着的时候，通常乐器会从手中滑落，然后突然惊醒，随便弄出几声响亮的声音，往往倒是在正确的调上，然后又开始打盹。他试着在《"田园"交响曲》中用欢乐的乡村小调来模仿这些可怜的家伙。

· *185* ·

贝多芬有时十分暴躁。一天我[3]和他在天鹅饭店吃饭，侍者把他的菜弄错了。贝多芬责备了他几句，而侍者不太礼貌地申辩，贝多芬立刻抄起那装满了卤汁牛肉的碟子，朝着侍者脸上扔过去。大家都知道，灵巧的维也纳侍者可以同时用两手托住很多个盘子，所以这不幸的人没有办法挪动手臂，只能任由卤汁从脸上淌下。

---

[1] 弗朗茨·格吕格（Franz Glöggl），奥地利音乐出版商。
[2] 安东·辛德勒（Anton Schindler，1796—1864），贝多芬的抄写员和早期传记作者。
[3] 斐迪南·里斯（Ferdinand Ries）。

*Book of Musical Anecdotes*

他和贝多芬都开始骂脏话、大喊大叫,而其他人则聚在旁边大笑起哄。最后贝多芬自己也加入了大笑的行列,因为那侍者忙于舔肉汁,无暇继续恶骂,他到处忙活的舌头简直丑态百出。这场景绝对可以入贺加斯的画了。

· *186* ·

他的佣人告诉我[1]可能暂时没法跟他说话,因为他回家的时候正在气头上。他随即开始发泄,说自己是世上最苦命的人。原来他刚从一个小酒馆回来,当时他特别想吃小牛肉,可就是没有!他说这话时的语调严肃而忧郁。我安慰了他,陪他在外面走了将近两小时。

我立刻赶回维也纳,问我住的旅馆老板的儿子有没有一些烤好的小牛肉。然后我让他把牛肉装进盘子,仔细地盖好,立即送到了巴登。第二天早上我还躺在床上的时候贝多芬就来了,他拥抱并吻了我,说我是他见过的最好心的人,没什么事比这更开心了:在自己特别想吃烤小牛肉的时候,小牛肉就来了。

· *187* ·

做成糊状的面包汤是他最喜欢吃的东西之一,他每周四都要吃一顿。做面包汤需要十个鸡蛋,每次在鸡蛋与其他成分混合之前,他都要亲自检查一下那些蛋。如果不幸发现某只蛋坏了,接下来就会有大事发生:惹事的厨子会听到一声大吼叫她过去。她很清楚会发生什么,便小心翼翼地站在门槛上,随时准备落荒而逃。但这次,她一现身就遭到了袭击,坏鸡蛋就像炮台上射出的

---

[1] 斐迪南·里斯。

炮弹一样朝她耳旁飞去，黏糊糊的蛋黄蛋白立刻洒了一身。

· 188 ·

贝多芬曾经赶走了一个说谎的管家。从其他方面看，她是个很优秀的仆人，而且说谎也是为了他好。为他找到这位管家的女士问他是不是认真的，他回答："任何说谎的人都有一颗不纯洁的心，也就做不出纯洁的汤！"

· 189 ·

澡盆的必要性对于贝多芬来说就像土耳其人一样，他经常沐浴。当他不能出门去采集灵感时，就会心不在焉地走到洗手盆边，朝手上泼几壶水，同时哼唱或吼叫（因为他不会唱歌）。在水里玩到衣服都湿透以后，他就会回到房间，脸上带着一种茫然的表情，眼睛吓人地瞪着，如果他没刮胡子的话就更恐怖了。接着他会回到桌边开始创作，然后再次来到水盆边，一边玩水一边哼哼。这情景如此可笑，但没有人敢向他指出，也没有人敢打断这启发灵感的沐浴。因为这是属于他的时刻，或者说是他的沉思冥想之时。但可以肯定的是，如果房东发现水漏到了楼下的天花板，肯定不会太高兴。

· 190 ·

他要再次搬去多布林。当他整理乐谱时，发现大弥撒的第一乐章不见了。他找遍了所有的地方，仍然一无所获，为这无法弥补的损失伤透了脑筋。几天后谱子被找到了，但是看呐！成了什么模样！由于那大张的乐谱看起来像废纸，老管家觉得拿来包鞋或者餐具简直再合适不过了，于是她把它们扯成了好多片。当贝多芬看到他的天才产物遭到这样的待遇，忍不住大笑起来。

*Book of Musical Anecdotes*

· *191* ·

一个夏天……我[1]常常去看望祖母,她在多布林乡间有栋大房子……贝多芬那时恰好也在多布林。我祖母家对面有间破房子,住着一个名叫弗罗伯格的农民,他因为放荡的生活而臭名昭著。房子虽然鄙陋,弗罗伯格却有个漂亮女儿,不过名声也不好。贝多芬似乎对这姑娘十分有兴趣,我看到他沿着赫申大街散步,右手拿的白色手帕拖在地上,走到弗罗伯格的院子门口,他就会停下来。门里面,那轻浮的女孩儿正站在堆满干草和肥料的马车上,一边耙着草,一边不停地笑。我从来没见过贝多芬跟她说话,他只是站在那儿默默地注视。那女孩更喜欢农民小伙,有时会嘲笑贝多芬几句,要么就根本不理他。这时他会突然离去,但下一次他路过的时候仍旧会驻足观望。贝多芬是如此迷恋那姑娘,以至于她的父亲因为酒后斗殴被关进看守所时,他居然亲自去说情。不过,他以一贯的鲁莽作风得罪了地方长官,差点也被关进大牢去跟弗罗伯格做伴了。

· *192* ·

一天晚上我[2]来巴登上课,发现贝多芬和一位年轻貌美的女士坐在沙发上。我担心自己的出现打扰了他们,于是打算回去,但贝多芬拦住了我,说:"你可以在这儿练琴。"他们俩仍然坐在我身后。我弹了一段时间,贝多芬突然叫道:"里斯,来段甜蜜的!"过了一会儿,"来段忧伤的!"再之后"来段热情的!"如此这般。

---

[1] 弗朗茨·格里帕策(Franz Grillparzer,1791—1872),奥地利戏剧家、诗人。
[2] 斐迪南·里斯。

从我听到的谈话内容，我猜他可能哪里得罪了那小姐，所以想通过这种古怪的举动来弥补过错。最后他突然叫起来："为什么每段都是我写的！"我一直在弹的都是他的作品片段，然后用个小过门将它们串在一起，这似乎让他很高兴。不久那位小姐离开了，最让我吃惊的是，我发现贝多芬根本不认识她。

· *193* ·

赫费尔教授……一天晚上跟艾斯纳（Eisner，那时还住在维也纳）和其他同事一起来到离镇上不远的小酒馆，在场的还有维也纳新城的警长。当时是秋季，天黑得早，一位警官走过来对警长说："警长先生，我们逮捕了一个不安分的人。他不停叫喊着他是贝多芬，却穿得破破烂烂——一件旧外套、没戴帽子……没什么能证明他是谁。"

于是警长命令把那人拘留到第二天早上，"然后我们再查查看他是谁"。第二天早上，大家都很想知道事情的结果到底怎样，警长说道，大约晚上11点的时候，他被一位警官叫醒，因为牢里那人一刻也不消停，要求维也纳新城的音乐总监赫佐格前来证明自己的身份。于是警长起床穿戴整齐，前去叫醒赫佐格，和他一起来到拘留所。赫佐格一眼看到牢里那人就大叫："这是贝多芬呀！"他把贝多芬带回了家，给了他最好的房间。第二天，地方长官前来表达了无尽的歉意。原来贝多芬那天早上起得特别早，随便穿了一件破外套，没戴帽子就出门散步了……居民从窗户里看到他东张西望，穿得又像乞丐，于是叫来警察逮捕了他。在逮捕他的时刻，作曲家说："我是贝多芬。""哦，可不是嘛，"警察说，"你这个流浪汉，贝多芬才不会像你这样呢。"

*Book of Musical Anecdotes*

· *194* ·

1822年4月6日，贝多芬问他的学生里斯："皇家爱乐协会为一首我的交响曲会付多少钱呢？"很显然，里斯向协会管事们提了这事，他们在11月10日的一次会议上"决定付给贝多芬一部交响曲手稿50英镑"……虽然贝多芬声明这微薄的报酬与其他很多国家都不能相比，不过还是接受了，他说："如果我不是贫穷的贝多芬，我愿意免费为全欧洲的一流艺术家作曲。如果我在伦敦，又怎么能不为爱乐协会作曲呢！感谢上帝贝多芬还能作曲，尽管在其他方面一事无成。"

· *195* ·

大家对韦伯的《欧丽安特》进行了激烈的争论，正反方激战正酣时，伟人贝多芬走进了斯坦纳和哈斯林格[1]的音乐商店，"新歌剧怎么样？"他大声叫道。"巨大的成功！"哈斯林格回答。"我很高兴！"伟人叫道，"很高兴！对，德国人在那么多意大利歌剧面前还是能把持住自己！还有，小桑塔格[2]唱得怎么样？"他热切地问道。"妙不可言！"贝多芬高兴地笑了。然后，他转向当时也在场的年轻的本尼迪克特[3]，"告诉冯·韦伯先生，我本来要来的，可是——这么多年了——你知道——"他指了指自己的耳朵，然后匆匆离去。

---

[1] 托拜厄斯·哈斯林格（Tobias Haslinger, 1787—1842），西格蒙德·安东·斯坦纳（Sigmund Anton Steiner, 1773—1838）的合伙人，维也纳音乐出版商、书商。
[2] 亨丽叶塔·桑塔格（Henrietta Sontag, 1806—1854），著名德国女高音。
[3] 朱利叶斯·本尼迪克特爵士（Sir Julius Benedict, 1804—1885），德国出生的作曲家，韦伯的学生。

### · 196 ·

歌手们请求他把《第九交响曲》的最后乐章改得容易一些，但他固执地拒绝了。翁格尔[1]当面称他为"统治所有嗓子的暴君"，但他还是拒绝了她的请求，于是她对桑塔格说："好吧，那么我们必须在上帝的名义下继续折磨自己了！"

### · 197 ·

我[2]一生中从没听到过如此狂热而真诚的喝彩。有一次交响曲的第二乐章完全被热情的掌声打断了，观众要求再来一遍。重复之后观众的反应无与伦比——他们爆发了四次欢呼大喊。最后大家开始高呼"万岁"！管乐勇敢地进入，这时哪怕一丝嘈杂也听不到了。当正厅后排爆发出第五次欢呼时，警长大声吼道："肃静！"

### · 198 ·

经常有人问我[3]贝多芬作品第135号《F大调四重奏》末乐章的写作动机，因为贝多芬在上面题了字：艰难的决定。灵感的努力。"必须这样吗？""必须这样！"贝多芬在不同时期租过各种房子，最可笑的场景莫过于交房租的时候。房东不得不拿着日历去找他，证明交租日已经到了，必须付钱了。于是他在临终的病痛中对房东太太唱了上面提到的那首四重奏中带着疑问的动机（"必须这样吗？"）半开玩笑半严肃。房东太太明白了他的意思，

---

[1] 卡罗琳·翁格尔-萨巴蒂叶（Caroline Unger-Sabatier, 1803—1877），匈牙利女低音、歌曲作者。
[2] 安东·辛德勒用谈话簿与贝多芬交流（因为当时贝多芬已经全聋）。
[3] 安东·辛德勒。

配合着他的幽默,跺着脚坚定地回答:"必须这样!"[1]

· *199* ·

对于"你好吗?"这样的问候,他的回答通常是:"好得像一个穷音乐家那样。"

· *200* ·

施特莱彻家通常每周要举行一次音乐聚会……贝多芬几乎每次必到,而且经常带着他的侄子卡尔。[1825年的]一天,在别人演奏时,孩子趴在贝多芬的膝盖上睡着了。当有人开始弹贝多芬的音乐时,卡尔在第一个和弦发出那一刻就醒了过来,高兴地东张西望。大家问他怎么能睡着,又为什么突然醒过来,知不知道那是谁的作品。他立刻回答:"那是我叔叔的音乐。"这件事让贝多芬对这孩子产生了强烈的感情。

· *201* ·

当他的侄子卡尔要进行工科考试,并且欠了一身债时,发现自己的学识像荷包一样空空如也。而且,他担心又要被叔叔骂,"已经对这些愚蠢的指责厌烦透了",于是他决定自杀。他买了两把手枪,出了巴登城,爬上摇摇欲坠的豪恩斯坦城堡的高塔,用两把枪对准太阳穴,扣动了扳机——但只擦伤了骨膜,于是他被送往维也纳综合医院。

这消息对贝多芬来说是种可怕的打击,很难用语言描述悲伤对他造成的影响。他像一个失去了爱子的父亲一样萎靡不振。一

---

[1] 塞耶(Thayer)把"必须这样吗?"动机归到与贝多芬有关的一段逸事,说的是一个客户不肯付钱给音乐家。"他大笑,立刻写下了一首带词的卡农:'必须这样!……掏出钱包来!'"

次我母亲在山坡上遇见他,他看起来有些错乱:"你知道发生了什么事?我家卡尔朝自己开了枪!""他——死了?""没有,只是擦伤了皮。他还活着,大家正在帮助他。但是他让我蒙羞,我是那么爱他!"

· 202 ·

辛德勒告诉我们,贝多芬抄写了三句古埃及铭文,"为它们镶了框,罩上玻璃,挂在工作台上"。前两句是这样的:

我便是存在。

我是现在、过去、将来的一切。没有一个凡人揭开过我的面纱。

第三句:

他孤身一人,正是这种孤独成就了万物的存在。

· 203 ·

在贝多芬生前最后的日子里,他听说胡梅尔[1]要来维也纳,特别高兴,"噢!如果他能来看我就好了!"胡梅尔在到达的当天就去看望了他……他们两人已有多年未见,相聚的场面极其感人。胡梅尔看到贝多芬被病痛折磨得憔悴面容,不禁落泪。贝多芬为

---

[1] 约翰·尼波默克·胡梅尔(Johann Nepomuk Hummel, 1778—1837),作曲家、钢琴家。

了安慰他，拿出了早上迪阿贝利[1]送来的一幅画，画的是一间位于洛劳的小屋，海顿出生的地方。"看，我亲爱的胡梅尔，这就是海顿的出生地。这件礼物是我今早刚收到的，喜欢极了。这样一个伟人诞生在这样鄙陋的小农舍里！"胡梅尔后来还去探望过他好几次……十天或十二天后贝多芬与世长辞，胡梅尔目送他下葬。

· *204* ·

3月26日下午，胡腾布莱纳[2]来到了临终之人的家……贝多芬已经失去知觉很久了。泰歇（Telscher）开始画贝多芬临死前的面容，这让布洛伊宁[3]很恼火，他训斥了泰歇……然后布洛伊宁和辛德勒外出去华灵挑选墓地……暴风雨降临，斜坡草地被雨雪覆盖。一道闪电照亮了一切，接着一阵雷鸣。胡腾布莱纳坐在床边用右臂支撑着贝多芬的头，他的呼吸已经时有时无，几个小时都在死亡边缘。当那声令人震惊的响雷爆炸时，他突然从胡腾布莱纳的手臂中抬起头，庄严地伸出右臂——"好像一位将军挥臂号令军队"。但这只是一瞬，手臂很快垂下，他朝后倒下。贝多芬去世了。

· *205* ·

贝多芬的葬礼就像一个伟人应有的葬礼一样，当送葬队伍经过时，大约有三万人挤在街道、斜坡上哀悼。我[4]无法描述那场景。

---

[1] 安东尼奥·迪阿贝利（Antonio Diabelli，1781—1858），奥地利作曲家、出版商，贝多芬的作品第120号《33首主题变奏》便是为他而作。
[2] 安泽尔姆·胡腾布莱纳（Anselm Hüttenbrenner，1794—1868），作曲家，贝多芬及舒伯特的朋友。
[3] 斯蒂芬·冯·布洛伊宁（Stephan von Breuning，1774—1827），贝多芬的小提琴协奏曲就是献给他的。
[4] 安东·辛德勒在1827年4月4日给伊格纳茨·莫谢莱斯的信。

如果你能记起1814年维也纳会议期间普拉特的庆典场面，也许就能想象。八位乐队指挥扛着灵柩……36人举着火炬，其中有格里尔帕策（Grillparzer）、卡斯泰利[1]、哈斯林格（Haslinger）、斯坦纳、舒伯特等。

· *206* ·

一个路过的陌生人问女护工："这是谁的葬礼？""噢，你不知道，"老妪答道，"音乐家里的将军去世了……"

· *207* ·

"把烛火弄亮点，我们看不清了。"我[2]对古博说。他不但没调亮，反而把蜡烛弄灭了，我们陷入了黑暗。也许，这种突然到来的从光明到黑暗的效果，伴随着钢琴的前几个音，深深地触动了我们所有人……无论是受到了光线的影响或只是一种无意识，李斯特开始演奏贝多芬的《升C小调奏鸣曲》（"月光"奏鸣曲）那悲切的、叫人心碎的慢乐章。每个人就像在那里生了根，谁也不愿去打破这气氛。灯芯里那怪异惨淡、断断续续的余光不时穿过灰烬，照出我们诡异、陌生的形状。我陷在躺椅里，听到上方传来了压抑的啜泣声，是柏辽兹正在竭力克制自己的感情。乐曲结束后，我们仍旧沉默了好一会儿，然后古博点燃了蜡烛。当我们从客厅走向书房时，李斯特将手搭在我的胳膊上，停下来指着泪流满面的柏辽兹，"看他，"李斯特压低了声音，"他是把自己当成贝多芬的'假定继承人'来听这曲子的。"

---

[1] 伊格纳茨·弗朗茨·卡斯泰利（Ignaz Franz Castelli, 1781—1862），诗人。
[2] 欧内斯特·乐高弗（Ernest Legouvé, 1807—1903），法国剧作家、柏辽兹的长年好友。

· 208 ·

莫斯科举行苏维埃代表大会时,第一场的音乐引子是《国际歌》和贝多芬《第九交响曲》末乐章的大合唱。之后,据说斯大林大呼:"这才是为大众服务的音乐。怎么演都不嫌多,应该让我们国家最小的村庄也能听到这样的音乐……"

结果便是一股贝多芬热潮席卷而来,远胜"一战"中德国演奏贝多芬的热情。管弦乐队和合唱团在苏联巡演(哪怕是最偏远的省份),只演贝多芬《第九交响曲》……官方艺术期刊不断高呼:"可怜的贝多芬,一百年来他无家可归。今天他终于找到了真正的家园——唯一一个真正理解、热爱他的国家:苏联!"

## 加斯帕罗·斯蓬蒂尼
(Gaspare SPONTINI, 1774—1851)

意大利作曲家,他的浮夸歌剧在瓦格纳和柏辽兹心中留下了不可磨灭的印象。

· 209 ·

柏林有一位富有的音乐爱好者因失聪而被剥夺了享受他最爱艺术的乐趣,因此感到十分痛苦。在尝试了许多医生后,新医生出了一个新点子。"今天晚上我们去听歌剧。"医生在纸上写道。"有什么用?我一个音符也听不见。"他不耐烦地回答。医生说:"没关系,去了你就知道了。"

于是两人同去剧院听斯蓬蒂尼的歌剧《奥林比亚》。一切都很顺利,直到终曲的一个极强音出来时明显比平常还要响。病人高兴地转过身,叫道:"大夫,我能听见了。"没有回答。于是高兴的病人又说了一遍："大夫，你把我治好了！"医生只是茫然地盯着他。原来医生被彻底震聋了。

· *210* ·

**瓦格纳的回忆——**

柏辽兹一直在斯蓬蒂尼的病床边，直到他去世。我听说大师一直顽强地与死神抗争，不停地叫喊："我不想死！"柏辽兹试图安慰他，说："您怎么能想到死呢？我的大师，您是不朽的！"斯蓬蒂尼生气地反驳："别开这种恶劣的玩笑！"[1]

# 丹尼尔·奥柏

(Daniel AUBER, 1782—1871)

法国作曲家，创作了42部歌剧。他的《波尔蒂契的哑女》(一名《马萨尼耶洛》)如此生动了描述了1647年那不勒斯的起义，以致1830年第一次在布鲁塞尔上演时，引发了比利时革命。

· *211* ·

……我亲爱的老朋友奥柏这天下午来看我……[2]战争中他一直待在巴黎，身心俱疲。他看上去很憔悴，这是我从认识他起第一次看到他这样消沉、郁郁寡欢。他已经86岁了，现在的样子就有那么老。他是一个真正的巴黎人，热爱巴黎，哪怕是在难以忍受的夏天他也不曾离开。我完全可以想象他看到深爱着的城市

---

[1] 由于斯蓬蒂尼死在家乡马约拉蒂，而当时柏辽兹在巴黎，所以这故事只是个段子。
[2] 莉莉·德·海格曼-林登克朗(Lillie de Hegermann-Lindencrone) 1871年3月24日的巴黎日记。她是麻省剑桥的一位业余歌手，原名莉莉·格里诺夫(Lillie Greenhough)，后来嫁给美国银行家、丹麦大使，进入巴黎和罗马的上流社会，得到了许多著名音乐家的信任。

*Book of Musical Anecdotes*

变成现在这样有多伤心。他有着不祥的预感，忍受着不安的折磨。他向我描述了勒孔特将军被杀的可怖场面！暴徒们在他家抓住他，把他拖到一所房子的花园里，然后告诉他审判将由战争委员会执行，让他可怜巴巴担惊受怕地等了一个小时。

克莱门特·托马斯将军的死就更可怕了。奥柏跟他很熟，说他非常绅士、有副好心肠。他们把他押送到可怜的勒孔特将军所在的花园里，推到墙边，开枪打死了他。然后他们对着另一个受害者说："现在轮到你了。"勒孔特将军徒劳地哀求进行公正的审判，并提到了自己的妻儿。但那些暴徒根本不为所动，也朝他开了枪。勒孔特跪倒在地，他们拽住他的脚，继续朝他尚有余温的身体上开枪。当平民们涌进来后，在他的尸体旁跳舞狂欢。奥柏说："当看到这一切，我的心简直在流血。唉，我已经活得太久了。"

· 212 ·

奥柏从来不出席任何一场自己歌剧的演出。他说："如果我去了，我就再也写不出一个音符了。"他很喜欢罗西尼的音乐，于是决定一天晚上去听《威廉·退尔》。他安静地坐着，等待那序曲开始时迷人的大提琴三重奏。指挥走上台，给出了一个手势。哦！太恐怖了！乐队并没有发出大提琴的低音 E，而是一声巨响的减七和弦……原来女主角微恙无法出演《威廉·退尔》……于是指挥临时决定用《马萨尼耶洛》代替。奥柏以 87 岁高龄所能达到的最快速度跳起来，逃离了自己的作品。

# 约翰·费尔德
(John FIELD,1782—1837)

费尔德是爱尔兰作曲家、演奏家和教育家,首创了钢琴的夜曲。他定居在圣彼得堡,学生包括格林卡,还有小说《战争与和平》中罗斯托夫伯爵府上的钢琴家。

· 213 ·

没什么能比费尔德写的夜曲和他本人的教养之间的差距更大的了,而且这两样总是相伴出现。昨天的派对上,他从口袋里掏出一张妻子的小肖像,然后大声宣布她曾是他的学生,他跟她结婚只是因为她从来不付学费,而且也没打算付。这在女士们中间引起了不小的骚动。他还吹牛说自己经常在给圣彼得堡的名媛淑女上课的时候打瞌睡,她们会把他叫醒然后问:"如果您睡觉的话,那我们付一小时20卢布是图什么呢?"

· 214 ·

当他在莫斯科奄奄一息时,朋友们问他是否需要一个牧师。费尔德拒绝了,不过一个英国牧师仍然被叫到了他的床边。

"您是新教徒吗?"牧师问。

"不是。"费尔德说。

"那么是天主教徒?"

"不是。"

"那您一定是加尔文派(Calvinist)?"牧师继续问。

"更不是,"垂死的钢琴家反驳道,"我是一个键盘手

（Clavecinist）[1]。"

## 尼科洛·帕格尼尼
（Niccolò PAGANINI, 1782—1840）

出生于热那亚，帕格尼尼改变了小提琴演奏的本质以及演奏者的舞台形象。他的第二首随想曲（A小调）启发了勃拉姆斯、拉赫玛尼诺夫、卢托斯瓦夫斯基、劳埃德·韦伯等许多音乐家创作变奏。

· 215 ·

这是我们[2]第一次看这位伟大演奏家的演出，尽管之前圈内朋友的评价已经激起了我们的好奇心。我们从乐池低处饶有兴趣地仰望着他，所幸前排绅士的脑袋和女士的帽子中留下了一些空隙，透过其间我们看见了这位音乐奇人瘦长、苍白的脸，表情怪异。他大大咧咧地朝观众鞠了几躬，便进入了演奏状态。他弓在琴上的状态与平日无异，态度坚定，充满了精神力量。我们都觉得他不像别人说的那么老，但他的脸长而憔悴，线条分明，黑发在颈部飘逸，像个疯子。他的衣服剪裁古旧，令前来观看演出的俊男美女们大为吃惊。简言之，很像商店里挂着的他的肖像。他像个大孩子，一生除了拉琴别无所好，对于提琴无所不知，而对传统习俗却一窍不通。同时他脸上却没有那么多你试图寻找的表情，开始他只是比一副面具稍好一些，带着一种挑剔的、沮丧的

---

[1] Clavecin 是法语，意为羽管键琴。——译注
[2] 叙述者是李·亨特（Leigh Hunt, 1784—1859），英国作家。

神情，好像很讨厌自己的音乐，要睡着似的。这种神情持续了几乎整晚。他的热情全部倾注在手和弓上。在乐曲接近结尾时，他表现得更加狂热，身体摆动得厉害，似乎融进了小提琴中去。有时他会向后甩甩头发。谢幕时，他把腰弯得像骆驼，龇着牙笑着，像个丑八怪或是老山羊。

他的演奏的确举世无双。别人能拉好的，他能比这好上百倍。我们从未听过这样的演奏，甚至连想都没想过。他的运弓如泣如诉，好像在反抗、在哀求、在回应。总之，他演出的任何部分都是我们从前闻所未闻的，语言所能表达的效果远不及他演奏的万一。人们坐在那儿完全惊呆了，只能窃窃私语"太棒了！""老天呀！"或者其他不常用的字眼。当大家开始鼓掌时，一些人抓住这机会开始大笑，纯粹是因为无法表达他们的感受。

然而，在我们听完这音乐之后，将来怎么还能忍受那些破烂小提琴和演奏家呢？我们怎么会再去听他们拉琴？那将是多么粗陋、多么无知的声音，简直就是欺骗！当这意大利人离开时，他带走了小提琴演奏艺术，除非他能在我们当中收个徒弟继承他的衣钵。如果这样的话，那些号称技艺精湛的演奏家，就只能在他的学校里当琴童，从头学起。

### · 216 ·

他去霍兰德大公府上演奏时，一个人说了个故事请他即兴创作演奏。故事是这样的，一个儿子杀死了父亲，潜逃以后成了拦路抢劫的强盗，但他爱上了一位姑娘，这姑娘却不顺从他。他把她带到了一处荒芜之地，突然和她一起从山崖上跳进了深渊，于是两人永远地消失了。帕格尼尼静静地听完故事，让大家熄灭所

*Book of Musical Anecdotes*

有的蜡烛，然后开始演奏。他用极其恐怖的音乐诠释了刚才的故事，几位女士当场昏倒。当再次点燃蜡烛时，整个沙龙看起来像个战场。

· 217 ·

［在都柏林］大家如此热切地想看帕格尼尼的演奏，我[1]见到一个人居然当掉了外套，走进了剧场最便宜的顶楼座位……

一辆配有四匹马和骑乘侍从的马车把我们从都柏林接到郊外的黑石区（爱尔兰总督的府邸所在）。

晚餐时，我坐在总督的漂亮千金身边，她问我帕格尼尼是不是真的砍掉了妻子的头，这是当时很多关于帕格尼尼的传闻之一。我不知道应该回答是还是否，只好说："您只要确定他摆弄的不是你我的头就行了。"

· 218 ·

**1831 年帕格尼尼给 F.-J. 费蒂斯[2]的信——**

现在我将告诉您 15 年前在帕多瓦发生的一件事。我的音乐会获得了极大的成功。第二天，我在饭店里吃套餐，因为坐在第 60 桌，没什么人注意到我进了餐厅。一位客人正在说我前一晚的精彩表演，他的邻座完全赞成，还说道："帕格尼尼拉得这么好，一点也不奇怪。他在地牢里被关了八年，只有小提琴能慰藉监禁之苦，他的天才就是在那时练就的。他被判刑是因为他动刀捅了我的一个朋友，也是他的对手。"您肯定能想象，每个人都被我犯下

---

［1］乔治·斯马特爵士（Sir George Smart，1776—1867），英国作曲家、指挥家。
［2］Fétis（1784—1871），比利时评论家、作曲家和音乐传记作家。

的滔天大罪所震惊。然后我走到这位这么熟悉我的历史的先生身边,做了自我介绍,并问他这事儿是在何时何地发生的。每双眼睛都转向了我,想象一下他们看到这出悲剧的男主角时的惊愕吧。说故事的人很尴尬,于是再也没有什么他的朋友被刺的故事了。后来证明他只是道听途说,便信以为真。这就是人们如何诋毁一个艺术家的例子,那些懒惰的人认为只有锁匙才有效果,从来不能理解一个人在自由状态下仍旧可以刻苦钻研。

维也纳还有个更荒谬的故事,能看出那些狂热的人们多么容易上当。我曾经演奏过一个变奏曲叫《女巫》,十分炫技。一个脸色枯黄、神情沮丧、眼睛发亮的人认定我本人的演奏毫无精彩可言,因为他清楚地看到我演奏时有个魔鬼在旁帮我的手臂运弓。我的长相成了恶魔身份的明证——穿着红衣、头上有角、两腿之间夹着尾巴。

·  *219*  ·

一天帕格尼尼拎着小提琴盒,走进了费劳梅的作坊。专家检查了乐器,认为需要将小提琴拆开作一些修整。帕格尼尼站在那儿被吓呆了。犹豫了很久之后他才同意让费劳梅修理,条件是必须在他的眼皮底下工作。于是帕格尼尼坐在房间的一角……焦急地注视着修理过程。凿子在琴身上划刻发出了嘶嘶的断裂声,帕格尼尼立刻从椅子上弹了起来。每次用到工具都像在拷打他,豆大的汗珠从他额上冒出,他爱这把琴胜过世上一切。他说,听到那声音,就像凿子戳进了自己的身体一般。

·  *220*  ·

帕格尼尼几乎每天下午都去伯纳德·莱特在歌剧院大道的乐

器店，裹着一件披风在那儿坐上一个小时，旁若无人，甚至很少抬起他那锐利的黑眼睛。他是巴黎的一道风景，我[1]经常去那儿好奇地看着他，直到一位朋友介绍我们认识，他邀请我去拜访他，我简直求之不得……

他严肃地坐在那儿，一言不发，哪怕是脸上的肌肉也纹丝不动。我怔怔地坐在那儿，每当他那神秘的目光落在我身上时，我便像触了电一般。他经常让我演奏，大部分时候他不说话，只用那骨瘦如柴的手指着钢琴，从他重复的举动来看，我只能大概猜出他还不讨厌我的演奏，但从他嘴里也听不到任何鼓励的字眼。我是多么想听他那难以形容甚至无法想象的演奏啊！我很小的时候就听说过帕格尼尼，大家都说他的演奏是超自然现象，而现在我就坐在他对面，但是只能看着那双创造奇迹的手。在一次永生难忘的场合下，在我演奏完之后，我们沉默了很久，帕格尼尼起身走向琴盒。那时我的心情难以想象，我浑身颤抖，心脏简直就要跳出胸口，事实上，哪怕是第一次与爱人约会的年轻情人也不可能有比这更激动的心情。帕格尼尼打开了琴盒，拿出小提琴，开始仔细地用手指调音，没有用弓。我激动得快要失控了。当他调好音后，我在心里对自己说："马上，马上，他就要拿弓了！"他仔细地把琴放回去，又关上了盒子。我就是这么听了帕格尼尼一次。

· 221 ·

### 柏辽兹回忆——

帕格尼尼煽动我写了《哈罗尔德在意大利》。虽然之前已经演

---

[1] 查尔斯·哈雷爵士（Sir Charles Hallé, 1819—1895），指挥。

过好几次，不过他回来后还没演过，所以他对这作品并不熟悉，那天是第一次听到。

音乐会刚结束，我大汗淋漓、筋疲力尽到浑身发抖，这时帕格尼尼带着他的儿子阿基利斯来到乐队边门看望我，一边夸张地比画着。由于他最终死于喉部感染，这时他几乎完全失声了，只有周围环境极度安静时，他的儿子才能听到他的只言片语，然后猜测他要说什么。他对孩子做了个手势，孩子爬上一张椅子把耳朵凑近他的嘴，仔细地听着。

然后阿基利斯爬下来，转身对着我说："先生，我爸爸想让我告诉您，他一生从来没听过令他如此感动的音乐会。您的音乐完全征服了他，他简直想跪在地上感谢您。"听到这些奇怪的话，我感到很尴尬，但帕格尼尼抓住我的手臂，挣扎地发出一丝声音："是的，是的！"他把我拖上了舞台，那儿还有许多乐手，他当场跪下，吻了我的手。我无须描述当时我是多么惊慌失措，只要叙述事实就够了。

［第二天阿基利斯给柏辽兹送去一封信，并且要求必须在他走后才能打开。］我当时肯定脸色苍白，因为那一刻我妻子走进房间时，看到我手里拿着一封信脸色不安，就叫道："又出了什么事？又倒什么霉了？鼓起勇气来！我们已经吃过不少苦了。"

"不，不，恰恰相反。"

"那么是什么？"

"帕格尼尼。"

"嗯，他怎么了？"

"他给我送来了——两万法郎。"

"路易！路易！"亨丽叶塔叫着，心烦意乱地跑去找我儿子，他在隔壁房间玩。"过来！到妈妈这儿来！感谢上帝为你爸爸做的一切。"然后我的老婆孩子一起跑回来，跪在我的床边，妈妈祈祷着，孩子惊讶地拉着她的手。哦帕格尼尼！这是怎样的景象啊！……他能看见该多好啊……

· 222 ·

在他生命的最后一晚，他显得异常平静。他睡了一小会儿，醒过来时，他要求把床边的窗帘拉开，以便可以凝视那轮满月，平静地步向纯洁广阔的天堂。当凝视着明亮的星球时，他再次昏昏欲睡，但树木的耳语叫醒了他，现实的美好在他心中激起了甜蜜的涟漪。在这肃穆的时刻，他似乎极度想将他曾经拥有的一切温柔的感知还给大自然；他伸手去拿那施了魔法的小提琴（他旅途中最忠诚的伴侣），将最后的乐音，一个充满旋律的生命最后的叹息带进了天堂。

## 路德维希（路易）·施波尔

[Ludwig（Louis）SPOHR，1784—1859]

德国作曲家、小提琴演奏家、指挥家，他自称将指挥棒引入了英国。

· 223 ·

1808年，施波尔为了亲眼见一见拿破仑来到埃尔福特，这里正在举行亲王会议。他说服了乐队的第二圆号手让出当晚的座位，于是从没吹过圆号的施波尔练了一整天，嘴唇吹得又黑又肿。踏进剧院，他发现原来乐手们背对着贵族观众，而且有严格的规定不许回头。不畏困难的施波尔在口袋里放了一面镜子,总算在演出时偷看到了拿破仑。

· 224 ·

### 施波尔回忆——

轮到我在伦敦指挥爱乐音乐会时,我制造出了不亚于自己独奏的精彩效果。当时的习惯是,乐队演奏交响乐或序曲时会有一位钢琴家坐在钢琴旁,面前放一本乐谱。他并不完全是为了指挥乐队,只是看着谱,不时地弹几个音提示乐队。这种情况下,效果通常很糟糕。真正的指挥是首席小提琴,他给出节拍;要是乐队有打架的迹象,他会用琴弓打拍子提示。爱乐乐团乐手数目庞大,由于大家隔得很远,根本不可能一齐奏出旋律。尽管乐手们的独奏水平极高,但合奏的整体效果远远不及德国乐团。轮到我指挥的时候,我决定修整一下这个效率低下的系统。幸运的是,在演出那天早上的排练中,斐迪南·里斯先生出现在钢琴边,他很乐意将乐谱交给我,并且对整个过程都未加干预。于是我带着乐谱站上乐队正面的指挥台,从上衣口袋里拿出一根指挥棒,给出了开始的手势。几位首席对这种新鲜的方式很警惕,本来想抗议,但是我请求他们至少让我试一次,于是他们安静了下来。排练的交响曲和序曲我都很熟悉,在德国我已经指挥过多次了。于是我以一种果断的手势给出了节奏,并提示管乐器和圆号何时进入,给了他们一种以前完全没有过的自信。当演奏没有达到我的要求时,我让他们停下来,以一种礼貌但严肃的态度讲解演奏的方式,并由里斯先生通过钢琴向乐队演示。乐队在这种可见的、精确的指挥下,比平时更专心,他们以一种前所未有的活力准确地演奏乐曲。在交响曲的第一乐章结束后,整个乐队被这种和谐的效果怔住了,立刻全体同意采纳这种新的指挥模式……

晚上演出的结果比我期待的还要激动人心。一开始,观众们被这新鲜方式吓了一跳,开始窃窃私语;但当音乐开始时,整个乐队以一种不同寻常的力量和精确度奏出了这首耳熟能详的交响曲,第一乐章一结束,大家就以长时间的掌声来表达他们的赞许。用指挥棒来打拍子是一个决定性的胜利,从那以后演出交响曲和序曲时,钢琴旁边再也不会有人出现了。

## 卡尔·玛利亚·冯·韦伯
(Carl Maria von WEBER, 1786—1826)

韦伯的父亲是唱诗班领唱,他的老师是米夏埃尔·海顿。他1821年创作的歌剧《自由射手》获得了巨大的成功。

· 225 ·

韦伯痛恨符腾堡的腓特烈,这位国王反复无常,每日都要作恶,韦伯在他的宫门前必须脱帽潜行,而且国王根本不把他当人对待。

……这天他在国王那儿受了腌臜气,正要离开国王的私邸时,在走廊上碰到了一个老女人,问他宫廷洗衣女仆的房间在哪里。"那儿!"气呼呼的年轻人指向国王的房间。老女人进去后,立即遭到了国王狂暴的责骂,原来他最讨厌老女人。女人结结巴巴地供出刚刚走出来的年轻人告诉她这里是"宫廷洗衣女仆"的房间,于是盛怒的暴君立刻猜到了谁是罪犯,当场派了一名军官去逮捕他……把他投进了大牢。

## · 226 ·

1826年对韦伯来说不是什么好年头,那年罗西尼也在伦敦,他被邀请去参加无数的音乐聚会,邀请韦伯的却寥寥无几。在银行家夫人库茨女士举办的聚会上,一位女士付了二十六镑五先令要求韦伯演奏《自由射手》的序曲。他拒绝了,说这不是为钢琴创作的。这女士立刻拿来一份印刷乐谱,上面写着:"作曲家为钢琴而改编。"韦伯只好走到钢琴旁开始演奏。弹完了以后,他走过来问我[1]:"那女人是谁?"我说:"吉尔福德夫人。""她给我上了一课,"他说,"我再也不会把序曲改成钢琴曲了。"

## · 227 ·

莫里指挥的彩排相当精彩,韦伯坐在一张扶手椅上听了非常满意。通常他说话像是耳语,只有一次提高了声音。合唱队在康塔塔部分向上帝祈祷,开始竭尽全力地唱出高音;韦伯立即叫停,"嘘,嘘,你们在上帝面前就这么尖叫吗?"

## · 228 ·

6月5日早上,乔治·斯马特爵士急急忙忙召我[2]去他家。昨晚11点钟,弗斯滕瑙把韦伯送进卧室,但今天早晨朋友们发现他的卧室门反锁着,而他答应过大家不锁门。锁门说明他晚上肯定起来过。无论大家怎么敲门都是徒劳,里面悄无声息。于是乔治爵士叫来我和其他几个朋友,然后把门砸开。吵闹没有打扰梦中人,他已沉入了死亡的梦乡。他的头靠着左臂,静静地躺在枕

---

[1] 乔治·斯马特爵士(Sir George Smart, 1776—1867),英国作曲家、指挥。
[2] 伊格纳茨·莫谢莱斯(Ignaz Moscheles, 1794—1870),钢琴家、作曲家。

头上……任何言语都无法描述我深切的悲伤。我一直觉得韦伯是一位自成一格的作曲家,他的不朽光辉将在莫扎特、贝多芬和罗西尼之间摇摆不定的公众引回了我们德国音乐。梳妆台上有一张他手写的洗衣单,我把它夹进了口袋,以后一直伴随着我。

## 贾科莫·迈耶贝尔

[Giacomo MEYERBEER,原名雅各布·利伯曼·比尔(Jakob Liebmann Beer),1791—1864]

柏林出生的作曲家,主要居住在巴黎,将继承的财富挥霍在奢华的舞台背景和无穷无尽的排练上。

· 229 ·

一次在柏林,合唱队在唱《胡格诺教徒》时非常温柔。迈耶贝尔生怕这软绵绵的声音会令《匕首的祝福》那一场失去应有的效果,于是叫来领唱,问他怎么才能让合唱更有精神。

"唔,"这博学的人说,"同等对待——给大家提提神吧。"

"什么数目能让这些先生们尽最大努力呢?"迈耶贝尔问。

领唱说了一个数目,立刻就得到了满足。大家一转身就把钱都花掉了。果然有效果!大合唱时歌手们个个精神抖擞,声嘶力竭,结果糟蹋了整场演出。

· 230 ·

柏辽兹——

迈耶贝尔不仅幸运地拥有了天才,而且很天才地拥有了幸运。

· 231 ·

保莉娜·维亚尔多[1]有一颗龅牙。她曾被安排饰演《先知》中的费迪丝一角，好几个密友请求她拔掉那颗牙，均不成功。最后几次排练中，迈耶贝尔走到她跟前对她说，如果她不肯拔掉那颗影响恶劣的门牙的话，他将不得不遗憾地换人。她承受不起这后果，只能拔了牙，然后将牙齿送给了作曲家。第一场演出结束后，迈耶贝尔来到她的房间，送给她一串手链，在宝石的环绕中有一颗白色主石，也就是那颗门牙。

· 232 ·

罗西尼和一个朋友在林荫道上散步，碰见了迈耶贝尔，于是互相致礼。

"我亲爱的大师，您身体怎么样？"迈耶贝尔问道。

"不行喽，不行喽。你知道我消化不好，还有我可怜的头。唉，我恐怕是一天不如一天了。"

寒暄完了各人继续散步。罗西尼的朋友问："您怎么能编出这样的故事呢？您从来没像现在这么健康过，却说什么一天不如一天。"

"啊哈，"罗西尼回答，"当然了。但是那样说有什么不好呢？你看他多么高兴。"

· 233 ·

迈耶贝尔喜欢疯狂地听自己的音乐被一遍又一遍地排练，却不同意上演。一次，他像往常一样到罗西尼那里抱怨，唉声叹气。

---

[1] Pauline Viardot（1821—1910），女中音，玛丽亚·玛利布兰的妹妹，屠格涅夫的密友。

"你今天又怎么啦?"罗西尼问。"噢,大师,"他说,"我再也受不了那些痛苦了,我不知道该怎么做。"罗西尼当然知道他刚听完一次排练,就说:"我来告诉你是怎么回事:你听自己的音乐听得太多了。"

· 234 ·

迈耶贝尔死后不久,他那年轻的侄子写了一首葬礼进行曲,拿去给罗西尼看。当年轻人在钢琴前弹完这首乐曲,罗西尼说:"很好,很好。不过说实话,如果你死了,由你可怜的叔叔来写进行曲是不是更好?"

## 卡尔·车尔尼
(Karl CZERNY, 1791—1857)

维也纳作曲家,15岁开始靠教钢琴谋生,指导过李斯特和塔尔贝格,他创作的练习曲至今仍在折磨学生。

· 235 ·

1845年我[1]离开维也纳之前,车尔尼希望我去探望他。这位备受尊敬的音乐家住在三层楼的宽敞大套房里……

当我走过他的书房时,他请求我看一看他收藏的英国文学。"看,我有你们的拜伦、司各特的全集,还有你们不朽的莎士比亚——他像是你们的贝多芬,对吧?上帝的宠儿,对吧?"我们的对话持续了一段时间,我问道:"您怎么能找到时间写那么多作品呢?"他回答:"要是我告诉你我到28岁才出版第一部作品、

---

[1] 约翰·埃拉(John Ella, 1802—1888),英国音乐会组织者、音乐作家。

但我写的东西比任何抄写员都要多,你一定会更惊奇吧?你可以想象一下,我写了一千多首还没出版的作品,而且从来没雇过抄写员为出版做准备。"

我很好奇他描述的工作方式的真实性,他说他可以同时写四部作品。对于我的惊讶,车尔尼微微一笑。

他书房的每个角落都有一个书桌,上面放着一份未完成的乐谱。

"亲爱的埃拉先生,您看我正在为英国人工作。"他让我看第一张桌上为 D'Almaine 公司改编的一长串民族乐曲;第二张桌上是为 Cocks 公司抄写的贝多芬交响曲双钢琴版,完成了一半;第三张桌上是他编辑的巴赫赋格的新版本;第四章桌上是他正在创作的大型交响曲。每写完一页后,他就会换一个桌;等到他在第四桌上写完一页,又回到第一桌;这就是这位音乐家的机械生活。难怪他自己的作品都带着一种挑灯夜战的匠气。

## 焦阿基诺·罗西尼
(*Gioacchino* ROSSINI,1792—1868)

罗西尼在 30 岁时便已凭借一系列喜歌剧享誉国际。1829 年之后他再也没有写过任何舞台作品,在巴黎式的慵懒中度过了下半生。

· *236* ·

博洛尼亚的老派人士……批评他违反了许多作曲规则,说的挺有道理,罗西尼也没有否认。"如果我有空多看两遍草稿,就不会有这么多错了。但你们也清楚,他们只给我不到六周的时间写一部歌剧。第一个月我总是玩玩乐乐,像我这样的年纪就有这样的成就当然应该享乐,难道你们要让我等到老掉牙的时候再享乐吗?在最后两星期里,我每天早晨都写一首二重唱或者咏叹调,晚上就排练。你们说,我怎么发现得了伴奏部分的那一点点小毛病呢?"

· 237 ·

[罗西尼回忆 1822 年他和诗人卡帕尼一起去拜访贝多芬的情景。]我登上楼梯,直通那位伟人的陋室……我发现自己置身于阁楼中,到处又脏又乱。我特别记得那屋檐下的天花板,下雨的时候雨水肯定会顺着缝隙流成河的……

我们走进屋时,他没有注意到我们,仍旧弯着腰工作。不久,他抬起头,用基本能让人听懂的意大利语说:"啊,罗西尼,你就是《塞维利亚理发师》的作者?祝贺你!这真是一部杰出的喜歌剧呀,我看的时候很高兴。只要意大利歌剧还存在,它就会演下去。别写其他的了,就专门写喜歌剧吧!"……

这是一次短暂的拜访,一半的对话需要通过写字进行。我表达了对他的才华的无比敬仰,他用一声叹息和一个简单句子作答:"唉,一个不幸的人!"然后,他预祝我的《采尔米拉》获得成功,就起身送我们出门,并说:"尤其要多写点理发师那样的……"

当我走下那破败的楼梯时,禁不住潸然泪下……

· 238 ·

李斯特来他的小房子看望他,并在那架小型的百雅钢琴上即兴弹了一段狂乱的旋律。他弹完后,罗西尼说:"我更喜欢另一首。""另一首?"李斯特没听明白。"海顿的《混沌》[1]( Chaos )。"

---

[1]《创世记》中的一节。Chaos 一词有混乱义。——译注

罗西尼说。

· 239 ·

詹姆斯·罗斯柴尔德男爵给罗西尼送去了一些上好的温室葡萄。罗西尼为了表示感谢，写信回复："您的葡萄的确好吃，但我不会用吃葡萄丸子代替喝酒。"于是男爵明白了他的意思：再送几瓶上等的拉菲名酒来。

· 240 ·

他曾经坦白地说："我认为没有什么事情比吃更重要了，我的意思是真正的吃。胃口之于胃好比爱之于心。胃是指挥，统治着我们激情的大乐队，并令之行动。低音管咕哝着不满、短笛尖叫出渴望，对我来说就像是空荡荡的胃。而吃饱了的胃，则是三角铁或定音鼓敲出的兴高采烈。至于爱情，我将之看作一级棒的首席女伶，能将抒情曲烙进你的脑子，令耳朵陶醉，令心灵愉悦。吃（请注意罗西尼把吃放在第一位！）、爱、唱歌、消化，这四幕戏组成了生活这出喜歌剧，它们就像香槟的泡沫，在它破碎前没有品尝过它的人通通是傻瓜。"

这位能够如此坦诚地公开自己的食欲、宣称"松露是蘑菇里的莫扎特"的音乐家，无疑是一位造诣非凡的美食家。但一天早晨我[1]看到他时，他似乎对面包、牛奶也挺满意。

· 241 ·

"你知道，每个去找他的人都是那样的结果。他穿着大睡袍坐在那儿打着哈欠，一个穿着破烂的可怜家伙被带进来，当然急于

---

[1] 利奥波德·奥尔（Leopold Auer，1845—1930），匈牙利小提琴家、教师。

碰碰运气，罗西尼也很配合——他对这些倒霉蛋可是很慷慨的！

'那么，'他说，'我能为你做什么呢，艺术家？你的嗓子怎么样？'

'罗西尼先生，我不会唱歌。我会乐器，如果您能——'

'啊哈！那么是什么乐器呢？'

'鼓，先生！如果您能允许我为您演奏——'

'噢，比如！'罗西尼叫着，爆发出一阵大笑。'不，谢谢你了。再说我们这儿也没有鼓。'

'但我带着鼓呢。'

'见鬼！但我实在不忍心这样麻烦您！'

然而职业乐手可不那么容易被打发走。他拿出了鼓，于是罗西尼强打精神准备忍受折磨。演奏者说：'我非常荣幸为您演奏《鹊贼》序曲。'

'哈！'……罗西尼再次大笑。接着，这家伙立刻开始演奏。在咚咚敲打了一阵序曲开头的进行曲后，他对自己制造的噪音很满意，抬头说道：'先生，这里有60个小节的休止，我们跳过去继续——'

'千万别这么做，'罗西尼严肃地说，'求你把它们数完吧！'"

· 242 ·

中午，他戴上假发，遮住大大的秃脑袋（之前他的脑袋上包着一块毛巾），然后穿戴整齐。他每天1点钟都要出门。他碰见第一个马车夫，就打招呼并问他："你的马儿们累吗？"当这倒霉的车夫说"不累"时，罗西尼绝不会坐他的车。他只相信疲惫的马，而且终其一生从未上过火车。

*Book of Musical Anecdotes*

· 243 ·

一天早晨,巴黎的一个流浪手风琴艺人碰巧在罗西尼的窗前演奏了阿莱维的《奎多和吉内芙拉》中的一首浪漫曲。罗西尼将这倒霉孩子叫进房间,抓住他不停地摇晃,大叫道:"小混蛋,你是什么意思?"

"先生!"不幸的小罪人喊道,"别打我!"

"是不是有人付钱让你在我窗口拉这狗屁音乐?回答我!小崽子!快说!"

小孩向他知道的所有意大利神明发誓,没有这回事。

"你骗人!坦白说吧,谁让你到这儿来用这糟糕的音乐毒害我?"

"没有人,先生!"

但狂怒的罗西尼才不相信这并非蓄谋。最后,他给了这街头艺人两个金币,那孩子摸到金币的时候眼睛立刻瞪大了。

"拿去!"罗西尼说,"给你的手风琴加点新曲目——《坦克雷迪》中的咏叹调。然后,到阿莱维先生的窗口下去拉60次!听明白了吗? 60次!"

"是!先生!"小孩结结巴巴地说。

"也许以后他能学会怎么写音乐!"

· 244 ·

奥柏问他是否喜欢《汤豪舍》的演出,罗西尼带着一种挖苦的笑容回答:"这是那种必须听上好多遍的音乐。不过我没打算听第二遍。"

*Book of Musical Anecdotes*

· 245 ·

罗西尼说:"瓦格纳先生创作过一些优美的瞬间,不过大部分时间都很糟糕。"

· 246 ·

"我的不朽声名?"罗西尼说,"你知道什么能令我不朽吗?……《威廉·退尔》的第三幕、《奥赛罗》的第二幕、《塞维利亚理发师》的全部……还有那简洁而高贵的'摩西的祈祷'[1810年的《摩西在埃及》选段]……"我[1]问他是否是爱情、饥饿或痛苦给了他创作的灵感,因为饥饿和爱情都有那种让人妙笔生花的力量。"我来告诉你,"他说——从他脸上那略带讥嘲的笑容我就知道肯定会有乐事,"我有一点不幸。我认识一位公主 B-g-e,她非常激情,有副好嗓子,经常和我彻夜长谈或者唱二重唱。这种表演挺耗精力,以至于我在写'祈祷'的时候要喝一些草药。当我在写 G 小调合唱的时候,突然把笔戳进了药瓶而不是墨水瓶。我在纸上弄了一块污渍,当我用沙子把污渍弄干时(当时还没有发明吸墨纸),顿时有了把 G 小调改成 G 大调的灵感。如果你一定要问什么启发了我,就谢谢那块污渍吧。"

· 247 ·

庄严的"祈祷"[2]其实是后加的,为了掩饰"过红海"那荒唐的舞台场景。罗西尼正懒洋洋地倚在床上,周围有几个朋友。这时剧作者托托拉冲进房间,大叫道:"大师!我挽救了第三幕!我

---

[1] 路易斯·恩格尔(Louis Engel),英国评论家。
[2] 摩西的祈祷。

在红海那段前面加了一段希伯来人的祈祷！"当大师正辨认那潦草字迹时，托托拉小声对其他人说自己只花了一小时就写好了。"什么？一个小时？"罗西尼叫道，"给我笔！我一刻钟就能把音乐谱出来！"

· 248 ·

**苏利文爵士——**

"一天早上我顺道去拜访罗西尼，他正在写一首小曲。我问他：'写什么呢？'他很严肃地回答：'今天是我的小狗的生日，每年我都会为它写首小曲儿。'"

· 249 ·

罗西尼去世之时天色已晚。在他断气时，他那忠诚的伴侣[1]并不在场，她有更重要的职责——给小狗洗硫黄澡。在被告知丈夫去世后，她走了进来，把手放在他头上，摆出一个夸张的姿势说："以罗西尼之首起誓，我绝不会玷污他的名声。"考虑到她那时都快70岁了，这自我克制的决心下得可真够坚决的！

# 弗朗茨·舒伯特
(Franz SCHUBERT, 1797—1828)

维也纳作曲家，创作了逾六百首艺术歌曲以及许多管弦乐、室内乐作品。"我的作品是天才与苦难的产物。我在最悲苦的时候创作的作品似乎最受人喜爱。"

---

[1] 他的第二任妻子奥琳佩。他的第一任妻子是女高音伊莎贝拉·科尔布兰（Isabella Colbran，1785—1845）。

### · 250 ·

舒伯特还是个孩子的时候，就将克洛卜施托克的诗歌谱成了艺术歌曲。他问一个听过这音乐的朋友觉得怎么样，他是不是应该继续写下去。朋友回答，你已经是第一流的作曲家了。但舒伯特说："有时候我独处的时候也会这么想，但是在贝多芬之后谁还能有所建树呢？"

### · 251 ·

一天晚上，几个朋友听完《坦克雷迪》后，一致称赞罗西尼的音乐，特别是他的歌剧序曲。只有舒伯特觉得这称赞言过其实，他声称要写这么一种风格的序曲简直是小菜一碟。朋友们许诺如果舒伯特做到了，他们就请他喝一杯上等好酒。于是舒伯特当即写了两首歌剧序曲，题为《意大利风格序曲》。

### · 252 ·

有舒伯特在的夜晚总是美酒无度，当福格尔唱着那些美妙的艺术歌曲时，可怜的弗朗茨·舒伯特就必须无休止地伴奏，直到他那短胖的手指不听使唤。碰上我们[1]的社交娱乐就更糟了，为了省钱只能吃热狗，不过漂亮妞倒是不少。我们亲切地叫他"伯特"（Bertl），让他不停地弹琴，从最新的华尔兹弹到无止尽的四对舞。弹完以后，这矮矮胖胖、满头大汗的可怜人才能休息一会儿吃点东西。他偶尔也会溜走，于是"舒伯特小圈子"就得在没有舒伯特的情况下继续。

---

[1] 叙述者是爱德华·冯·鲍恩菲尔德（Eduard von Bauernfeld），奥地利剧作家、狄更斯的翻译者。

· 253 ·

舒伯特和朋友们经常碰面的地方现在还在,就是位于希梅尔弗大街"匈牙利皇冠"饭店的一楼。在那些夜晚,来的客人有画家……诗人……政府官员。这些人给舒伯特起了个外号叫"能干先生"(The Kanevas),因为每次有陌生人进入他的小圈子,他问朋友的第一个问题永远是:"他能干吗?"(Kann er was?)

· 254 ·

他像所有艺术青年一样爱喝酒。当那葡萄酿成的汁液流进他的血管后,他并不会发酒疯,只是躲到一个僻静角落,酝酿一种激情。他成了一个大笑的暴君,可以不出声地毁掉所有的玻璃杯、碟子、茶杯等等。然后坐着傻笑,把眼睛挤到最小的地步。一次在酒廊他喝多了,结账的时候他把手放在桌子底下,让服务员猜他伸出了几个手指头,从而确定他喝了几品脱。舒伯特的一个朋友提到过,所谓的男声"醉酒四重唱"就是在舒伯特喝得烂醉之后写成的。

· 255 ·

一个夏天的午后,我们和弗朗茨·拉赫纳[1]等人一起逛到格林津去品尝新酿白葡萄酒,舒伯特尤其喜欢这酒,不过我不太能接受那种较干的口感。我们喝着酒一直聊到晚上,我想直接回家,但舒伯特拉着我去了一间小酒馆,又去了一家咖啡屋,打算在那儿结束这美妙的夜晚。1点钟时我们喝着热潘趣,热烈地讨论着音乐,不巧两个歌剧院乐队中的著名乐手走了进来。舒伯特停止

---

[1] Franz Lachner(1803—1890),德国指挥、作曲家。叙述者是爱德华·冯·鲍恩菲尔德。

了争论。两个乐手冲向他,握紧了他的手,不停地讨好他。不久他们的意思就清楚了,他们需要新作品开音乐会,并且还要有他们的独奏部分,希望舒伯特大师能够帮忙……

听了几番请求后,他突然说:"不,我什么也不会为你们写。"

"不为我们写?"两人很惊讶。

"不,无论如何也不。"

"可是为什么呢,舒伯特先生?我们跟您一样是艺术家,维也纳再也找不到比我们好的了。"

"艺术家!"舒伯特叫起来,把潘趣酒杯往后一扔,从椅子上站起来,"你们是老油条!其他什么也不是!你们一个在木头棍上咬着铜塞子,一个在圆号上鼓着腮帮子,这就叫艺术了?这是一种手艺,熟能生巧罢了。我是一个艺术家!我!我是舒伯特,弗朗茨·舒伯特!人人都知道我、认识我,我已经写了你们根本不可能懂的伟大作品,我还会写更多更美的康塔塔、四重奏、歌剧和交响曲!那些白痴报纸说我仅是个写连德勒舞曲的作曲家,还有一群白痴跟风,但我是舒伯特!弗朗茨·舒伯特!"……

第二天早晨,我急急忙忙去看望朋友们,结果发现舒伯特还在床上,看上去很快就睡着了,眼镜还留在脸上。"噢,是你?"他认出了我,扶了扶眼镜,不好意思地给我他的手。我禁不住提到了昨晚的那一幕。"这些无赖,"舒伯特毫不担心,"我会给他们写独奏的,他们照样会来奉承我。我太了解这些人了!"

· *256* ·

一天拉赫纳去看舒伯特时,他不在工作状态。"我们喝点咖啡吧。"舒伯特说着,拿出一个旧研磨机,称之为"我最珍爱的财宝",

然后取出一些咖啡豆开始磨。突然他欢呼道:"有了!有了!你这生锈的小机器!"他把研磨机扔到角落,咖啡豆到处乱飞。"弗朗茨,你有什么了?"拉赫纳问道。"这研磨机真是个好东西,"舒伯特兴奋地解释,"旋律和主题自己飞来了。你看,ra-ra-ra……我花上几天都想不到的点子,这小机器一秒钟就发现了。"然后他开始唱出D小调弦乐四重奏《死与少女》的主题,拉赫纳忠实地记录了下来。

· 257 ·

一天早晨舒伯特送了几首艺术歌曲给迈克尔·福格尔精读。歌唱家当时正好挺忙,就跟作曲家另外约了时间,把歌曲放在一边。后来福格尔闲下来时看了这些歌曲……有一首特别中意……就是调子太高了。于是他换了一个调,重新抄了一遍。两星期后,这两位艺术家和朋友雅集时,大家提议来点新作品,福格尔二话不说,就把这首变过调的歌谱放在钢琴上。当舒伯特听到这变过调的作品,兴高采烈地用维也纳方言大喊:"嗯!真不错啊!是谁写的?"

· 258 ·

1827年冬,斐迪南·希勒[1]和他的老师胡梅尔同去维也纳,听了迈克尔·福格尔演唱舒伯特歌曲的音乐会,而且是作曲家亲自伴奏。16岁的希勒和胡梅尔一样看得目瞪口呆,"他把前半个世纪的音乐都抛在了后面",整场音乐会都在感动落泪。他决定去拜访这位不知名的作曲家。第二天一早希勒就去了舒伯特家徒四壁的寓所。一进门,舒伯特正站在一个高台子旁边创作。希勒看到成堆的新手稿散在四处,立刻叫道:"您写得真不少呀!"舒伯

---

[1] Ferdinand Hiller(1811—1885),德国作曲家、指挥。

特严肃地回答:"我每天早晨都作曲,写完一首,就开始另一首。"

### · 259 ·

他曾经要求本尼迪克特·兰德哈汀格(Benedikt Randhartinger)借给他15弗罗林付房租,以免被扫地出门。兰德哈汀格立刻给了他钱,两人一起去业主那里付房租。当他们路过格拉本大街时,舒伯特想起音乐出版商迪阿贝利在这里有间店铺,就说:"亲爱的本尼迪克特,如果这里的人能付给我稿费,我现在就能还你钱。他们有我的许多作品,但每次我要钱的时候,他们总是会说成本太高,我的歌曲带来的收入太少。我去了迪阿贝利那里12次,一分钱都没拿到过。我再也不会给他们任何一首歌曲了。"他将12卷艺术歌曲的版权卖给迪阿贝利,只拿到800弗罗林;而据说迪阿贝利仅从其中一首《流浪者》就赚到了36000弗罗林。

### · 260 ·

1827年3月29日贝多芬的葬礼上有两万名哀悼者,弗朗茨·舒伯特也是其中之一。在魏灵公墓的仪式结束后,他和朋友们去了一间酒吧。舒伯特举起酒杯,第一句祝酒词是:"为我们刚刚埋葬的人!"第二杯他说:"为下一个离去的人!"20个月后,也就是1828年11月19日,舒伯特去世了,年仅31岁。

### · 261 ·

舒伯特的情绪变得越来越阴郁。当我问他怎么回事,他只是说:"不久你就会听到,到时候就明白了。"一天,他说:"今天到肖伯[1]家来,我会为你们唱一组令人惊叹的歌曲。"当晚他饱含深

---

[1] 弗朗茨·冯·肖伯(Franz von Schober,1796—1882),诗人。

情地唱了整套《冬之旅》。我们完全被那种忧郁的气质惊呆了,肖伯说他只喜欢那首"菩提树"。舒伯特回答:"我喜欢这套歌曲超过任何其他歌曲,将来你们也会喜欢的。"这些就是他的天鹅之歌。从那以后他便成了一个病人。

· 262 ·

**舒伯特最后的信——**

1828 年 11 月 11 日

亲爱的肖伯:

我病了,已经 11 天不吃不喝了。我很累,总在发抖,只能从床上走到椅子前,再回到床上。琳娜在照顾我。如果我吃了什么,会马上告诉你的。

在这痛苦的情境下,如果你能够帮我一点小忙就太好了。我已经读了库珀的《最后的莫希干人》《间谍》《舵手》《拓荒者》。如果你有什么他的其他作品,请放在咖啡屋的冯·伯格纳太太那里,我尽职尽责的兄弟会帮我带来的。

你的朋友

舒伯特

# 盖塔诺·多尼采蒂

(Gaetano DONIZETTI, 1797—1848)

意大利作曲家,创作了约 70 部歌剧,为戏剧女高音提供了《拉美莫尔的露契亚》和《安娜·波莱娜》等非凡的剧目。

· 263 ·

当多尼采蒂被问到他觉得自己写的哪部作品最棒时,他自然而然地回答:"叫我怎么说呢？一个父亲总是更加疼爱跛脚的孩子，而我有太多跛脚的孩子了。"

· 264 ·

我[1]在1840年至1841年间不时地遇到一位卓越人士，他就是多尼采蒂。他是那样一位与众不同、和蔼可亲、衣着体面的谦谦君子，就像他的音乐一样优雅。他还很年轻，不过已经非常高产，那时已经创作了超过40部歌剧。我记得和他谈起罗西尼，问了罗西尼是否真的在两周内写出《理发师》。"噢，我很相信这事，"他说，"他一直都那么懒！"我承认自己当时满怀敬意与好奇看着这个年轻人，他认为花上整整两星期写一部歌剧是磨洋工。

· 265 ·

一个米兰的剧院经理委托的一位作曲家爽了约，于是经理绝望地想在两周内拿到一部新歌剧。他请求多尼采蒂改写一部现成的作品。"你是笑话我吗？"作曲家很不悦，"我连自己的歌剧都不习惯修修补补，别说其他人的了。我会在14天内给你写一部新的。现在请把弗利切·罗马尼叫来。"

接着他告诉这位台本作者:"这部作品要在两周内完成，我给你一个礼拜写脚本。看看我俩谁有胆量！"这次挑战的硕果就是《爱的甘醇》。

---

[1] 查尔斯·哈雷爵士（Sir Charles Hallé，1819—1895），德国出生的指挥，在曼彻斯特创建了哈雷管弦乐团。

# 雅克·弗罗芒塔尔·阿莱维
（Jacques Fromental HALEVY, 1799—1862）

巴黎犹太作曲家，作品有《犹太女》。他是古诺、圣-桑和比才（后来成了他的女婿）的老师，奥芬巴赫的台本作者路德维希·阿莱维的叔叔。

· 266 ·

在阿莱维的一出歌剧首演时，凯鲁比尼坐在作曲家的包厢里看了两幕，一言不发。他的学生阿莱维问道："大师，您没有话要跟我说吗？"凯鲁比尼朝他吼道："我已经足足听了你两个小时，是你什么也没对我说！"

· 267 ·

奥柏坐在钢琴前，弹了一首新写的辉煌的进行曲，在座的每个人都兴致勃勃。不久大家开始讨论其他话题。一位客人悄悄走到阿莱维身边，请求他来一段正在创作中的歌剧《查理六世》让大家欣赏。大师很亲切地同意了，并坐到钢琴前。但是，他并没有弹任何自己的作品，而是凭着惊人的记忆力，原封不动地重复了刚才奥柏弹过的精彩的进行曲，大家都惊呆了，因为所有人都是第一次听到这音乐。炫耀的表演结束后，大家一阵骚动，纷纷喝彩。"他记住了每一个音符，没有任何改变或遗漏。"一个人叫道。奥柏说："不完全是。他做了几处改动，而且改得相当妙，我肯定会采纳。"

## 温琴佐·贝利尼

(Vincenzo BELLINI, 1801—1835)

他在《梦游女》和《诺尔玛》中塑造了伟大的女高音角色。

· 268 ·

贝利尼还是那不勒斯音乐学院的学生时,被介绍到高等法院大法官弗朗切斯科·弗马罗利家中,教导才貌双全的千金小姐玛德莱娜学唱歌。他自然疯狂地爱上了这位迷人的学生,并且得到了热烈的回应。通常在这种情况下,除了害相思病的姑娘的父母,人人都知道这段韵事。

贝利尼的第一部歌剧《阿代尔松与萨尔维娜》上演后反响相当不错,于是他通过一位共同朋友马西格利到玛德莱娜家求婚,自然被姑娘的父母一口回绝,而且他们对他的大胆十分震惊,当即决定禁止他再到家里来。这对恋人起先很绝望,之后向彼此表明了决心,发誓永远不再爱其他人。

"不出十部歌剧,你的父母就会喜滋滋地把你嫁给我了。"贝利尼对玛德莱娜说。

"可是写十部歌剧要很长时间呢。"可怜的玛德莱娜叹息道。

"只要几年,我们还年轻,可以等。"贝利尼说。

"那好吧,让我们发誓对彼此忠贞,等到你的第十部歌剧问世,不论生死我们都要在一起。"浪漫而诗意的玛德莱娜大声发誓。

贝利尼也发了誓。

他的第二部歌剧《比安卡与费尔南多》获得巨大成功,于是被召去米兰为斯卡拉歌剧院创作歌剧《海盗》,这部作品轰动一时,奠定了他在整个欧洲的声誉。

歌剧《陌生人》《扎伊拉》《凯普莱特与蒙泰古》接踵诞生,《梦游女》更是令贝利尼的名声传遍文明世界。

正如贝利尼所预见的,玛德莱娜的父母没等到他的第十部歌剧问世。仅在《梦游女》的巨大成功后,他就收到了玛德莱娜的信,信中说她的父亲拗不过她的请求,已经同意了他们的婚事。信到达的时候,贝利尼正在为帕斯塔夫人和朱莉亚·格里西[1]创作《诺尔玛》,这个以前每天都要写信给玛德莱娜表衷心的人,近来却对二人未来的幸福不那么憧憬了。

他的巨大成功,让可怜的玛德莱娜满心以为能够帮助自己实现生命中的唯一愿望;而也正是这成功,蚕食了贝利尼对她的爱。

到底是对于荣耀的野心和激情使然,还是朱莉亚·格里西改变了他的感情,我们不得而知。总之贝利尼冷淡地回了一封信,说自己正忙于《诺尔玛》的写作,等他完成之后回到那不勒斯再决定何去何从。

他再也没有回去!……可怜的玛德莱娜不久就心碎而死,她给贝利尼的最后一封信中提醒他不要忘记"十部歌剧之后无论生死都要结合"的誓言。

她的死以及绝笔信在贝利尼心中留下了持续的烙印,他被一种挥之不去的悲伤萦绕着。意大利流传着这样一种说法,玛德莱娜的鬼魂变成一只白鸽一直跟随着他,每到夜晚就会在他的卧室

---

[1] 朱迪塔·帕斯塔(Giuditta Pasta, 1797—1865);朱莉亚·格里西(1811—1869)。两位都是女高音。

里拍打翅膀。当他写完第十部歌剧《清教徒》时，那白鸽飞来停在乐谱上，叹息了十次就消失了。

《清教徒》首演后不久，贝利尼便离开了人世。

· 269 ·

**海因里希·海涅写道——**

虽然他在法国住了几年，但法语说得非常差，哪怕在英国也听不到这么差的法语。我都不应该说他差，因为"差"这个词用在他身上已经太好了。应该说成难以容忍、狗屁不通、简直能摧毁世界——好像洪水猛兽。是的，当人们跟他在一起时，他似刽子手一般的将法语词统统斩首，然后肆无忌惮地张冠李戴，听起来好像世界被一个霹雳给撕破了。然后整个大厅里一片死寂，似乎死神自己也被画上了恐怖的红白花脸。女士们不知应该昏倒还是逃走；男人们突然出奇地望着自己的马裤，然后才能确定自己真的穿了裤子。最糟的是，这恐怖的同时会引发人们难以抑制的狂笑欲望。

· 270 ·

**还是海涅——**

我最后一次见到他是一天晚饭后在一位名媛府上，这位女士有一双全巴黎最小的脚。他高兴的时候，就会到钢琴前弹美妙无比的旋律。我想大概这时贝利尼刚从歌迷们的包围中逃脱出来，已经筋疲力尽。他坐的椅子非常低，低得像个脚凳，所以他等于坐在了美人儿的纤足旁。美人儿斜倚在沙发上，甜蜜而淘气地向下望着他，他则不辞劳苦地说着破碎的法语想取悦她，可惜越说越窘，最后不得不用上他的西西里岛土话来证明他说的并非蠢话，而是最优雅的赞美。我不觉得那美人儿真的在听贝利尼说了什么。她正拿着他的小手杖（他表达不清时需要用手杖来帮忙）专心地拨乱这位年轻大师两鬓梳得一丝不苟的头发。

## 约瑟夫·兰纳
(Joseph LANNER，1801—1843)

奥地利舞曲作家。他在1819年和老约翰·施特劳斯成立了一个四重奏组，但二人不久就分庭抗礼。

· 271 ·

在听了一整晚累死人的音乐后，女大公索菲来到兰纳跟前夸奖了他几句。"您真努力。"她温柔地说。兰纳用手绢擦了擦额头，用老土的维也纳方言回答："是的，殿下，我的确很努力。"他还脱掉外套，加上一句："看我淌了多少汗！"于是他立即被停了职。

## 埃克托·柏辽兹
(Hector BERLIOZ，1803—1869)

法国格勒诺布尔一个医生的儿子，他被送去巴黎读医学院，但转向了音乐。他的浪漫派作品和辛辣文章令保守派建制大为光火。

· 272 ·

剧院里正在上演贝多芬的交响曲，一位坐在柏辽兹身边的观众发现他在啜泣，于是好心地说："先生，您似乎太动感情了。如果休息一会儿对您会不会好些呢？"

"你凭什么认为我是来享受的呢？"柏辽兹粗鲁地答道。

*Book of Musical Anecdotes*

### · 273 ·

**柏辽兹——**

凯鲁比尼的《阿里巴巴》首次上演,这是他写过的最空洞、最无力的作品。第一幕快结束时,我对于没有听到任何有趣的东西感到很厌倦,于是叫道:"20法郎一个好点子!"

在第二幕当中我加了筹码:"40法郎一个好点子!"

终曲开始了。"80法郎一个好点子!"

终曲结束了,我起身回家,"神啊!我只能放弃了。我还不够有钱!"

### · 274 ·

**柏辽兹——**

一天早上,我的同学罗伯特宣布他弄来了一个"对象"(尸体),并要求我陪他去医院的解剖室,我痛苦地答应了。当我走进那阴森可怕的停尸房,看到四处都是断手断脚、骇人的面孔和被切开的头颅。我们身处的这个血腥污秽之所散发着恶臭,成群的麻雀争夺着残渣,老鼠在角落里啃着带血的脊椎骨,我完全被一种恐惧感压倒了,跳出窗户飞快地逃回家,好像死神和它恐怖的同伙在紧跟着我。过了整整一天我才从第一眼印象的震惊中恢复过来,完全拒绝听到任何跟解剖、切割或医药有关的字眼,并下定决心宁死也不会从事这种强加于我的职业。

罗伯特费了无数口舌,最终说服我再试一次,回到医院再度面对那可怕的场景。真奇怪!这次当我看到相同的事物,仅仅觉得有一丝恶心,我像个老兵一样,对这种场景见怪不怪了。恐怖的感觉没有了。我甚至找到了一点乐趣,那就是从一具倒霉尸体的胸腔里找到肺，拿出来喂那些带翅膀的小动物。

"不错！"罗伯特笑着叫道，"你变得通人情了"……

于是我把解剖课坚持了下来，即使没多少热情。

……我老老实实地为医学院学生扩大了队伍，如果那次我没有去歌剧院的话，可能还会为一长串庸医名单增加一个名字。我去看了萨列里的歌剧《达那伊得斯姐妹》。那布景的辉煌灿烂，乐队和合唱队的饱满丰富，布兰楚夫人美妙的歌喉惹人怜爱……斯蓬蒂尼在他老乡的乐谱上增加了狂欢效果和肉欲十足的梦幻舞曲，令我满怀兴奋和激情。我就像一个天生有着水手直觉的少年，以前只见过湖里的捕鱼船，这下子却突然来到了大海中央的一艘三层甲板船上。演出后我一整夜没合眼，第二天一早的解剖课则完全乱了方寸。在锯开"对象"的头盖骨时，我唱起了达那俄斯咏叹调……罗伯特被我不停的哼唱惹烦了……当我应该开始研读比沙的解剖学章节时，他叫道："请认真工作，我们现在一点进展都没有，'对象'三天内就会腐烂，要浪费18法郎呢！你脑子清楚点！"我唱着复仇女神的"嗜血之女神"赞美诗回应他，刚好解剖刀就从他手里滑落了。

· 275 ·

在音乐学院的一次考试中，凯鲁比尼看到了柏辽兹的一部作品，问道："这里休止两小节是什么意思？""我觉得延长静默的时间可以在观众中制造一种效果。"柏辽兹回答。"噢，你这么觉得？"凯鲁比尼用他一贯的坏脾气说，"我觉得如果你再延长休止的时间，效果会更加好……"

*Book of Musical Anecdotes*

· 276 ·

我[1]出于纯粹的热情翻译了《罗密欧与朱丽叶》,他却疯狂地爱上了扮演朱丽叶的著名演员史密森小姐[2]。他的爱火实际上也点燃了我们之间的友谊之火。首先,他几乎一个英语句子都说不全,而史密森小姐对我们的法语则更加无知,这个事实使得他们的交流相当尴尬,甚至滑稽。其次,她多少有些害怕这位粗鲁的仰慕者。最后,柏辽兹的父亲强烈反对任何关于结婚的打算。所有这一切都令他急于找到一位心腹密友,于是他挑中我担此重任……

事实上我们的商讨有些奇怪,而发生在史密森小姐身上的一个小事故(她走出马车的时候扭伤了脚)引发了这样一次典型的谈话。那天早上柏辽兹派人送给我一张便条,上面草草写道:

"我非常急切地需要见你。请告诉欧仁·苏。噢,我多么痛苦。"

于是我立刻给苏捎了口信:

"山雨欲来风满楼。柏辽兹要见我们。今天午夜,来我家吃晚饭。"

柏辽兹在约定的时间出现了,他眼中满含着泪水,头发像垂柳般耷拉在脑门上,唉声叹气。

"到底怎么了?"我们问道。

"噢我的朋友,活着可真难啊。"

"你父亲还像以前一样铁面无情?"

"我父亲,"柏辽兹大声喊叫着,声音愤怒地发抖,"我父亲同

---

[1] 欧内斯特·乐高弗(Ernest Legouvé,1807—1903),法国剧作家,柏辽兹的多年好友。
[2] 哈丽叶特·康斯坦丝·史密森(Harriet Constance Smithson,1800—1854),爱尔兰女演员,1833年与柏辽兹结婚。

意了，他今早给我写了信。"

"那么看起来好像……"

"等等，等等，别打断我。收到这封信我简直快乐疯了。我冲到她家，喜极而泣。我开心地叫着：'我父亲同意了，我父亲同意了！'你们知道她怎么回答吗？'呃，'她很镇定地说，'别急，埃克托，别急。我的脚疼得要命。'你们怎么看？"

"我们觉得是这样，那可怜的姑娘肯定在忍受着巨大的痛苦。"

"巨大的痛苦？"他回答，"和一个狂喜中的人在一起还能有什么巨大的痛苦？"

· 277 ·

### 海因里希·海涅写道——

在包厢里一位活跃、健谈的年轻绅士坐在我身边，他向我指出了坐在大厅尽头的乐队角落里的作曲家，正在敲定音鼓，那就是他的乐器。"您能看到前景处那位年轻丰满的英国女士吗？她是史密森小姐，柏辽兹疯狂地爱了她三年，正是这种激情才孕育了现在您听到的这么棒的交响曲。"千真万确，舞台包厢的前排正坐着那位科文特花园剧院的著名女演员，而柏辽兹目不转睛地盯着她，当她的目光与他相遇时，他就会激动地敲鼓……

从那时起史密森小姐成了柏辽兹夫人，她的丈夫把头发都剪了。这年冬天我再次去听他的交响曲，他还是坐在乐队后排打鼓，那丰满的英国妇人仍旧坐在舞台包厢，他们的目光像往常一样相遇，但这一次，他没有像往昔那样立刻激动地疯狂敲鼓。

· 278 ·

"亲爱的乐高弗，"他说，"我比有些已经下地狱的人还该下地狱。"

虽然我已习惯于他类似的爆发,这次仍然吃了一惊。

"老天呀!你怎么啦?"

"你知道我可怜的妻子住在蒙马特的一座破房子里。"

"就我所知,您经常去看她,您无微不至的关心以及对她的敬重,令她在有限条件里尽可能地舒适。"

"我做的那些算不了什么,"他飞快地回答,"一个男人如果不爱、不尊重这样一位女性,简直就是禽兽。"接着他用一种无法形容的痛苦语气说道:"唉,我就是一个禽兽。"

"您又良心不安了?"

"你自己判断吧。我不是独自生活。"

"我知道。"

"另一个人[1]取代了她的位置。真没用,我现在像个小孩一样软弱。唉,几天前,我妻子的门铃响了。她亲自去开门,发现门口站着一位年轻优雅的女士,那女子微笑着对她说:'夫人,我找柏辽兹太太。''我就是。'我妻子回答。'您搞错了吧,我找柏辽兹的太太。''我就是柏辽兹夫人。'

'不,您不是柏辽兹夫人。您的意思是老柏辽兹夫人,那位被遗弃的夫人,我说的是年轻美貌、备受宠爱的那一位。也就是站在您面前的这位柏辽兹夫人。'说完她就甩上门走了,我那可怜的人儿跌坐在地上,悲伤得几乎昏厥过去。"

---

[1] 玛丽-吉纳维芙·里乔(Marie-Geneviève Reccio,1814—1862),柏辽兹自1841年起的主要情妇,并于1854年成为他的第二任妻子。

*Book of Musical Anecdotes*

这时他停顿了一会,然后继续说:"这是不是太残酷了?我说得对不对……"

"是谁告诉了你这么糟糕的一幕?"我兴奋地叫道,"肯定是那位表演者啦。我敢说她是在吹牛。您是要告诉我在那之后您居然没有赶她走?"

"我做不到,"他结结巴巴地说,"我爱她。"

· 279 ·

**柏辽兹——**

我的《安魂曲》大概有一千小节。指挥阿伯内克[1]在某个小节放下指挥棒,安静地拿出鼻烟盒,吸了少许鼻烟,而这个小节恰好不能没有指挥。我总是盯着他的一举一动,这时立即脚底抹油,蹿到了他前面,伸开胳膊挥了四下开始新的乐章。乐队井然有序地跟随着我的指挥。我结束了整部作品,达到了我想要的效果。在合唱队唱完最后一句时,阿伯内克发现《神奇号角》被我拯救了,于是说:"我听出一身冷汗!没有你的话我们简直就没方向了!""是的,我知道。"我回答时两眼紧盯着他,再也没有说话……他是故意这样做的吗?……这人会不会胆敢加入我的敌人的行列,帮助总监和凯鲁比尼的朋友们策划了这一卑鄙行径呢?我不愿相信……但又确信无疑。如果我冤枉了他,那么请上帝原谅我吧!

---

[1] 弗朗索瓦·安托万·阿伯内克(François Antoine Habeneck, 1781—1849),极有影响的法国指挥家。

· 280 ·

我[1]问［乔治·］奥斯本（George Osborne）是否记得这段小插曲（上面叙述的那则逸事），他说他当时和柏辽兹一起坐在正中，而柏辽兹从未起身，阿伯内克也从未放下指挥棒去吸鼻烟，所以作曲家眼中没有机会也没有必要冒出什么火花。而且，当柏辽兹的《回忆录》出版后，他问过柏辽兹为什么要记录这么一件无中生有的事，柏辽兹爆发出一阵大笑，说这个故事太好玩了，没法不写进去。

· 281 ·

**柏辽兹——**

在维也纳的一场晚间庆典中，我一度陷入了忧伤的沉思。因为施特劳斯的华尔兹营造出的热情氛围就像爱的声音，将我拖进了深深的忧郁。这时一个长着一张聪明脸孔的小个子男人费力地穿过人群，来到我身边。前一晚有我的一场音乐会。

"先生，"他轻快地说，"您是法国人，我是爱尔兰人，所以我的观点里没有什么国籍的面子问题。（他抓住了我的左手）请您允许我握一握这写过《罗密欧与朱丽叶》的手吧！您太理解莎士比亚了！"

"当然可以，"我回答，"但是您握错了手，通常我用这只手写作。"

爱尔兰人笑了，诚挚地紧握住我递给他的右手，然后说："噢，这些法国人！这些法国人！他们一定要嘲笑所有的事情，所有的

---

[1] 查尔斯·维列尔斯·斯坦福爵士（Sir Charles Villiers Stanford, 1852—1924），爱尔兰作曲家。更令人疑惑的是，查尔斯·哈雷（Charles Hallé）声称他当时坐在柏辽兹身边，并证明了第279则逸事的每个细节都是真实的。

人；哪怕是他们自己的仰慕者。"

· 282 ·

**1862 年 11 月 15 日，龚古尔兄弟埃德蒙和朱尔斯[1]叙述——**

在贡比涅，通常一人群宾客中会有一位作家或艺术家，这是传统，必须尊重！下面是一个殷勤欢迎他们的例子……拿破仑三世正在抱怨他的视力不佳，"奇怪的是，我再也分不清蓝色和黑色了。那边是谁？"

"陛下，是柏辽兹先生。"

他提高了声音："柏辽兹先生，您的燕尾服是蓝色的还是黑色的？"

"陛下，"柏辽兹赶忙回答，"我绝不会在陛下您面前穿蓝色的燕尾服。这是黑色的。"

"好。"皇帝说。

这就是整整四天里皇帝和他的所有对话。

## 米哈伊尔·(伊凡诺维奇·)格林卡

[Mikhail (Ivanovich) GLINKA, 1804—1857]

"俄罗斯音乐之父"，格林卡的《为沙皇献身》是第一部真正意义上的俄罗斯歌剧。

· 283 ·

我妻子是那样一种女人：华服、舞会、马车、好马等物质享

---

[1] 埃德蒙·龚古尔（Edmond Goncourt, 1822-1896）和朱尔斯·龚古尔（Jules Goncourt, 1830—1870），法国历史学家、小说家、评论家。

受对她来说就是全部。她对音乐的理解少得可怜,或者这样说,除了轻浮的浪漫曲之外她什么也不懂,任何崇高的、诗意的东西对她来说都是浪费。下面举个例子证明玛丽亚·彼得罗夫娜对音乐的冷漠:1835年我开始写《为沙皇献身》时,她向我的姑妈玛丽亚·尼古拉耶夫娜·泽莱普吉娜抱怨,说我买纸是在浪费钱!

· 284 ·

1843年李斯特造访俄罗斯时,在钢琴上演奏了《鲁斯兰与柳德米拉》,并称这是一首杰作。他告诉作曲家:"您和韦伯,就像追求同一位姑娘的情敌。"第二年,格林卡来到巴黎,迈耶贝尔问他:"格林卡先生,为什么我们久闻您的大名,却没听过您的作品呢?""那很自然,"这位俄国人反驳道,"我才没有叫卖自己作品的习惯呢。"

## 威廉明妮·施罗德–德弗里恩特
(Wilhelmine SCHRÖDER-DEVRIENT, 1804—1860)

德国女高音。正因为看了她在《费德里奥》中的表演,瓦格纳才决定创作歌剧。她饰演过《黎恩济》《漂泊的荷兰人》《汤豪舍》中的角色。

· 285 ·

施罗德在布达佩斯的演出令热情的马扎尔人激动万分。无论她在何处露面,总是有无数仰慕者跟随。

"……我[1]记得施罗德–德弗里恩特扮演的费德里奥在其中一

---

[1] 卡罗琳·鲍尔(Karoline Bauer),德国女演员。

幕的结尾发出了那著名的令人心碎的叫喊，她浑身颤抖着，消失在幕后。一大群狂热的仰慕者等在后台，鼓起掌来比台下的观众更加疯狂。伟大的女高音喘息着，倒在更衣室的躺椅里，那些仰慕者们围着她极尽赞美之能事。突然她跳起来，揪住其中话最多的一人的领子，粗暴地喊道：'我的表演真的那样让你高兴，以至于你要这样不遗余力地来证明？很好。但是我听说，你，除了评论我的艺术，还对议论我的私生活颇有兴趣！哈，我尊敬的先生，请在你贞洁的妻子们中随便挑一位放到舞台上吧，让这些文雅的、安静的夫人们像我一样唱费德里奥吧。如果我要表演得有激情，自己也必须有激情，只有这样才能感动你们，让你们觉得……'"

## 老约翰·施特劳斯
（Johann STRAUSS［I］, 1804—1849）

维也纳音乐王朝的创始人，他的圆舞曲完美结合了艺术和财富。他创作了约250首作品，以《拉德茨基进行曲》最为著名，不过很快就被他的儿子们超越了。

· 286 ·

妈妈将话题转向了一个不那么危险的主题。我们开始讨论施特劳斯和兰纳各自的贡献。

我[1]经常在普拉特听到他俩的名字。看施特劳斯指挥他的舞曲是一种享受，这位灵巧的小个子手中拿着魔法般的小提琴，他蹦跳着，点着头，拉着琴，在醉人的旋律到来时兴奋地左右摇摆。

---

[1] 卡罗琳·鲍尔。

整个乐队的演奏也异常精妙。哪怕是魔王的号角也无法给这舞蹈再增加丁点儿魔力了。

"施特劳斯和兰纳你更喜欢谁?"一位雅士问我。

"两位我都很喜欢。但我会跟技艺最精湛的舞伴一起跳施特劳斯的舞曲,跟最心爱的人跳兰纳的舞曲。施特劳斯的圆舞曲欢快,兰纳的诗意。"

## 迈克尔·威廉·巴尔夫
(Michael William BALFE,1808—1870)

爱尔兰作曲家、歌唱家(伦敦的第一位"帕帕吉诺")。他写了《波西米亚女郎》和民歌"到花园来,莫德"。

· 287 ·

巴尔夫在灵感枯竭的时候寻找旋律的方法很新奇。他把音符字母写在小纸片上,每个字母复制多个,然后从帽子底下一个一个摸出来,记下这随机的旋律,调性和节拍已经事先决定。他的某些旋律在同音上反复,肯定就是用这种方法写出来的。

## 玛丽亚·马里布兰
(María MALIBRAN,1808—1836)

备受尊敬的西班牙次女高音。

· 288 ·

上演歌剧《梦游女》时,威尼斯的新剧院里座无虚席。唱到结尾处的回旋曲"Ah! non giunge",马里布兰突然脚下一滑……她的一只拖鞋飞向了观众席。这导致了一场哄抢,大群人挤在一起制造了暴乱般的景象，而那些坐在包厢里的人亦参与其中，急于抢到那触碰过艺术女神的脚的东西，作为无价的纪念品。"抢拖鞋"的游戏大概从来没有达到过如此规模。马里布兰半是因为被公众如此谄媚的表现逗乐了，半是想分散注意以避免大混乱，于是朝另一个方向扔了另一只拖鞋，新一轮哄抢又开始了。最后她这双拖鞋比教皇的还要吃香，被扯得支离破碎（每一片都是宝贵的纪念），混乱才算平息。于是经理宣布……这座新的剧院以后就叫"马里布兰剧院"，一直沿用至今。

· 289 ·

马里布兰能吃透自己扮演的每个角色，起先坦普尔顿[1]令她几乎绝望，他愚蠢而笨拙，对于表演简直一窍不通……第一次排练时，她还耐心地保持镇定，心想也许自己可以带动这男人，便用一种充满激情的声音呼唤他。可是接下来的重复段落里，她发现他还是"像块木头"。于是她突然抓住他的胳膊，对着他的耳朵嘘道："我的老天，你难道不知道你正在演我的爱人吗？你应该在第一幕激情地向我示爱，第二幕要把我拖来拖去，好像要撕碎我一样！""但是，"坦普尔顿像只羊羔般地逆来顺受，"但是夫人，那样我会伤到你的。""就算伤了又怎么样？"这急性子的女人叫起来，"不用你操心，那是我的事。但是如果你不这样做——"她跺着可爱的小脚为了配合这语气，"对天发誓，我会杀了你！"

---

[1] 约翰·坦普尔顿（John Templeton，1802—1886），1833 年在《梦游女》中扮演艾尔维诺（Elvino），与马里布兰唱对手戏。之后他被称为"马里布兰的男高音"。

*Book of Musical Anecdotes*

· *290* ·

一些访客以为贬低英国音乐能令马里布兰高兴。她严肃而巧妙地假装同意这些诽谤者的话,用意大利语唱了一支缓慢而悦耳的主题,加了许多花哨的装饰音。听者心醉神迷,更加确定了他们的偏见。

歌唱家似乎极为严肃地赞同他们的意见。接着她更加卖力,渐渐加快到急板速度。掌声雷动。就在这讨喜的激动中,马里布兰突然换了一种语言,那些从顶峰跌下的受害者们有幸听到了一句经典英诗:

"波莉,架上壶烧开水,大家一起来喝茶!"

· *291* ·

也许是与卡拉多利-艾伦[1]夫人进行二重唱时的辛劳导致了马里布兰的早夭(她死时芳龄28岁)。她们在排练的时候已经约好了如何演唱,可演出的时候卡拉多利-艾伦并没有完全遵守,这使得马里布兰也必须临场发挥,不过她完成得漂亮极了。在安可时,她转身对我说:"如果再唱一次我大概会死的。""那就别勉强,"我回答,"我去跟观众解释一下。""不,我要再唱一次,彻底消灭她。"在二重唱之后,她就昏了过去,被抬进了休息室。

---

[1] 玛丽亚·卡拉多利-艾伦(Maria Caradori-Allan, 1800—1865),意大利籍女高音。这里的叙述者是乔治·斯马特爵士(George Smart, 1776—1867,英国作曲家、指挥家)。

# 费利克斯·门德尔松-巴托尔迪
(Felix MENDELSSOHN-BARTHOLDY, 1809—1847)

犹太哲学家摩西·门德尔松的孙子，自幼改信新教。他17岁时就已经创作了12首弦乐交响曲、一部歌剧和《仲夏夜之梦》的序曲；20岁时指挥了《马太受难曲》在巴赫死后的第一次演出。

· 292 ·

晚上，我们在歌德府上聚会喝茶，他邀请了魏玛音乐界友人前来参加聚会，准备向他们介绍一个天才出众的孩子。不久歌德出现了——他刚从书房出来，这是他的习惯（至少是我[1]观察到的习惯），等客人都到齐了他才现身……他的"晚上好"是对所有人说的，不过他先走向采尔特[2]，亲切地与他握手。费利克斯·门德尔松眨着眼睛仰视这位一头华发的诗人。诗人和蔼地将手放在孩子的头上，说："现在你来弹点什么吧。"采尔特点头表示同意。

钢琴打开了，烛光也已就位。门德尔松带着完全孩子气的自信与专注，问采尔特："我应该弹什么呢？"

"你会的曲目，"采尔特用他那特有的尖嗓子回答，"你觉得不太难的就行。"……

最终大家决定让孩子弹一首幻想曲，结果他技惊四座。而且这小艺术家还知道何时停顿，以令演奏效果更上一层楼。当他结

---

[1] 路德维希·莱尔斯塔勃（Ludwig Rellstab, 1799—1860），德国作家、评论家。
[2] 卡尔·采尔特（Carl Zelter, 1758—1832），门德尔松的老师。

束最后一记响亮的音符把手从键盘上抬起时,大家鸦雀无声,还沉浸在惊讶中……

歌德非常喜欢巴赫的赋格曲,离魏玛十英里远的一个小镇柏卡有位音乐家经常前来为他演奏。于是费利克斯被要求弹一首老大师的赋格曲。采尔特从乐谱中挑选了一首,孩子没有任何准备就开始演奏,而且精确无误。

歌德被孩子超凡的能力提起了兴致,他又要求孩子弹一首小步舞曲。

"我可以为您弹一首全世界最可爱的小步舞曲吗?"小孩眨着眼问道。

"那是什么呀?"

他弹了《唐·乔万尼》中的一首小步舞曲。

歌德站在钢琴边,倾听着,脸上焕发着喜悦……

"好的,你已经弹了你学过的曲子,现在我们来看看你能不能弹些没学过的曲子。让我来考考你。"

歌德走出去,不久就带着一卷乐谱走进来。"我在我收藏的手稿里找了些东西,现在就来考考你,这个你能弹吗?"

他翻开一页,上面的音符小而清晰。我已记不清是歌德告诉我们的还是谱子上写的,那是莫扎特的笔迹。我只记得费利克斯看到作者的名字以后就喜不自禁,那种难以描摹的感觉也传染给了我们,半是激动和喜悦,半是敬仰和期待。年迈的歌德将这部尘封了30年的莫扎特手稿放在前程似锦的孩子面前,让他视奏,说实话这奇景真是百年不遇。

小艺术家弹得完美无缺,毫厘不爽,尽管这手稿并不好读。

大家鼓掌时，歌德继续用他那幽默的语调说："这也没什么，其他人也能视奏。但现在我会给你一份能把你难住的东西，当心喽。"

说完，他就拿出了另一份乐谱，看上去相当奇怪。很难说那是音符或者只是一张纸，到处都是墨水和污渍。费利克斯·门德尔松惊奇地看着，大笑说："这是怎么写的？谁能看这个？"

然而一瞬间他变得严肃了，因为歌德问道："现在猜猜这是谁写的？"采尔特走到钢琴前看了一眼，叫道："啊哈，贝多芬写的！一英里外就能看出来了，他总是用扫帚柄作曲，墨迹还没干他的袖子就拖过去了。我有不少他的手稿，很容易识别的。"

我注意到，当门德尔松一听到这名字，就顿时变得严肃——甚至过于严肃……

他视奏了一遍……大体上不错，但是不时地停下来，一边纠正错误，一边咕哝着"不，应该这样"；接着他叫道："现在我可以弹了。"第二次，他一个音符也没落下。"这风格非常贝多芬，"他转过身对我说，仿佛他偶然在其中发现了大师的独特鲜明的风格，"这是真正的贝多芬，我立刻就听出来了。"

· 293 ·

我[1]只有一次有幸见证了他如何作曲。一天早上我来到他的房间，发现他正在作曲。我想直接离开，免得打扰到他。但他叫住我，说："我只是在抄写而已。"于是我留下来，跟他谈了各种各样的话题，其间他一直在写着。他并不是在抄写，因为那里除

---

[1] 朱利叶斯·舒布灵（Julius Schubring, 1806年生），德国作曲家。

了他正在写的纸之外再无其他纸。这部作品就是伟大的《C大调序曲》,他没有瞻前顾后,没有左右比较,没有哼唱,没有任何小动作;他下笔从容不迫,缓慢而仔细,但是没有停顿,这是真的,同时我们一直在谈话。所以他所谓的抄写,意味着把整部作品的每一个音符都先在脑中构思好,于是下笔的时候就好像真的有成品在他面前一样。

· 294 ·

他重新发现了巴赫的受难曲,并且指挥了这部作品在尘封近一个世纪后的首演。当他走上指挥台后,发现面前的乐谱厚度和封皮都很眼熟,却是另一部作品——有人拿错了总谱。于是他全靠记忆指挥了这部极为复杂的作品,为了避免乐手的不安,他只能假装一页页翻着面前的乐谱。

· 295 ·

门德尔松最喜欢的故事是:依照古罗马传统,元老院议员聚会时大家一片死寂,纹丝不动地坐着;一个傻乎乎的高卢人以为他们是石头雕像,于是勇敢地去拔其中一位的胡子,结果这雕像突然活了过来,拔剑砍倒了胆大妄为的高卢人。为了记住这逸事,门德尔松和希尔德布兰特达成一致,不管他俩何时何地碰面,哪怕是在贵族社交场合,也要进行一个小小的仪式后再问好。希尔德布兰特突然站得笔直扮石头脸,而门德尔松慢慢走过去严肃地拉他的胡子,然后他突然用罗马式的一击打中门德尔松的肩膀。在魔咒解除之后,两人才可以问好。

**门德尔松给母亲的信——**

阿尔伯特亲王让我周六下午2点去他那里,这样好让我在离开英格兰之前试试他的管风琴。我发现他一个人待在那儿,在我们聊天之时,维多利亚女王进来了,也是一个人,穿着一件简单的晨衣。女王说她必须在一个小时内起程去克莱蒙,突然她叫道:"天啊!多么混乱!"一阵风把摊开的乐谱吹得到处都是,甚至波及管风琴的脚踏键。女王说着就弯下腰去捡乐谱,阿尔伯特亲王也来帮忙,我当然也没闲着。接着女王说她来整理乐谱,于是亲王继续向我解释如何触键。我请求亲王弹上一段,这样我就可以去德国炫耀一番了。他背谱弹了一首美不胜收的赞美诗,清晰而精确,可以与任何专业演奏家媲美;而女王收拾好乐谱后,就来到他身边倾听,看上去很高兴……

女王问我是否写了什么新歌曲,并且说她很喜欢唱我的歌。阿尔伯特亲王说:"您应该为他唱一首。"在一阵请求后她说想唱一首降B调的《春之声》,"如果谱子还在就好了,因为我的乐谱都已经打包送去克莱蒙了。"阿尔伯特亲王去找谱子,回来的时候说已经打包了。

于是我仔细在其他乐谱里找了一下,很快就发现了我写的第一套歌曲,于是请求她唱这其中的一首,她很亲切地答应了。她选了哪一首呢?《她打扮得越来越美丽》——而且唱得非常动听,节奏和音调都把握得很准。只有在"散文既无聊又麻烦"那一行应该降到D然后升回半音,她每次都唱成了升D。头两次我给了她提示,结果最后一次她把升D的地方唱成了D。除了这小毛病以外，她唱得极为动人，那最后一个持续的 G 音纯净、自然，在业余歌手中绝无仅有。接着我承认这首歌其实是范妮[1]写的（要承认这可不容易，得搁下面子），求她再唱一首我写的歌，她说如果我能够为她提供指导的话，她很乐意一试，于是又唱了朝圣歌，不仅毫无瑕疵，而且充满了动人的情绪和表现力。

· *297* ·

他不止一次与女王同乐，女王唱他写的歌令他尤其高兴。当他要离开时，她说：

"现在，门德尔松博士，您给了我这么多乐趣，我能做点什么让您高兴呢？"……

"呃，事实上我有一个愿望，只有陛下您能够满足。"

"准了。"她说。

他告诉她没有什么比参观王室幼儿园及相关的各类设施更能令他高兴的了。大概最高明的弄臣也无法如此讨得女王欢心，她热情地回应，并且亲自带他参观幼儿园。女王一丝不苟，不但带他看了衣橱，还为他介绍了许多特别服务。这时他们俩一点儿也不像仁慈的君主和顺从的仆人，倒像是一个经验丰富的家庭主妇和一个受到启发的家庭主夫，交流着教育孩子的心得体会。

· *298* ·

***1936 年 11 月托马斯·比彻姆爵士在莱比锡收到的一封匿名信——***

明晚您在布商大厦音乐厅指挥之时，将会看到坐在第一排的

---

[1] 范妮·卡西里·门德尔松-巴托尔迪（Fanny Cäcilie Mendelssohn-Bartholdy, 1805—1847），业余钢琴家、作曲家，门德尔松的姐姐。

官员们使劲儿鼓掌，就像在柏林一样。我将告诉您一件其他人不会说的事儿，让您重新评估一下这些绅士真正的音乐底蕴：

几天前的一晚，不朽的作曲家、布商大厦音乐厅的指挥费利克斯·门德尔松-巴托尔迪的纪念碑被推倒拖走了。

尊敬的先生，您对这种令百万德国爱乐者蒙羞的种族仇恨之举会无动于衷吗？

## 奥利·布尔
(Ole BULL, 1810—1880)

性情古怪、自学成才的挪威小提琴演奏家。他在挪威投资建立了音乐学院，还在美国建立了挪威侨民区，不过这两项事业都以失败告终。

· 299 ·

他在密西西比河下行的蒸汽船上遇到了一伙开垦西部的大老粗。他正在看报纸，那伙人派了一个代表前来攀谈，要求小提琴家跟他们喝酒，还给了他一小瓶威士忌。"我很感谢你们的好意，"奥利·布尔礼貌地说，"但是我从来不喝威士忌。"那家伙暗骂了一声，问他是不是个禁酒者。"不是，但威士忌对我来说就像毒药。""如果你不喝，就必须来打架！"这伙人围了过来，七嘴八舌地叫道："如果你不喝酒，就必须打架。你他妈长得挺壮的，让我们看看你有多厉害。""古挪威人在热血沸腾的时候可以与任何人搏斗，但我在冷静的时候不打架，为什么一定要打架？""你看起来很壮啊，就该打架。"奥利·布尔看看似乎无路可退，于是平静地说道："既然你们坚持要测试我的力量，而我又没有理由去打架，那么干脆这样：你们随便找一个人用他喜欢的方式抓住我，我保证在半分钟内让他四脚朝天躺在地上。"一个大块头上前，抓住了小提琴家的腰，可是后者一记突如其来的猛扭将他从头顶上摔过，于是大块头躺在甲板上不省人事。现在该轮到奥利·布尔感到不安了，他看到另一个人拿出了单刃猎刀。那刀是用来开酒瓶的，这才让他松了一口气。瓶中物冲进了昏倒的人的喉咙，很快让他苏醒过来……后来这人还找了一个编辑的麻烦，因为后者批评了奥利·布尔的演奏。看来［这位原先的敌人］已准备为"他见过的最强壮的小提琴家"而战！

· *300* ·

他喜欢讲丹麦的腓特烈七世的故事。国王曾经问他："您在哪里学的小提琴？您的老师是哪一位？"

奥利·布尔回答道："陛下，是挪威的松树林和美丽的大峡谷养育了我！"

国王才没有这种泛滥的感情，转过身去用丹麦语对一个副官说："一派胡言！"

· *301* ·

达默龙王妃曾经让他为沙龙安排一个四重奏，于是他找来了恩斯特[1]和布歇兄弟[2]。当音乐家们从楼梯上走下来时，几只白色的波兰犬跟着他们，在沙龙里大吼大叫。恩斯特穿着丝袜和低口

---

[1] 海因里希·威廉·恩斯特（Heinrich Wilhelm Ernst, 1814—1865），奥地利小提琴家、作曲家。
[2] 其中一位是亚历山大·布歇（Alexander Boucher, 1778—1801），法国小提琴演奏家，以长相酷似拿破仑而著称。

鞋，开始朝后退，这反而引得一只狗咬了他。然后这小畜生又冲向奥利·布尔，而后者一脚将它踢飞上大吊灯。等侍从找到它时，发现它已经摔死了。王妃发话让这些音乐家们立刻滚蛋。

## 弗里德里克·肖邦
*[Frédéric（Fryderyk）CHOPIN，1810—1849]*

肖邦的作品主要是钢琴曲，他很少举行公开音乐会，靠教学和出售作品为生。他和小说家乔治·桑同居了九年。

· *302* ·

在肖邦最辉煌、最受欢迎的年代里，他曾于1835年在某个波兰沙龙中演奏了音乐肖像。主人的三位千金是那晚的明星，闪耀着美丽与力量的光芒。在即兴演奏了几幅音乐肖像后，戴尔芬·珀多卡夫人也要求来一段自己的肖像。肖邦答应了，取下她的披肩盖在键盘上，开始演奏。这暗示着：首先，他非常了解这位艳丽的时尚女皇的性格，并且能够描绘；其次，这性格和灵魂隐藏在时髦而世故的外表下，正有如披肩遮盖下的琴键一般。

· *303* ·

肖邦在巴黎举行了一次自己作品的独奏会，德雷夏克[1]和塔尔贝格[2]结伴去听。他们饶有兴致地听完了整场演出，但塔尔贝格一走到马路上就开始大声喊叫。

---

[1] 亚历山大·德雷夏克（Alexander Dreyschock，1818—1869），捷克钢琴家，J.B.克拉默曾经宣称："这人没有左手，他有两只右手！"
[2] 西伊斯蒙德·塔尔贝格（Sigismond Thalberg，1812—1871），瑞士籍奥地利钢琴家，李斯特的对手。

*Book of Musical Anecdotes*

"你怎么啦?"德雷夏克惊讶地问。

"噢,"塔尔贝格回答,"我已经听了整晚的弱奏(piano)[1],现在为了对比,我需要一些强音(forte)。"

### · 304 ·

我[2]去巴黎看望肖邦的时候,让他给我介绍卡尔克布雷纳[3]、李斯特和皮克赛斯。"没必要,"肖邦回答,"稍等片刻,我来为你表演他们,但是得一个个来。"接着他学着李斯特的样子坐在钢琴边,用他的方式演奏,活灵活现地模仿他的每个动作;之后他又扮演了皮克赛斯。第二天晚上我和肖邦一起去剧院。他离开了包厢一小会儿,我回头时发现皮克赛斯坐在旁边。我以为那又是肖邦,于是大笑着拍他的肩膀,叫道:"别再演戏啦!"他对一个陌生人如此熟稔的举动大惊失色,幸好这时肖邦回来了,我们都被这滑稽的错误逗得哈哈大笑。之后,肖邦用特有的优雅方式替我和他向真正的皮克赛斯道了歉。

### · 305 ·

一晚大家聚集在沙龙,李斯特演奏了一首肖邦的夜曲,并且加了一些装饰。肖邦那张精致的知识分子面庞仍旧带着近日微恙的痕迹,看起来很不安。最后他终于克制不住了,用一贯冷静的口气说:"亲爱的朋友,求您了,下次您赏脸弹我的作品时,可否按照原谱呢?或者就干脆不要弹。""那么您自己弹吧。"李斯特

---

[1] piano 一词除了钢琴以外,亦有弱奏的意思。此处是双关。——译注
[2] 约瑟夫·诺瓦科夫斯基(Joseph Nowakowski),肖邦的同胞友人。
[3] 弗里德里希·卡尔克布雷纳(Friedrich Kalkbrenner, 1785—1849),德国钢琴家,肖邦上过他的课;约翰·彼得·皮克赛斯(Johann Peter Pixis, 1788—1874),德国钢琴家、教师、作曲家。

从钢琴前站起，看来有些愠怒。"乐意之至。"肖邦回答。这时一只飞蛾掉进了灯里，把蜡烛给弄灭了。大家正准备重新点燃蜡烛，肖邦叫道："不用，熄灭所有的灯光吧，有月光就够了。"然后他开始即兴演奏，弹了将近一个小时。那是怎样的即兴演绎呀！简直无法描述，因为肖邦魔术般的指尖流淌出的感情早已超乎了语言的表达能力。

当他离开钢琴的时候，听众黯然流泪；李斯特深受感动，他拥抱着肖邦说道："我的朋友，您是对的。像您这样的作品不容侵犯，别人的改动只会毁了它们。您是一个真正的诗人。""噢，这没什么，"肖邦欢快地说，"我们各有各的风格。"

· *306* ·

五天后朋友们再次在同一时间同一地点聚会，李斯特让肖邦演奏，而且熄灭了所有的烛光，拉上了窗帘。当肖邦正要坐到钢琴前时，李斯特与他耳语了几句，然后代替他坐了下来。他演奏了上次肖邦弹过的曲目，听众们再次入迷。当表演结束时，李斯特划了一根火柴，点燃了钢琴上的蜡烛。当然大伙儿又是一阵惊诧。

"你觉得如何？"李斯特问他的对手。

"我想说的也是所有人都想说的；连我都相信这是肖邦弹的。"

"看，"这位演奏家提高了嗓子，"李斯特在他高兴的时候就可以成为肖邦，而肖邦能成为李斯特吗？"

· *307* ·

肖邦让我[1]为一场稀罕的音乐会写篇评论登在报上，不过李

---

[1] 欧内斯特·乐高弗（Ernest Legouvé，1807—1903），法国剧作家。

斯特自告奋勇来执笔此文。我立刻到肖邦那里向他报告这个好消息,他温柔地说:"我本来更希望您来写。"

"我亲爱的肖邦,您在开玩笑吧。一篇李斯特的文章!不管对公众还是对您这都是一种幸运呀。您应该相信他对您天才的仰慕,我觉得他肯定会为您描摹一个宏伟的王国。"

"是啊,"他笑着回答,"在他的帝国版图中的一个宏伟王国。"

· 308 ·

[保莉娜·普拉特伯爵夫人是一位住在巴黎的波兰贵妇人,]一天她对肖邦说:"我的小肖邦啊,如果我现在年轻貌美的话,会让你做丈夫,席勒做朋友,李斯特做情人。"

· 309 ·

肖邦的钱包随时为帮助波兰移民同胞而敞开。他为我们去一个音乐节的行程准备了必要的旅费,但行程推迟了,48个小时已经足以挖空他的钱箱。因为我[1]无论如何不愿他离开,于是他左思右想,终于有了一个好办法。他写了一首美妙的降 E 调华尔兹,带着手稿去普莱耶音乐厅,赚了 500 法郎。

· 310 ·

有一个将他从钢琴边拖开的方法屡试不爽——那就是让他弹一首在波兰发生灾难之后而作的葬礼进行曲。他从不拒绝演奏,但每次演奏完,他就会戴上帽子离开。

---

[1] 叙述者是斐迪南·希勒(Ferdinand Hiller, 1811—1885),德国作曲家、指挥家。

**斐迪南·希勒写给李斯特的公开信——**

· 311 ·

那晚您在府上为法国文学界精英举办聚会,当然乔治·桑也是其中之一。肖邦在回家的路上对我说:"桑是一个多么令人反感的女人呀!她真的是个女人吗?我表示怀疑。"

· 312 ·

当肖邦向乔治·桑介绍我[1]的时候,她一言不发。这不能算特别礼貌,于是我立刻坐到她身边。肖邦像一只笼子里受惊的鸟儿般左右徘徊……

乔治·桑站起来,像个男人似的大步穿过房间,在壁炉边坐下。我跟着她的脚步,再次坐在她身边,准备着下一次谈话机会。终于等到她开了金口。她从上衣口袋里拿出一根巨大的特拉布科雪茄,对着客厅另一头喊道:"弗里德里克,火!"我为他感到屈辱——我心目中伟大的大师。我明白了李斯特所谓"可怜的弗里德里克"的所有意味。

肖邦顺从地带来了火。

· 313 ·

乔治·桑有只小狗,喜欢不停地转圈捉自己的尾巴。一天晚上它又故技重演,这时乔治对肖邦说:"如果我有你的才华,就给这只狗写一首钢琴曲。"肖邦立刻在钢琴前坐下,即兴创作了一首美妙的降D调圆舞曲(Op.64),也就是《小狗圆舞曲》。

---

[1] 威廉·冯·伦兹(Wilhelm von Lenz,1809—1893),公务员、音乐作家。

· 314 ·

他对至爱亲朋说:"你们要演奏音乐来怀念我,我在上面会听见的。"弗朗肖姆[1](他最亲近的朋友,也是他作曲时的助手,肖邦和他一起创作了为钢琴和大提琴的奏鸣曲)回答他:"好的,我们会演奏你的奏鸣曲。""噢,不,别演我的,请演那些真正好的音乐,比如莫扎特的。"

· 315 ·

从临终涂油这一刻起,他成了一位圣徒。他与死亡的斗争持续了四天。耐心、对上帝的信任甚至欢愉的信心,即便在痛苦中也从未离开过他,直到最后一息。他真诚地感到幸福,而且称自己非常幸福。在最难熬的痛苦中,他只表达了至乐之情、对上帝的爱,感谢我[2]引领他回到上帝身边,撇下凡尘一切美好,并且希望能够快些结束生命。

他祝福了他的朋友们,当最后一阵痛苦过去后,他发现自己被日夜守候的人群包围着,就问我:"为什么他们不祈祷呢?"听到这话,所有人都跪下,连新教徒也参加了连祷和祈愿,为他送行。

通常他说话总是很优雅,用词讲究,但最终他为了表达感恩以及那些死时未皈依上帝之人的痛苦,他大喊:"没有你我会像猪猡一样死去。"

临终前他仍旧念着耶稣、玛丽亚、约瑟的名字,亲吻了十字架,将它放在胸口,说道:"现在我要去福音之源了!"

---

[1] 奥古斯特-约瑟夫·弗朗肖姆(Auguste-Joseph Franchomme, 1808—1884),法国大提琴家。
[2] 杰洛维奇(Jelowicki),肖邦幼时的好友,后来当了神父。

· *316* ·

一位绅士有着很高的音乐天分……他琴技一流,特别喜爱肖邦的音乐,甚至能够演奏其中最难的作品。我[1]告诉他肖邦去世的悲伤消息。"太棒了!"他叫道,"现在我可以把他的全集装订成册啦!"

## 罗伯特·舒曼
(Robert SCHUMANN, 1810—1856)

德国浪漫主义作曲家,他在追求克拉拉·维克时创作了许多钢琴作品,后者是他钢琴老师的女儿,而这位父亲坚决反对他们的结合。1854 年舒曼被送进了精神病院。

· *317* ·

1830 年,舒曼为了追求一位小家碧玉,和朋友罗森一起参加了狂欢节的假面舞会。他知道她会在舞厅里,为了找个借口接近她,他在口袋里放了一首诗。幸运之神很眷顾他,他发现了那女孩;但是,正当他准备尽兴狂欢、递给她那首诗时,女孩的妈妈气势汹汹地横在两人中间:"收起你的诗吧,面具人,我女儿不懂诗歌。"

· *318* ·

舒曼有个习惯,他总是在黄昏时召集维克家的孩子们,然后编一些可怕的鬼故事吓唬他们。有时他会关上门,反穿一件毛皮大衣扮成鬼怪,举着幽灵灯突然出现在小孩面前,引起一阵尖叫。另一件事也能给他带来许多快乐,那就是让两个男孩中的一个长

---

[1] 查尔斯·哈雷爵士(Sir Charles Hallé, 1819—1895),英国指挥。

时间单腿站着,而他自己眨巴着眼睛在屋子里走来走去。

· *319* ·

舒曼的天才很少受人重视。当他夹着新手稿来到布赖特科普夫与黑特尔店里时,店员们总是用胳膊肘捣捣对方,然后相视一笑。他们其中一个告诉我[1],舒曼是个失败的怪人,因为他的作品总是留在架子上占地方。

· *320* ·

舒曼刚完成钢琴五重奏,李斯特意外地来到了莱比锡,并且要求当晚就听这首作品。克拉拉·舒曼对我们说:"这么短的时间里要找到四个钢琴家是很难的,于是我叫来一辆马车跑遍莱比锡城,直到幸运地完成使命。"大家约定晚上7点在舒曼家里进行表演。7点钟时,所有的音乐家都到齐了,唯独缺了李斯特,他直到9点钟才露面。在五重奏结束时,李斯特朝舒曼走过去,纡尊降贵地拍拍他的肩膀说:"不不,我亲爱的舒曼,这不是真家伙,只是乐队指挥的音乐。"在之后的晚餐中,李斯特不停地表达对门德尔松的负面看法,舒曼忍无可忍,起身抓住李斯特的肩膀叫道:"你怎敢那样说我们伟大的门德尔松!"然后离开了房间。李斯特什么风浪没见过,也站起身,对克拉拉·舒曼深鞠一躬,说:"我对于引起这样不愉快的场面深感抱歉。现在我如坐针毡,请接受我谦恭的歉意,允许我离去。"

· *321* ·

一次,当我们在等待约阿希姆的到访时,舒曼开玩笑地建议

---

[1] 威廉·梅森(William Mason, 1829—1908),美国钢琴家。

大家合写一首小提琴奏鸣曲,然后让约阿希姆猜每个乐章的作者是谁。我[1]被分到了第一乐章,间奏曲和末乐章由舒曼完成,勃拉姆斯用第一乐章的主题写了谐谑曲。在克拉拉·舒曼演奏了奏鸣曲后,约阿希姆立刻猜出了每部分的作者。

这部联合作品的手稿献给了约阿希姆,舒曼写了如下题词:

F.A.E.[2]

"在等待他们敬爱的朋友约阿希姆的到来时,舒曼、勃拉姆斯、迪特里希写下了这首奏鸣曲。"

· 322 ·

舒曼夫人曾经在杜塞尔多夫的联票音乐会上演奏无乐队伴奏的独奏小品。她的丈夫坐在钢琴背面离她不远处。一曲终了,她完全没有注意到观众的狂热和舞台上乐手们的欣喜之情,因为她发现丈夫冷冷地面无表情。"罗伯特,我弹得不好吗?"没有回答。她在整个大厅雷鸣般的掌声中开始掉眼泪。

· 323 ·

1854年的2月27日是星期一忏悔日,中午时分他的医生哈森克莱佛(亦是健康委员会成员)和音乐圈的朋友艾伯特·迪特里希前来拜访。他们亲切地坐在一起交谈。谈话当中,舒曼突然一言不发地离开了房间。他们以为他会回来,可是过了许久他也

---

[1] 艾伯特·赫尔曼·迪特里希(Albert Hermann Dietrich, 1829—1908),德国作曲家、指挥。
[2] 德文"Freiabere insam",自由而孤独地——约阿希姆的座右铭。

没出现，于是他妻子开始四处寻找。哪里也找不到。他的朋友们立刻出门去找他，均无功而返。原来他穿着便袍、光着脑袋离开了家，来到一座横跨莱茵河的桥上，一头扎进河水中想结束苦难。几个水手见状立刻跳进了小船，划到他后面将他拖了起来。

· 324 ·

舒曼在精神完全失常之前，曾有过间歇的清醒状态，那时他写了一些变奏曲，主题基于他发病初期时听到的"门德尔松和舒伯特派来的天使的祝福"。尽管舒曼有种不祥的预感，他还是井井有条地处理家务，哪怕细枝末节也不错过；近来他甚至在所有手稿上写下了最精准的指示。他早期的笔记簿中写满了各种评语，其中有这样一句话："艺术家应该警惕不要与社会脱节，否则就会毁灭，像我一样。"

· 325 ·

**克拉拉·舒曼日记节选——**

［1854年2月10日］

整晚罗伯特耳中都响着一种可怕的声音，一分钟也无法入睡。起先是一个低音的持续嗡嗡声，接着有另一个音不时插入。在白天这种情况会好转。第二晚还是很糟，接下来的几天也一样。他只有在清早才能享受两个小时的安宁，10点钟那声音又回来了。他忍受着极大的痛苦，他听到的每种声音都变成了音乐——一种用音色壮丽的乐器奏出的音乐，他说，比尘世中的任何音乐都要美妙。这令他筋疲力尽。医生说无能为力。

［2月17日］

晚上罗伯特上床后不久，又爬起来写了一段旋律，他说是天使唱给他听的。然后他再度躺下，亢奋地盯着天花板胡言乱语了一整晚。早上，天使们变成了魔鬼，唱着可怖的音乐，告诉他他是个罪人，准备将他投进地狱。他变得歇斯底里，痛苦地尖叫，说它们像虎狼般扑过来并用利爪按住了他。

## 弗朗茨（弗伦茨）·李斯特
[Franz（Ferencz）LISZT, 1811—1886]

李斯特对19世纪音乐和社会的影响是巨大的，以至于产生了海涅所说的"李斯特狂热"。他晚年接受了一些次要的宗教职务，成为"李斯特神父"。

· 326 ·

1880年我[1]见到李斯特时，记得他说："我得到了伟人贝多芬的吻。"

贝多芬的秘书辛德勒在1823年给贝多芬的信中写道："您会参加小李斯特的音乐会，对吗？这能给孩子鼓励。请答应我您一定要去。"于是贝多芬去了。当"小李斯特"走上舞台，发现贝多芬坐在前排，他很紧张，但没有畏缩。他演奏得狂热而充满灵感，无懈可击，赢得了雷鸣般的掌声。人们看到贝多芬走上舞台，用手臂揽住小演奏家，向他祝贺，并且正如李斯特所说的那样，"亲

---

[1] 休·雷金纳德·霍伊斯（Hugh Reginald Haweis, 1838—1901），英国圣公会牧师，音乐作家。

了他的双颊"。[1]

• 327 •

皮克西在当时是位颇有名望的老派演奏家……他的作品中有一首为双钢琴而作。该作品尚未完成时,已在李斯特的帮助下进入了音乐会节目册。皮克西知道李斯特习惯凭记忆演奏,但他自己不喜欢冒险,于是要求李斯特至少这次把乐谱放在琴架上。

正式演出时,两位钢琴家走上台,手里各拿了一卷乐谱。皮克西斯小心翼翼地展开乐谱放在琴架上,而李斯特坐在琴前,正当要开始时,把乐谱往后一扔,仍旧背谱演奏。那时他还年轻,不太懂得体恤他人。

• 328 •

一次李斯特的音乐会请柏辽兹指挥,乐队演出了《幻想交响曲》中的"赴刑进行曲"。之后李斯特坐定,演奏了他为该乐章改编的钢琴版本,效果甚至压过整个乐队。

• 329 •

对于李斯特来说,让法国音乐界注意到舒曼是件了不起的功劳。他演奏舒曼的作品,并在报刊上写文章热情地追捧它们。他还在巴黎顶尖的音乐报纸上写了一篇长文赞扬克拉拉·舒曼,并问她是否满意。她说很满意,但又问道:"您为什么要说我练琴的时候,在琴架两边各放一只黑猫呢?您知道那不是真的。""我亲

---

[1] 这是广为流传的李斯特式传奇的一个典型例子。贝多芬从未参加过这孩子的音乐会,别说当众拥抱他了。但是,贝多芬可能在家里接待过他。李斯特对他的一个学生说:"贝多芬用双手抓住我,吻我的前额并和蔼地说:'你是个幸运儿。因为你能够给人们带来欢乐和喜悦。没什么比这更好的了。'"

爱的夫人,"李斯特回答,"要让一篇那样的文章吸引法国公众,可得加点猛料才行。"

· 330 ·

在乐曲即将结束时,我[1]看到李斯特脸上那种夹杂着痛苦而喜悦的表情。除了一些早期大师描绘救世主的画作中,我还从未在一个真人脸上看到过这种表情。他的手在键盘上飞舞,我甚至能感到地板的振动。当他的手停止时,观众仍旧被绕梁的余音包围。在一阵歇斯底里的抽搐后,他倒在了朋友的怀里。当时的场景真的很可怕,整个房间的人都恐惧地屏着气,直到希勒出来宣布李斯特已经恢复了神志,情况才有好转。当我将西尔库尔夫人送上马车时,我们俩都像白杨树叶一样瑟瑟发抖。我写下这段话的时候依然抖得厉害。

· 331 ·

直到李斯特在 1840 年造访伦敦时,我[2]才再次听到他演奏。他宣布将举行一场"钢琴独奏会",令公众很疑惑。现在"独奏会"这个词已经很常见了,在当时却是闻所未闻,人们会问:"什么意思呢?一个人在钢琴上吟咏朗诵吗?"[3]李斯特在这些独奏会中,每弹完节目单上的一首曲子,就会离开舞台,走到观众席,那儿的椅子可以随意移动,他会像王公贵族般在听众中间四处走动、和朋友们聊天,直到他想表演的时候再回到钢琴边。

---

[1] 亨利·里夫(Henry Reeve)1835 年 4 月在巴黎音乐会上的报道。
[2] 查尔斯·肯辛顿·萨拉曼(Charles Kensington Salaman,1814—1901),英国钢琴家。
[3] 独奏会 recital 一词的动词 recite 有朗诵义。——译注

· 332 ·

李斯特在圣彼得堡的宫廷社交沙龙里一向很受欢迎，可是沙皇尼古拉不太关心音乐。有一次在李斯特演奏的时候他开始和一位女士聊天，而且说话很大声。突然李斯特停了下来，离开了钢琴。沙皇觉得莫名其妙，走到大师身边问道：

"您怎么不弹了？"

"当皇帝说话的时候，其他人应该保持沉默。"狡猾的大师说。

· 333 ·

法国国王路易·菲利普说："你还记得以前吗，你小时候在我家里弹琴，我那时还是奥尔良大公？我们的变化可真大呀！"

"是的，陛下，变化很大，不过没有变得更好。"李斯特干巴巴地回答。

· 334 ·

萨克森-魏玛宫廷中的一位使女身上总有股臭烟草的味道，这令她所有的朋友和宫廷中的人都很好奇，直到有一天大家发现了她每天挂在胸前的烟草的秘密。原来这是她的音乐偶像的神圣遗物——有一次李斯特把雪茄蒂扔在街上，她看见后便谦恭地捡起那臭烘烘的烟头，装在昂贵的小盒子里，刻上"F.L."的花押字，挂在自己的脖子上寸步不离。从此那东西一直散发着臭气，令大公府上的人迷惑不解了很长时间。

· 335 ·

一次音乐会上，轮到一位俄国伯爵夫人演奏。她受到了热烈欢迎，并开始全心演奏一首叙事曲。前面六页进行得很顺利，然后她开始犹豫，变得很困惑。在宽容的掌声下，她绝望地重新弹过。

*Book of Musical Anecdotes*

但到了相同段落她再次紧张过头，只能脸色发白地站起身。李斯特彻底被惹恼了，他跺着脚在座位上叫："不许走！"于是她再次坐下，在鸦雀无声中开始了第三次挑战。固执的记忆还是不肯将就。她绝望地想记起最后的段落，却不得不以几记刺耳的噪音结束这惨不忍睹的一幕。

我从来没有见过这么痛苦的一幕。在门外，她想去拉大师的胳膊，但他愤怒地甩开了手……

伯爵夫人回到家吃了鸦片酊，睡了足足48个小时。他们以为她死了，但她却醒了过来。在几封书信往来后，大师坚持让她立即离开布达佩斯。他们说一天早上她带着左轮手枪来到李斯特家，拿枪对准了他。"开枪呀！"李斯特说着朝她走过去。这不幸的女人垂下手，瘫倒在他脚下。

· 336 ·

很多人认为他是钢琴家弗朗茨·瑟维斯（Franz Servais）的亲生父亲。李斯特对于这种猜测的回答很圆滑："我只是通过书信与他母亲认识，而（生孩子）这种事情通过书信好像解决不了吧。"

· 337 ·

一个年轻姑娘在柏林给自己的独奏会做广告时自称是"李斯特的学生"，想吸引更多的观众。她这辈子根本没见过李斯特一面，当音乐会那天早晨，她在报纸上看到大师来到柏林的消息时，简直吓坏了。唯一的办法就是坦白，于是她来到他的宾馆要求见面。走进房间后，她便痛哭流涕地承认了自己的错误，请求李斯特的原谅。李斯特问了她准备弹的曲目，然后选了一首让她试一下。之后他给了一些演奏上的提示，拍拍她的脸蛋让她回家，并且说：

"现在,我亲爱的,你可以说自己是李斯特的学生了。"

· *338* ·

李斯特并不总是那么和善,他特别讨厌别人巴望着他[为他们]演奏。K男爵夫人因为李斯特是父亲的熟人,便诱骗他来家里喝茶。一得到他的同意,她就邀请大帮朋友前往,指望李斯特能够弹上一曲。她将钢琴放在房间正中央,这样谁也不能装作没看见。李斯特进门后,所有人都高度紧张,屏气凝神充满期待。我想,李斯特肯定已经见惯了这种小伎俩,一眼就知道了形势。在介绍了几位客人后,李斯特用最迷人的微笑对女主人说:

"亲爱的夫人,您的钢琴在哪儿呢?"然后装作左顾右盼的样子,其实钢琴就在他眼皮底下。

"噢!先生!您真的要?……"说着便带着胜利的姿态朝钢琴走去。"您真是太好了。我本来绝不敢要求您演奏的。"然后,她招招手,"钢琴就在这儿呢!"

"啊哈,"李斯特喜欢开玩笑,"我只是想找个地方放帽子。"

男爵夫人很灰心,但还是勇敢地叫道:"但是,先生,您不会拒绝弹一段音阶吧,哪怕就是碰碰琴也好!"

但李斯特的无情好像她的笨拙一样,冷冷地答道:"夫人,我从来不在下午弹音阶。"然后他就背对着她,开始跟海尔比格夫人聊天了。

· *339* ·

**爱德华·格里格——**

"我刚刚幸运地收到了莱比锡寄来的钢琴协奏曲手稿……我心急地想知道他是否真的能视奏我的协奏曲。就我而言,我觉得这是不可能做到的；但李斯特不这么认为。他问我：'你要弹吗？'我赶紧回答：'不行。'（要知道我还没练习过呢。）然后李斯特拿起手稿，走到钢琴边，带着他的招牌笑容对在场的客人说：'好吧，那么让我来证明一下我也不行。'说完他就开始了。我得承认他第一乐章弹得太快了，听起来仓促混乱。后来我找了个机会向他表明了速度，之后他的演绎便无人能及。他在弹最困难的尾声之时简直无懈可击，他的风度无论付出多少代价都值得一看。他并不满足于演奏，同时还和别人交谈并做评论，一会儿对这个说两句，一会儿对那个说两句，当有什么地方让他满意时，他就会朝左边或右边频频点头。在慢乐章及终曲时，他达到了演奏和赞誉的高潮。

有个神性插曲让我终生难忘。你也许记得终曲快结束时的第二主题，在雄伟的极强中反复。最后一小节乐队部分的三连音的第一个音从升 G 转到了 G，而钢琴部分处于一个辉煌的音阶段落，几乎覆盖了整个键盘，这时他突然停止，起立离开钢琴，迈着夸张的大步，高举着手臂穿过大厅，同时高唱着主题旋律。当唱到那个 G 时，他伸开手臂大喊道：'G，G，而不是升 G！棒极了！这才是货真价实的瑞典材料[1]！'他又回到钢琴边把整段重复了一遍，这才结束。最后，他递给我手稿，用极为亲切的语气说：'继续努力，我告诉你，你很有才能，别怕任何人！'

这最后的忠告对我来说意义重大，其中有种东西为它披上了神圣的氛围。"

---

[1] 这里可能是李斯特将挪威人格里格误认为瑞典人。——译注

· 340 ·

乐队演奏了瓦格纳的《汤豪舍》序曲，掌声不如李斯特期待的那样热烈，于是他从包厢里站起来，拼命地鼓掌，引得所有的观众都朝他看。当大家认出他时（说实话，像他那样引人注目的人想认不出来都很难），开始为他鼓掌。他叫道："再来一个！"于是观众也一齐叫道："再来一个！"于是乐队又重演了一遍序曲。然后观众对着李斯特尖叫："李斯特万岁！"

奥柏说他从来没有在这种严肃的古典音乐会上见过这种场景，人们开始失控，奥柏担心到时出口处会过于拥堵，建议我们在结束前就离开。

李斯特对他的下午感到非常满意。

· 341 ·

瓦格纳要开音乐会的消息一在布达佩斯宣布，立刻激起一片反对声。媒体认为布达佩斯不是德国城市，不应该花匈牙利人的钱支持德国事业……

瓦格纳的音乐会出票情况相当糟，我们[1]开始担心一败涂地。这会令大师不满，也让我们的首都蒙羞。李斯特得知了这里的情况，立刻说："我会在这场音乐会上演奏贝多芬的《降E大调协奏曲》。"在这消息散布出去后，音乐会的票立刻被一抢而空……

---

[1]叙述者是艾伯特·阿波尼伯爵（Count Albert Apponyi），匈牙利政治家。

**莉莉·莱曼回忆——**

· 342 ·

我曾多次为科西玛[1]夫人演唱,特别是李斯特的《迷娘》;有时他来拜罗伊特时,我也会唱给他本人听。一天在我"被要求"唱这段曲时,瓦格纳走了进来,一直听到结束。然后,他朝后仰着头——这姿态让他显得十分不自然——僵硬地大踏步穿过客厅,腋下夹着一堆乐谱。在离开前,他转身对科西玛说:"我亲爱的,真没想到你父亲还能写出这么美妙的歌曲。我还以为他只会写钢琴指法呢。"

· 343 ·

一等到我们单独在一起时,他就小声对我[2]说:

"您最近见过科西玛吗?"

我当时对李斯特在朋友间树立的高大形象毫无知觉……我以为他要开始说女儿的坏话[因为她离开了自己的丈夫和瓦格纳同居],于是决定激烈地回应他:

"我请求您,别对我说任何有关您女儿的坏话。我那样地支持她,以至于不能容忍任何责难。在理查德·瓦格纳这样一位超人面前,偏见甚至人类的法则都已经不适用了。对这样一个天才,谁会不迷恋、不拜倒在他脚下呢?如果您处在科西玛的位置上,您也会像她一样的。而作为一个父亲,您的职责就是别在她实现这样一项伟大的计划时当绊脚石。"

---

[1] 李斯特的二女儿(1837—1930),她在1857年嫁给钢琴家及指挥家汉斯·冯·彪罗,但是1864年与瓦格纳有了暧昧关系,两人于1870年结婚。
[2] 朱迪丝·戈捷(Judith Gauthier, 1850—1917),法国作家,瓦格纳的崇拜者。

李斯特亲切地拥抱了我。

"我完全同意你的观点，只是我没办法说出来，"他更小声了，"我的习惯令我不能公开否定某些看法。我实在太理解心灵的诱惑了，以至于无法苛求别人；传统迫使我保持沉默，但我心里比谁都希望这痛苦的爱情能够找到合法的出路。"

· 344 ·

一天教皇庇护九世去马里奥山看望大师，他正在一座多明我会的古老修道院里静修。教皇很悲伤，他一到达就直接告诉李斯特自己是来听音乐寻求安慰的，然后请求他即兴演奏。他特别喜爱这种保持艺术家独创性和个性的即兴音乐，内心的灵感可以任意驰骋。大师说："这种精神打动了我，于是我开始演奏。也许是与我有共鸣的听众启发了我，尽管圣父并没有存心赞扬我'漫不经心的演奏'，却被深深地打动了。当我演奏完毕时，他对我说了一些稀奇的话：

"'我亲爱的帕莱斯特里那[1]，法律应该用你的音乐让那些冥顽的罪犯诚心悔过。我相信没有人能拒绝你的音乐，这时刻不会太远了，在人道主义的理想时代，相似的心理治疗将被用于软化那些罪恶的心灵。'"

· 345 ·

**指挥费利克斯·魏因加特纳回忆李斯特之死——**

瓦格纳一家没有明显的悼念迹象。女儿们穿着黑衣，仅此而已。我们原本期待他们会取消哪怕一场节日演出来表示哀悼……

就算是取下剧院顶端的旗帜或者降半旗也成呀！但什么也没

---

[1] Palestrina，16世纪最受教宗喜爱的作曲家。

有，没有任何对外表示纪念的举动。万弗雷德庄园的宴会一如既往。一切看起来就像故意强调——弗朗茨·李斯特的去世与音乐节的荣耀相比完全不值一提，哪怕哀悼片刻也不值得。

从那以后我再也没有踏进万弗雷德大门半步。

· 346 ·

安东·鲁宾斯坦这样评论他："我们不能将任何人与李斯特相提并论，不管作为钢琴家还是音乐家，或者哪怕是一个人，因为李斯特远超过那一切——他是一种理念！"

· 347 ·

"您写过自己的一生吗？"一天我[1]问他。

"像我这样活一辈子已经足够了。"他严肃地回答。

## 路易·朱利安

（Louis JULLIEN，1812—1860）

法国指挥，在伦敦的逍遥音乐会上大受欢迎，他标志了指挥教崇拜的兴起。

· 348 ·

他决定把《主祷文》谱成音乐。我[2]像许多朋友一样，尽量客气地向他指出：公众也许会觉得一个写舞曲的作曲家尝试这么神圣的主题有些不合时宜。但是这位作曲家向来自信满满，他的回答是，这部作品的封面上有历史上两个最伟大的名字，绝无失败可能。为了更清楚地表明意思，他对我说：

---

[1] 扬卡·沃尔（Janka Wohl），李斯特的传记作者。
[2] 朱尔斯·里维埃（Jules Rivère，1819—1901），指挥。

"主祷文

耶稣词

朱利安曲"

· *349* ·

他在乐队中央造了一座高台，上面铺着镶嵌着金色蕾丝边的白布，高台上他放了一张白色配金色的华丽扶手椅。当他指挥时，便站在高台上面对观众，弦乐声部分布在他左右手两边，在他与观众间形成间隔，但一点儿也没遮住他的身姿；木管声部处于两侧，铜管在后方。

一曲终了时，他会跌坐在那华丽的椅子里，愁眉苦脸，好像要崩溃了一样，这招总能引来雷鸣般的掌声。

· *350* ·

在指挥舞曲和自己的作品时，他会用一根黑色或白色的木质指挥棒；而指挥贝多芬的交响曲或其他古典作曲家的作品时，他就会换一根镶宝石的棍子。

· *351* ·

一天早上他坐在钢琴边，突然拿起一把刀站起身，对一位来访的年轻女客说，他得到来自天堂的使命要杀死她。这位女士十分机智，她说已经准备好了去死，并问他能否在完成使命之前答应她一个请求。"什么请求？"他问道，"我可以准许你的愿望。"于是她请求他用短笛吹奏自己的作品，他答应了，便去隔壁房间拿乐器。她立刻将他锁在房间里，接着寻求帮助。之后他被送去了皮内医生的圣詹姆斯疯人院，1860年3月14日死于癫狂之中。

## 西吉斯蒙德·塔尔贝格
(Sigismond THALBERG, 1812—1871)

钢琴演奏家、作曲家，李斯特的劲敌。

· 352 ·

贝尔法斯特的音乐会经纪人员害怕钢琴受损，拒绝为塔尔贝格提供一架三角钢琴。他能在舞台上演奏的只有一架又小又破的立式钢琴，于是他决定报复这个小气的经纪人。他的表演获得了满堂彩，尽管没有三角钢琴，观众依然激动不已。当塔尔贝格走上舞台演奏最后一曲时，他悄悄地对我父亲说："现在对钢琴说再见吧。"演出结束后，这可怜的乐器再也发不出声音了——他敲断了本已脆弱不堪的琴弦，所有的音锤或多或少都已失灵。

当那经纪人检查这摊破烂时，咆哮道："我就知道！如果我给了他店里最好的琴，就是这样的下场。"

## 朱塞佩·威尔第
(Giuseppe VERDI, 1813—1901)

威尔第的歌剧杰作构成了现代意大利歌剧的核心曲目。

· 353 ·

当时他只有七岁，在下文中，他提供了音乐对年轻的心灵产生影响的第一手例证。

一个节日里，他作为合唱队的一员参加了勒朗科勒的一座小教堂的弥撒仪式。弥撒由管风琴伴奏，那是他第一次听到管风琴的声音。那和谐的音响对这孩子来说如此新鲜，他一直处于狂喜之中。这时神父对他叫道："拿水！"威尔第完全沉浸在音乐中没有听见。于是神父又重复了一遍"拿水！"，他还是没听见。在第三次命令仍旧没有结果时，这粗暴的神父为了将他从沉迷中唤醒，推了这可怜的孩子一把，结果他从三级高的圣坛上滚了下去。这跤摔得可不轻，孩子当场就昏了过去，不得不被抬到内室休息。他苏醒过来后就被送回父母身边，如果其他小孩碰到这种情况大概早就哭闹着告状了，读者猜猜看他做了什么？

他再次提出了早就向父亲提过的要求，请求他允许自己学习音乐。

·  *354*  ·

**威尔第的回忆——**

"现在我最深重的不幸开始了。我的孩子在4月初生了病，医生也不晓得原因，可怜的小家伙奄奄一息，在几乎绝望的母亲的手臂中断了气。这还不是全部。几天后我的小女儿也开始生病，最后夭折了。但竟然还没完。6月初我年轻的伴侣得了急性脑膜炎，1840年6月19日第三口棺材从我家运了出去。

我孑然一身！——孑然一身了！两个月内三个最亲的人永远地离我而去了。我再也没有家庭了！而且，在这种可怕的痛苦中，我还无法毁约，必须要完成一部喜歌剧！

《一日国王》一败涂地。歌剧不成功肯定有音乐上的问题，也有演出的份。我的身心被苦痛不幸完全占据了，精神又受到了歌剧失败的打击，我劝说自己再也不要在艺术中寻找慰藉了，于是下定决心再也不作曲！我甚至写信给帕塞迪（他从《一日国王》

惨败以后就死气沉沉），请求他让梅雷利取消我的合同。

梅雷利把我叫去，像对一个任性的孩子那样开导我。他不允许我因为一次失败而厌恶艺术，等等等等。但我态度很坚决，最后梅雷利只能同意我的决定，他说：

'听着，威尔第，我不能强迫你写作，但我对你的信心丝毫没有减少。谁知道哪天你又会重新拿起笔呢？如果那样的话，只要你在音乐季开始前两个月通知我，我保证你的歌剧可以上演。'

我谢了他，但这些话并没有令我重新考虑已做的决定，于是我离开了。

我在米兰找了一间住处，靠近 Corsia de' Servi。我整日无精打采，再也不想音乐。一个冬日的傍晚，我走出克里斯托弗里斯画廊时，迎面撞上了梅雷利，他正要去剧院。当时大雪纷飞，梅雷利拉住我的胳臂，让我陪他走到斯卡拉剧院的办公室。我们一路聊天，他告诉我他正在为一部新歌剧头疼。他请奥托·尼科莱写一部歌剧，但后者对脚本很不满意。

梅雷利说：'索列拉的脚本棒极了！绝对一流！……不同凡响！……戏剧情境引人入胜，简直像诗一样！……但这个固执的尼科莱却不听，居然说这脚本没法谱曲！……我必须赶紧找其他的。'

'……让我帮你摆脱困境吧，'我立刻说道，'你以前不是让人为我写了《被逐者》的脚本吗？我一个音都还没写呢，您就随意处理吧。'

'……噢！太棒了！真是运气好。'

我们一边聊着，已经走到了剧院。梅雷利叫来了身兼诗人、舞台经理、图书馆员、导演等数职的巴希,让他立刻去档案里找《被逐者》的手稿。事实上,他找到了。但就在那时,梅雷利拿起了另一份手稿给我看,并且叫道:

'……停,这里有一份索列拉的脚本。这么好的主题,却被扔在这儿!拿去看看!'

'……你到底要我干什么呀?我可不想读脚本。'

'……哎呀,无伤大雅!拿去看看吧,然后还给我。'

他把脚本塞进我手里。这是一大本书,依照当时的习惯用大字写成。我卷起来,跟梅雷利告别,然后回家。

在路上,我感到自己被一种莫名的不安纠缠着;一种深深的悲伤、一种真切的痛苦占据了我的心。我走进房间,心烦意乱地将手稿扔到桌上,呆立在桌边。那手稿自己散开了,不知怎么的,我的目光落在了其中一页上,上面写着如下诗句:

'飞翔吧,思想,乘着那金色的翅膀。'

我浏览了下面的诗句,完全被吸引了。那些诗句好像在阐述《圣经》一般,读来弥足珍贵。

我读了一段又一段,但是我早已决定不再作曲,于是试图压抑自己。我合上书,上了床。但是,呸!《纳布科》钻进我的脑子,我无法入睡。于是又爬起来读脚本,不是一遍,而是两遍、三遍,到了早晨我可以说已经将索列拉的诗文从头到尾铭记于心。

尽管如此,我还是无意于改变志向,于是日间我回到剧院将手稿还给梅雷利。

'噢,写得很好。'他说。

'非常好。'

'那么,配上音乐吧。'

'不行!这跟我没有任何关系!'

'配上音乐吧,我说,配上音乐吧。'

说着他把脚本硬塞进我的外套口袋,不但粗暴地把我推出了办公室,还当着我的面关上了门,把自己关在里面。

我该怎么办?

我口袋里揣着《纳布科》回到家。今天一句,明天一句,这次写一个音符,下一次写一个乐句,渐渐地这部歌剧就完成了。"

· 355 ·

"啊哈!"威尔第说,"从一开始人民就是我最好的朋友,一群木匠第一次给了我成功的信心。

那时我在布塞托,很长一段时间穷困潦倒、一事无成。出版商一齐笑话我,剧院经理请我吃闭门羹。我几乎丧失了自信和勇气,但是通过顽强的挣扎,米兰斯卡拉剧院排练了我的《纳布科》。歌手们唱得要多糟有多糟,而乐队似乎下定决心要盖过改建剧院的工人制造出的噪音。合唱队开始像平时一样漫不经心地唱'飞吧,思想',当他们只唱了几小节,剧院里居然变得像教堂一样安静。工人们一个接一个地停下了手里的活儿,坐在梯子和脚手架上津津有味地听起来!一曲终了,他们爆发出了我听过的最吵闹的掌声和欢呼声:'棒极了!棒极了!大师万岁!'边叫边用工具敲着木头。那时我开始意识到前途将一片光明。"

· 356 ·

尽管威尔第之前的几部作品已经奠定了他的声誉,《阿尔齐拉》于1845年在圣卡洛剧院上演时却反应平平。他在那不勒斯的朋友

*Book of Musical Anecdotes*

们通常都很迷信，他们认为这部作品的不幸遭遇应归结为作曲家卡佩塞拉特罗的不良影响，此人是个业余音乐家，毫无才华，但大家都知道他有一双名副其实的"凶眼"。现在"凶眼"的恶果在那不勒斯更是人尽皆知了。于是他们希望尽一切可能避开卡佩塞拉特罗带来的厄运。

威尔第一踏上那不勒斯的土地，住进卢兹酒店，他的朋友们就开始在他门前守卫，并且夜以继日地替换岗位，为了防止他与那可怕的"凶眼"见面。卡佩塞拉特罗出现在酒店里了？赶紧！毫不留情地把他撵走。他还抗议了？那得凶一点……

只要威尔第出门，就有一小群朋友围着他，剧院、餐馆、散步皆寸步不离。他们唯一的目的就是：阻止卡佩塞拉特罗跟他说话、碰他、哪怕接近他……

这些保镖们不屈不挠地将战斗进行到底，直到 1849 年 12 月 8 日《路易萨·米勒》在圣卡洛剧院上演时，卡佩塞拉特罗一次也没冲破守卫接近威尔第，自然，该作品获得了巨大的成功。

・ *357* ・

**然而——**

《路易萨·米勒》的第一幕取得了圆满的成功。威尔第在舞台上安排最后一组演员，突然一个人从侧翼冲出来，摔了一大跤；同时，一幅侧景断裂松动，即将倒下；威尔第恰好及时发现，朝后退了一大步，拖住卡佩塞拉特罗（就是他！）。侧景就倒在大师的脚边，他抱住卡佩塞拉特罗时离被布景砸到仅一步之遥！这还没完。最后一幕开始了，不知为什么，这一幕远不及前面几幕成功。从那以后，还有谁敢不相信"凶眼"的威力！

· 358 ·

直到1847年年底，罗马的意大利人一直视教皇庇护九世为本国的解放者和将来的救世主。这只持续了很短一段时间，不过可以肯定的是，当时在罗马人眼中主教是一种敬仰和崇拜之感情的象征。《埃尔纳尼》在托蒂诺纳剧院上演时，公众每晚都在那些令人兴奋、能够激起爱国热情的乐章中拼命鼓掌。在剧中，他们不唱"卡罗五世乃光荣与荣耀"，而是唱"皮奥·诺诺"[1]，诸如此类。自然，意大利的三色旗和徽章在舞台上代替了奥地利-西班牙的旗帜和徽章。每次演出这一幕时都会被要求重演。一天晚上，该幕已经重演过了，可是一个穿着国民卫队制服的军人爬上楼座，一条腿跷在栏杆上，继续叫着："再来一个！意大利万岁！皮奥·诺诺万岁！"其他人也异口同声地叫起来，于是幕布第三次升起。这家伙还不满足，继续大喊大叫，最后大家忍无可忍，开始朝他嘘。他却变本加厉，爱国狂热达到顶点，他脱下军帽，扔向乐池，接着是紧身短上衣、马夹；乐池里的人开始紧张，害怕他把自己也扔下来。结果他做的还要糟糕：他拔出剑，用力掷下，那剑插在了舞台上，离脚灯仅两步之遥。这时一位军官来到这疯子身边，奋力制伏了他，将他赶出了剧院。

· 359 ·

君主对他最大的认可，是提名他为上议院参议员。但他可没有从政的打算，时常把"分裂吧！分裂吧！"塞进合唱队的台词自娱自乐一番，还把每天的诏令当成稿纸。他不喜欢靠头衔来显

---

[1] 教皇庇护九世的意大利名。——译注

*Book of Musical Anecdotes*

示与众不同。演出后的第二天早上,我[1]和博伊托[2]去看望他,他正在房间里踱步,看起来怒发冲冠。博伊托问他怎么了,他把国王发来的电报扔过去,其中提到封他为布塞托侯爵。

博伊托:那么,大师,您怎么回答的呢?

威尔第:我说:"生是音乐家,一辈子就当音乐家。"

· 360 ·

威尔第让我[3]给他寄一些我写的歌曲和其他作品,让我感到莫大荣幸。当我问他邮寄地址时,他的回答极有个性,却丝毫不让人觉得他狂妄自大:"噢,地址很简单。'意大利,威尔第大师收。'"

· 361 ·

当他来到巴黎监督《西西里晚祷》的演出时,乐队没有出席额外加的一场排练,让他空等。他向指挥抱怨,指挥说:"我的天啊,他们有其他事情要做。""噢!"威尔第说,"他们有比本职更重要的事做吗?"说着他拿起帽子,离开了剧院,也离开了巴黎。

· 362 ·

《茶花女》在威尼斯一败涂地,男中音瓦勒西和其他演员想安慰威尔第,于是一同去慰问他。可威尔第只说道:"安慰你们自己和你们的同事吧,是你们没有掌握我的音乐。"

---

[1] 查尔斯·维列尔斯·斯坦福爵士(Sir Charles Villiers Stanford, 1852—1924),爱尔兰作曲家。
[2] 阿里戈·博伊托(Arrigo Boito, 1842—1918),作曲家、威尔第的台本作者。
[3] 乔治·亨舍尔爵士(George Henschel, 1850—1934),男中音,波士顿交响乐团的创始指挥。

· 363 ·

莫雷尔[1]说:"我的费用和塔马尼奥[2]先生是一样的。如果塔马尼奥先生要2000法郎一晚,我也要2000法郎。如果塔马尼奥要1万法郎一晚,我的报酬也一样。"

莫雷尔知道,1万法郎一晚正是塔马尼奥的要价;而莫雷尔在斯卡拉的费用只有2000法郎,为此,莫雷尔恨塔马尼奥就像伊阿古恨奥赛罗那般:才智略胜一筹的伊阿古恨着奥赛罗,因为后者只是地位高于他。

接着莫雷尔开始详述男高音的整体愚蠢,而且暗示自己比这些人要高明许多。

他说:"当上帝造出一个纯傻蛋,就对他说:'你应该成为一个男高音。'"

莫雷尔的言辞雄辩而机智,却没什么道理;而且他断言没有理由能说服他接受比塔马尼奥低的报酬。

威尔第说:"当然啦,像莫雷尔那样的男中音也许是比男高音更好的艺术家,而且莫雷尔也肯定比塔马尼奥有才华。不过钻石比其他石头值钱可不是因为它更漂亮,而是因为稀罕。"

· 364 ·

当男高音米瑞特在练习《弄臣》第四幕时,发现他扮演的曼图亚公爵少了一段独唱。

---

[1] 维克多·莫雷尔(Victor Maurel,1848—1923),法国男中音,扮演过威尔第写的福斯塔夫一角。
[2] 弗朗切斯科·塔马尼奥(Francesco Tamagno,1850—1905),意大利男高音,威尔第的第一个奥赛罗。

"这里少了一段。"他对作曲家说。

"时间多着呢,我会写给你的。"作曲家回答。

每天他都重新问一遍,每天都得到相同的回答。米瑞特渐渐失去耐心,变得焦躁。终于在乐队彩排前一晚,威尔第带来了那著名的咏叹调《女人善变》。

"停!看看这个。"他说。

米瑞特打开乐谱,发现那音乐简单却迷人。

威尔第继续说:"米瑞特,你必须用名誉保证你不会在家里唱这旋律、不会哼它、甚至不能吹口哨——总之,不能让任何人听到!"

"我保证。"米瑞特说。于是威尔第松了口气。

这就是威尔第对这出戏一直保持神秘的原因。他能够预料这首节奏新颖、优美闲适的咏叹调带来的效果。而且他还知道这旋律朗朗上口,考虑到意大利人在这方面的才能,他不但害怕他们学会这曲调,还担心会在演出前传遍全威尼斯,这样当人们在剧院里听到时,会指责他抄袭,而不是为他的创作喝彩。

因此,给米瑞特的建议并非全无用处。但这还不够,大师很清楚这点。于是在彩排当天,他不仅对整个乐队,而且对整个剧院的工作人员提出要求,请每个人都守口如瓶。保密工作很成功,于是这首咏叹调一鸣惊人。从开始段落美妙的小提琴奏出,观众们便被这主题的自由形式吸引了,而当男高音唱完第一句后,剧院里便响起了雷鸣般的掌声,第二句唱完后便立即要求再来一遍。这是一次完美而自然的成功。

*Book of Musical Anecdotes*

· 365 ·

尽管许多家庭在夏天喜欢离开维也纳去度假，但威尔第的名字足够把他们从全国各地召回来。歌剧院的售票处会被焦急的人群包围，人人急于预订座位。演出时座无虚席，观众对于《安魂曲》充满热情，因为独唱由大名鼎鼎的斯托尔兹夫人、瓦尔德曼夫人、马西尼先生、梅蒂尼先生担任，私人合唱协会的加入加强了合唱部分，而歌剧院乐团在大师的魔术棒下更是超水平发挥。威尔第时常说自己很高兴能指挥这样优秀的乐团和合唱队。首演那天晚上，威尔第离开剧院准备上马车时，突然被一群学生围住，要向他表示热烈祝贺。他生性腼腆，而且向来害怕这种狂热的欢迎，于是迅速跳上马车。可是他发现那群头脑发热的年轻人想要解开马套，就立刻从另一扇门跳出去，闪电一样地跑回了宾馆。接下来的几晚他总是等到确信没有人躲在暗处欢迎他时再离开剧院。

· 366 ·

威尔第住在蒙卡列里的别墅时，一个朋友去看望他。威尔第在一个房间里，他说这是客厅、饭厅加卧室，"还有另外两个大房间，但都堆满了这一季我租来的玩意。"威尔第打开门，让朋友欣赏他收藏的几打手摇风琴。

"自从我到了这儿，这些风琴从早到晚都在演奏《弄臣》《游吟诗人》以及我的其他歌剧里的咏叹调。

我听着烦透了，就整整一季租下全部风琴，总共大概花了一千法郎，但至少我得到了安宁。"

*Book of Musical Anecdotes*

### 朱塞佩·威尔第启——

雷焦，1872 年 5 月 7 日

由于无法抵挡您的歌剧《阿依达》的诱惑，我于本月 2 日来到帕尔马。开场前半个小时，我就已经坐在第 120 号座位上了。舞台布景十分豪华，我欣喜地倾听着顶尖歌唱家的演唱，仔细地不漏过任何细节。在演出结束后，我问自己是否满意。答案是否定的。在回雷焦的火车包厢里，同行的旅客众口一词认为《阿依达》是一部顶尖杰作。

这令我想再听一遍，于是 4 日又去了帕尔马。我费尽周折才搞到了一个别人预订的座位，由于人太多，我不得不花了五个里拉才能坐得舒服些。

我得出如下结论：歌剧完全没什么激动人心的地方，如果没有豪华的布景，观众肯定坐不到最后。歌剧也许可以让剧院坐满几次，然后就只能在档案馆里积灰了。现在，我亲爱的威尔第先生，您一定能想象到我花 32 里拉看了两场演出的遗憾心情。更可恼的是，我现在还靠家里供养，所以您应该能理解这笔钱就像幽灵般盘旋在我脑子里。因此，我决定对您开诚布公，这样您可以给我寄上这笔钱。以下是账目：

火车：去程 2.6 里拉

火车：回程 3.3 里拉

门票：8 里拉

车站里极度恶心的晚餐 2 里拉

计：15.9 里拉

× 2

总计：31.8 里拉

希望您能够救我于困境。

您真诚的<br>伯塔尼

我的地址是：Bertani，Prospero；Via San Domenico，No.5。

**威尔第给里科尔迪的信——**

1872 年 5 月

正如您预料的那样，为了拯救这个饱受幽灵折磨的小东西，我很乐意支付他寄来的小小账单。所以请好心的您派一个人把 27 里拉 80 分送到这位伯塔尼先生家里吧。诚然，这不是他要的数目，不过让我替他付饭钱就没那么好笑了，他本来可以在家吃顿好的。当然他必须给您收据，而且要写一份声明，承诺他以后再也不去听我的任何一部新歌剧了，这样他就不会有再次被幽灵折磨的危险，也能替我省些旅费！

· 368 ·

路易吉·伊利卡的《托斯卡》原本不是为普契尼而作，而是为里科尔迪的另一位作曲家——富有而爱出风头的、人称"意大利的迈耶贝尔"的阿尔贝托·弗朗凯蒂创作的。但是弗朗凯蒂对剧本不满意，而伊利卡又拒绝修改，最后两人提议和里科尔迪一同去见威尔第，征求他的意见。于是他们来到耄耋之年的大师下榻的米兰酒店套房，伊利卡朗读了他的三幕台本。当他读完后，威尔第伸了伸腿，说好极了。弗朗凯蒂有些尴尬，就问这位伟大的作曲家将如何处理男高音的角色。威尔第说:"我亲爱的弗朗凯蒂,我只会写些音乐,一点儿音乐,仅此而已。"

普契尼得知了威尔第对这剧本的评价,便垂涎三尺。他说服里科尔迪取消了和弗朗凯蒂的合同,将伊利卡的剧本供自己发挥。

· *369* ·

1899年,威尔第注意到他的朋友利奥波多·穆尼奥内[1]频繁去小镇皮斯托亚"监督《托斯卡》中钟的布置"。

"有多少座钟?用来干什么?"威尔第问道。

"11座,"指挥回答,"用来表现第三幕中罗马破晓时不同教堂的鸣钟。"

"11座钟!"威尔第叫道,"神啊!那时候我写《游吟诗人》中'祷告曲'的时候一座钟都不敢用,生怕剧院经理骂我……还能说什么呢,这个世界进步了——至少歌剧世界进步了。"

· *370* ·

在《奥赛罗》开始排练前不久,托斯卡尼尼作为大提琴手加入了斯卡拉剧院乐队。他因为能在威尔第棒下演奏而激动不已,在1887年2月5日首演那天,他又为音乐本身折服了。几天后他回到帕尔马,晚上到家时发现母亲已经就寝了。他将她摇醒,大叫道:"《奥赛罗》是一部杰作!妈妈,请跪下说:'威尔第万岁!'"迷迷糊糊的女人只能照做。

· *371* ·

《奥赛罗》的演出无与伦比,屡次推迟不但没有降低观众的兴

---

[1] Leopoldo Mugnone(1858—1941),《托斯卡》和《乡村骑士》的首演指挥。

趣，反而加强了好奇心，"整个城市都被这部歌剧打动了"。宾馆里住满了已买好座位的外地人，还有许多人只是来碰运气看能不能进场。到处都在谈论《奥赛罗》，媒体由于排练时被拒之门外而万分苦恼，不停地制造话题，以至于谁能从戒备森严的斯卡拉歌剧院中得到只言片语都会成为英雄。而此时的威尔第，亲自监督多次排练，就连男高音也像他一样平静而坦然。他不拜访任何人，也不接受任何人的拜访，他将所有的精力都放在工作上。他早上起得很早，在安静的马路上做些锻炼，然后一整天都待在剧院里，晚上10点睡觉。在那个值得纪念的周六晚上，人群聚集在米兰酒店门口目送他登上马车。这只是一系列非凡展示的开始。更多人聚集在剧院门口，信心百倍地预祝威尔第的新作获得成功；而在剧院内的演出中，老大师不停地被要求谢幕。只要幕布没有落下，他还能偷得片刻清闲，而一旦落幕后，人们就不断地呼唤他出来、鞠躬、再退回去。每幕之间都由两位主要演员陪同他上台谢幕多次，然后威尔第会手持礼帽、扣紧大衣单独上前一步，暗示要回家了。尽管如此，观众还是保持着最响亮、最长久的欢呼，他们变得无比狂热。在结束时有送花环以及不合宜之物的疯狂场面，大师仍旧保持着镇定的风度。他内心一定很激动，但面容却纹丝不动，看起来像是与这场盛会最不相干的人。在门口还有一场欢迎仪式等待威尔第，聚集的人越来越多。那晚送他回家的不是马车，而是激动的人群挥舞着的手臂。拥挤的人群令马车举步艰难，英雄的回家之途颇为漫长。然而，即便是这样的旅程也有终点。威尔第到达了宾馆，走廊里也挤满了人，他走进房间，迅速地上床，如果他能够入睡的话，肯定不是因为那些流连的仰慕者们弄出的

*Book of Musical Anecdotes*

噪音。这就是一位作曲家所能获得的最辉煌的胜利。

## 理查德·瓦格纳
（Richard WAGNER，1813—1883）

瓦格纳是除了耶稣和拿破仑之外最吸引传记作家的历史人物。他曾于1849年参加革命活动；他勾引了李斯特的女儿、汉斯·冯·彪罗的妻子科西玛；他提出将所有艺术形式整合为一种总体艺术；他创作了巨型歌剧，并在拜罗伊特建了一座剧院专门演出这些歌剧。

· 372 ·

我们于1852年6月5日抵达苏黎世，第二天早晨大约10点钟，我[1]带着一封介绍信去拜访了瓦格纳在郊区的山中小屋。

女佣前来开门，我问到瓦格纳先生是否在家、见不见客，正如我所担心的那样，她回答说他正在书房工作，不能受到干扰……

正当我准备离去时，楼梯上传来了声音，"谁在那儿？"我立即让女佣递上了介绍信。瓦格纳瞟了一眼便叫道："上来！上来！"

那个时候瓦格纳还不是那么出名，为人所知的作品仅有《黎恩济》《漂泊的荷兰人》《汤豪舍》及《罗恩格林》，而我只听过《漂泊的荷兰人》。我觉得那是最美的作品，所以急于见一见作曲家。

当我走上楼梯，瓦格纳的第一句话是："你来得正是时候。我已经连续工作了很久，现在卡住了。目前我情绪烦躁，根本无法继续。所以我很高兴你这时候来了。"

---

[1] 威廉·梅森（William Mason，1829—1908），美国钢琴家、作曲家。

我很清楚地记得他给我留下的第一印象，对我来说他更像一个美国人而不是德国人……我们谈及了贝多芬，之后的对话就成了瓦格纳的一言堂，他开始不断地谈论贝多芬，而我只有听的份儿，以免打断他滔滔不绝的演说……

他说："门德尔松是位优雅高贵的上流绅士，教养良好，连在家里也总是穿着晚礼服。乐如其人，他的音乐如此优美、雅致、精雕细琢，但一成不变到了一定程度，以至于人们时不时会渴望一些肌肉和膂力。不过这就是那种如梦如幻、优雅精致的音乐。贝多芬的音乐属于有肌肉和膂力的。他灵感如涌泉，根本不屑于墨守成规。他总是直奔主题，抛开那些繁文缛节，用一种强壮的、决绝的、充满男子气概却又温柔的方式表达自己所想。尽管他的音乐有时粗暴，但却时常有一种无法言喻的温情；然而这又是一种阳刚霸气的温柔，骨子里有一种持续的力量。几年前我在德累斯顿当乐队指挥时的一次非凡经历，证明了贝多芬音乐振奋人心的力量。那是剧院举办的下午音乐会系列中的一场，当天十分闷热，人们看起来疲倦不堪、昏昏欲睡。我看了一眼节目单，发觉我之前所选的曲目碰巧都是小调的——先是门德尔松精美的《A小调交响曲》，那种需要穿着正装、戴上一尘不染的白色小山羊皮手套聆听的音乐；然后是凯鲁比尼的序曲；最后是贝多芬的C小调《第五交响曲》。"说到这里，瓦格纳从椅子上站起来，在房间里踱步，然后继续说道："大家都无精打采、毫无兴致，整个氛围像一潭死水。乐队懒洋洋地演完了交响曲和序曲，观众们变得越来越不耐烦。看样子要调动起乐手和听众的积极性是不可能了，我甚至严肃地考虑过在序曲结束后就把他们全都打发走。我本来极不情愿让贝多芬那美丽的音乐经受这种残酷的考验,不过几经考虑之后,我觉得这也许正是一个证明其力量和活力的好机会,于是我对自己说:'我要有勇气坚持演完这曲目。'"

瓦格纳停止了踱步,四处张望,好像在寻找什么。然后他冲向一个角落,拿起一根手杖,好像那是指挥棒。

"这就是贝多芬,"他叫道,"穿着短袖衬衫工作的男人,向恶劣的环境敞开他骁勇有力的胸膛。"

他站得笔直,挥动着手杖点出了贝多芬的《第五交响曲》的开始段落:当——当——当——咚!

他生动地演绎了当时的场景。接着他倒在椅子里,说:"这音乐对乐队和听众的效果立竿见影,再也没有无精打采了,空气像被雷阵雨清洗过一般。这就是考验。"

· *373* ·

**瓦格纳写道——**

总的来说,巴枯宁[1]算是个和蔼可亲、心地善良的人(他的理念除外)。他完全能理解我的焦虑——我一想到自己对于未来艺术的理想和希望有被永久摧毁的危险,就感到绝望。真的,他拒绝听我关于艺术的任何计划,甚至不愿意看我的《尼伯龙根指环》。那时我正好受到了一份福音书研究的启发,准备在未来的理想舞台上演出一部悲剧,叫《拿撒勒的耶稣》。巴枯宁请求我不要告诉他任何细节,而当我试图用一些口头暗示说服他加入我的计划时,

---

[1] 米哈伊尔·亚历山德罗维奇·巴枯宁(Mikhail Alexandrovich Bakunin, 1814—1876),俄国无政府主义思想家。

他祝我成功，并要求我应该不惜一切代价将耶稣塑造成一个软弱的人物。至于音乐部分，他建议我在所有变奏中只用一套乐句，比方说男高音唱"砍掉他的头！"；女高音唱"吊死他！"；低音连唱"烧死他！烧死他！"一天我引诱他听我演唱了《漂泊的荷兰人》的第一幕后，我与这天才更加惺惺相惜了。他比其他人听起来更专心，并在一个短暂的休止时大叫道："妙不可言！"而且想听更多。

· 374 ·

同贝多芬一样，瓦格纳不及中等身高，体格健壮，行动快、语速快……他给人的印象要比他的实际身高更高些。在1849年的政治动乱后，他被萨克森警方通缉，以下是当时签发的体貌特征：

瓦格纳，年37岁或38岁，中等身材，棕色头发，戴眼镜；额头宽；眉毛棕色；眼睛灰蓝色；口鼻对称；圆下巴。特别注意：语速快、动作快。衣着：暗绿色鹿皮外套、黑布裤子、丝制围巾、[普通]毛毡帽和靴子。

· 375 ·

罗西尼跟所有巴黎人一样，不太买瓦格纳的账。

一天，一个朋友去拜访罗西尼的时候，发现他在研究《特里斯坦和伊索尔德》的乐谱，于是问他有何高见。

"啊哈，"大师说，"美妙的作品！我从来没见过这样优美的表达、这样的创造力，改革了我们的老歌剧传统比如莫扎特、格鲁克、奇马罗萨、韦伯、梅尔卡丹特、迈耶贝尔——包括我自己。"

他的拜访者凑过去，结果被惊呆了，他发现罗西尼把瓦格纳的乐谱给看倒了。

这时，罗西尼又把乐谱正过来，瞄了一眼以后说："哎呀，现在我连哪里是头哪里是尾也分不出来啦！"

· *376* ·

"你知道瓦格纳的音乐听起来像什么吗？"一天罗西尼问我[1]。然后他打开钢琴盖，重重地坐在琴键上，然后叫着："就是这样！这就是未来的音乐。"

· *377* ·

"瓦格纳序曲创作指导"——

"在你觉得应该是还原音符时升半音；

在你觉得应该升半音时用还原；

没有规则，只有特例；

然后（第一个快乐点子！）进来

竖琴！


小节后没有后续；

小节前也没有前奏；

你真的不用在意孰先孰后，

但是（第二个快乐点子！）进来

大鼓！


在和声处让最粗野的不协和音通行；

要让调中有调，一堆乱炖；

---

[1] 路易丝·赫丽特-维亚尔多（Louise Héritte-Viardot, 1841—1918），女低音。

然后（最后一个快乐点子！）进来

铜管！

然后叮叮，咚咚，哗啦——哗啦，叮叮，咚咚！"

· 378 ·

**瓦格纳写道——**

科西玛现在好像不如从前见到我时那样羞涩了……而转化成了一种友好的态度。当一次我为朋友们唱"沃坦的告别"时，我吃惊地注意到科西玛的脸上露出了一种似曾相识的表情，这种表情曾出现在苏黎世类似的场合中，只是这次的迷狂状态有过之而无不及。所有与之有关的事情都披上了一层沉默而神秘的面纱，但我愈发坚信她是属于我的，而当我处于超常的兴奋中时，我的行为往往不由自主地表现出最不计后果的快乐。一次我陪科西玛穿过广场去宾馆时，突然看到路边有一辆空着的手推车，就立刻建议她坐上去，好让我推着她去宾馆。她马上就同意了。可是我当时太吃惊了，所有的勇气一下子消逝殆尽，再也不能实施这项疯狂的计划。

· 379 ·

**汉斯·冯·彪罗给妻子科西玛的信——**

1869年6月17日，慕尼黑

你已经决定要将自己的生命、心中的爱意托付给一位比我更好的人，我绝不会责备你，而是完完全全赞同你的决定，你是对的。我发誓唯一能够令我得到安慰的想法就是：科西玛在那儿是幸福的。

· 380 ·

在他房子后面的花园里有块空地,马车从那儿出发。院子里有个秋千,孩子可以小心地游戏,大人有时也用以自娱。一天科西玛夫人坐在那窄窄的木板上,瓦格纳推着秋千上上下下。

开始时一切都还正常,但是渐渐地,速度越来越快,秋千越来越高!科西玛求他停下来,却无济于事。他完全被一种疯狂占据了,没有注意到科西玛的恐惧,情势开始变得危急。

科西玛脸色惨白,几乎抓不住绳索,眼看就快掉下来。

"你没看见她快吓昏了吗?"我[1]叫着朝瓦格纳冲过去。

这回轮到他脸色惨白了,险情被遏止。但是,当这位可怜的夫人还在眩晕和战栗中时,大师又决定来一种新花样。他迅速地朝房子跑去,沿着墙壁上石头的凸起处敏捷地爬到楼上的阳台,跳了进去。

通过一恶换一恶,他达到了预期的效果。科西玛焦急地颤抖着,上气不接下气地对我说:

"最重要的是,千万别理他;别露出吃惊的样子,不然你永远不知道他什么时候会停。"

· 381 ·

1876年7月15日

昨天早上,我[2]给勃拉姆斯带去了瓦格纳的《众神的黄昏》的乐队总谱。下午他问我:"为什么你给我这个?"(是他自己问

---

[1] 朱迪丝·戈捷(Judith Gauthier, 1850—1917),法国作家。
[2] 乔治·亨舍尔爵士(Sir George Henschel, 1850—1934),指挥、男中音。

我要的！）"这音乐有趣而迷人，但老实说，并不总那么舒服。和《特里斯坦》的谱子不一样。如果我早上看了这谱子，就得画着十字过一天。"

……今天我从一张柏林报纸上读到了一则讣告，拜罗伊特瓦格纳管弦乐队的一名乐手去世了。"第一具尸体。"勃拉姆斯不动声色地说。

· *382* ·

勃拉姆斯的崇拜者以鄙视瓦格纳为时髦。不过勃拉姆斯本人并不同意，他总是说："瓦格纳的模仿者们只是一群猴子，但他本人还是有料的。"这句话经常被引用来证明勃拉姆斯高尚、大度的品质。不过像约阿希姆和赫佐根伯格[1]这样的人，则认为瓦格纳是一个巨型笑话。我记得他们说起过看《齐格弗里德》全剧实在是受罪，每次乐谱上出现某个和弦（比如渐弱的九和弦）时，他们就必须不断地向对方说"早上好"来互相提神。

· *383* ·

我们[2]待的小房间有两扇窗对着卢塞恩湖，第三扇窗在房间侧面，可以俯瞰庭院，那里有个铁匠正在打铁。瓦格纳仔细聆听着锤子敲在砧板上的响声。突然他打开钢琴盖，开始演奏齐格弗里德"铸剑"的主题。弹到剑身铸成的那一小节，他戛然而止，外面的铁匠却以一种惊人的精确度敲着，不自觉地完成了这一主题。

"你看呀，"大师说，"我时间卡得多么准确，最后一击来得分

---

[1] 海因里希·弗莱海尔·冯·赫佐根伯格（Heinrich Freiherr von Herzogenberg, 1843—1900），奥地利作曲家；这则逸事的叙述者是英国作曲家埃塞尔·史密斯女爵。
[2] 叙述者是朱迪丝·戈捷。

*Book of Musical Anecdotes*

秒不差。"

• *384* •

**1877年5月，一位乐队小提琴手回忆瓦格纳在伦敦的排练——**

不朽的瓦格纳在他的声名如日中天时来到了伦敦，一个大乐队将演出10场系列音乐会。

第一次排练在圣詹姆斯音乐厅（现已拆除）的底楼举行，上午10点开始，预计会持续到下午3点，曲目是《莱茵的黄金》。虽然汉斯·里希特可能成为这次音乐节的指挥，但瓦格纳先生还是亲自指挥了排练。乐队有将近两百名乐手，第一小提琴和第二小提琴就各占了50席。作品以描述莱茵河的音乐开始，许多部分要由第二小提琴声部完成，而且演奏难度非常之大。

当瓦格纳和里希特、弗兰克露面时，所有乐手都已经各就各位。不知怎么，瓦格纳先生的帽子里好像塞了一些凸起物，当他昂首阔步地走到乐队前时，那帽子多少造成了即使不算滑稽、也有损体面的效果。那些初次见到他的人因为充满了敬畏，以致不敢请求他脱下帽子或提醒他将之整理好。这小插曲显然为乐团里的英国乐手提供了笑料，他们互相提醒注意那顶帽子。但乐团里的德国乐手则完全不同，他们认为英国人在这种情况下的表现简直是大逆不道，令人忍无可忍。瓦格纳先生注意到了那嬉笑，他没有追究原因，只是带着惊奇和厌恶的表情盯着那些肇事者。不论如何，他拿起指挥棒，排练开始了。第二小提琴声部用绵长奔涌的琶音来模仿莱茵河水，而排练结束后，我看到两三个乐手假装从燕尾服下摆处拧出水来，还有一小伙人假意去接水，那效果可就更逼真了。没过多久，指挥就粗暴地敲着台子，叫"重来"。乐队重新来过，没多久又出了乱子，这一次是指挥太投入，弄掉了指挥棒，他本指望用一个手指就能带动这庞大的机器。这下子作曲家实在难掩怒火，气得脸色苍白，他来回踱步，转身对里希特重复了几次"糟糕"这个词。这个小动作没有逃过英国乐手的耳目，他们似乎再也无法控制，咯咯地大笑起来，令乐队中的德国人和其他人惊愕不已。

这时，第二小提琴声部的首席迪希曼先生伸开腿，激动地拿琴弓敲着谱架，并用糟糕的英语说："没时间笑了。"他敲得太用力，以至于弓尖的象牙头飞了出去，打在威廉姆先生的脸上。这最后的事变引发了一阵狂笑，连不少外国乐手也加入其中。瓦格纳这时已经气得快发狂了。不过对于完美的战术家里希特先生来说，机会来了。他挽住大作曲家的手臂，用一种宽慰的、安抚的口气将他劝走。同时乐队还处在无节制的狂欢中。不久指挥家独自回来了（瓦格纳已经离开），他拿起指挥棒，只说了几个字："孩子们，准备！"乐手们遇到了一双能够穿透他们灵魂的眼睛，每个人都被这位伟大指挥的性情所感染，他们将座椅挪近谱架，奏出了好像从一把乐器上发出的音色，将本世纪最伟大的音乐戏剧天才的理念化为美妙的音响效果，让人一饱耳福。

现在我们知道我们正在演奏《莱茵的黄金》，因为大家真正感受到了来自理查德·瓦格纳灵魂的感召。

· *385* ·

指挥费利克斯·莫特尔开始了他的作曲事业，首先去拜访瓦格纳，请他看一看自己的歌剧。瓦格纳同意看一下台本。当莫特尔再次登门时，他说："太糟糕了。"于是这年轻人问："那我要不要带音乐部分来呢？"瓦格纳说："不用了，我对音乐一窍不通。你最好去找李斯特吧。"

· *386* ·

瓦格纳死后，他生前一直恪守的一项美德似乎在拜罗伊特式微了。作曲家从来不许指挥将慢拍子演绎得过度夸张。特别值得注意的是，丹罗伊特[1]（1882年他住在万弗雷德听排练）告诉我，当赫尔曼·莱维在1883年（也是作曲家去世的那年）指挥《帕西法尔》排练的时候，瓦格纳经常从台下跳起来叫："快一点！快一点！不然观众会觉得无聊的！"

· *387* ·

在《指环》的一次演出中，我[2]的朋友米哈洛维奇想和瓦格纳的家人说话，于是我们来到剧院为他的家人专设的房间。很巧，当他走进房间时，发现大师正一个人坐在写字台前冥想。看见熟人进来，瓦格纳站起身，用一种几近丧气的口气说：

"不，那不是我想要的。比我想要的差太多了。"米哈洛维奇以为是演出让他不满，于是开始为演出说好话。瓦格纳回答道："跟演出无关。我知道他们已经努力了；只是我写出来的东西跟我脑子里想的不一样。"

· *388* ·

一天，几个人在毁谤瓦格纳的音乐，马斯内对其中一个人说：

---

[1] 爱德华·丹罗伊特（Edward Dannreuther，1844—1905），出生于阿尔萨斯的瓦格纳迷。

[2] 叙述者是匈牙利政治家阿波尼（Apponyi）伯爵。于登·冯·米哈洛维奇（Ödön von Mihàlovich，1842—1929），匈牙利作曲家，汉斯·冯·彪罗的学生。

"既然您刚从拜罗伊特回来，就应该知道：瓦格纳的音乐是那样压倒一切，以至于某人听过他的作品以后就发誓封笔。但后来，"他叹了一口气，"某人忘性大，于是又开始写了。"

· 389 ·

瓦格纳通常对孩子们很和蔼，很爱开玩笑。他的大女儿刚从寄宿学校回来的时候，他就会逗她，问她"灯""杯子""书"等等用法文怎么说，这其中也带着一种自嘲，因为在自己家里说法语对他可不是滋味。1876年，他的不满情绪达到了顶峰，正式宣布在他的别墅万弗雷德（意指梦想幻灭后的宁静）不许说法语，希望客人们尽量只说德语。第一年的试验期，没有人说法语。不过法语是他太太科西玛的母语，也是他和丈人李斯特的会话用语，显然，这两位肯定习惯说法语，而不是德语。

· 390 ·

说到瓦格纳的种种古怪，李斯特仅用几句话向我们解释："在几乎三十年中，瓦格纳没有尝过荣耀的滋味。现在斋戒结束了，当荣耀最终来到他面前时，不像别人那样点点滴滴积少成多，而是如山洪暴发一般势不可当，以致他无法平静地面对。"

· 391 ·

一天我[1]和塞德尔在百老汇散步时碰上了《纽约先驱论坛报》的斯坦伯格。他对塞德尔说："指挥先生，我觉得您已经忘记了几年前我们相见时的伤感场景。"

---

[1] 弗朗西斯·尼尔森（Francis Neilson），美国指挥；安东·塞德尔（Anton Seidl, 1850—1898），匈牙利指挥。

*Book of Musical Anecdotes*

"什么时候?"塞德尔问道。

"那是一个大风的早晨,瓦格纳的遗体抵达拜罗伊特。"

"啊,"塞德尔说,"的确很伤感。"然后他俩都沉重地摇了摇头。

突然,斯坦伯格用一种活泼而嘲讽的口吻说:"指挥先生,您觉得镇上的乐队演奏的那个《葬礼进行曲》水平怎么样?"

塞德尔爆发出一阵尖声大笑。原来他们曾经为当地乐队改编过"齐格弗里德的葬礼进行曲",由于没有找到能够放在谱架上的卡片,他们只好用信纸代替。葬礼队列成形后,乐队从车站出发,这时一阵狂风把纸片统统吹上了天。当即,所有的乐手们都开始追自己的那张纸片。

· 392 ·

我[1]每次去勃拉姆斯在卡尔街4号的住所,钢琴上必有一两部瓦格纳的作品摊开着。有一次他不经意地说,如果不是怕自己的出现引起大惊小怪的话,他倒是挺愿意去拜罗伊特看一看的。

· 393 ·

我[2]回忆起去墓地的那一幕:当时瓦格纳夫人了无生趣,找不到生活下去的意义。那是1883年。她挚爱的丈夫的猝死几乎摧毁了她的理智。她剪断了美丽的长发(因为瓦格纳非常喜爱它们)放进他的棺材;李斯特来到拜罗伊特,但她拒绝与父亲见面;只有瓦格纳最喜爱的孩子齐格弗里德才能够接近她。不论晴天雨天,她都会在孤零零的墓地旁坐上两个小时或者更长。她不许其他人

---

[1] 费利克斯·西蒙爵士(Sir Felix Semon, 1849—1921),英国喉科专家。
[2] 路易丝·查尔斯·埃尔森(Louis Charles Elson, 1848—1920),美国音乐史家。

靠近墓地，而我是得到了一个下人的默许，才有机会看到这位当代最伟大作曲家的安息之所。

## 威廉·斯顿代尔·贝内特爵士
（Sir William Sterndale BENNETT，1816—1875）

早熟的英国作曲家，在16岁那年就受到门德尔松的邀请去德国。然而，回到英国后，他便江郎才尽了。

· *394* ·

从前有个作曲家叫贝内特，

他的事业——寥寥几笔就能写尽：

年轻时，如云雀高歌，

得到门德尔松的认可，

他一飞冲天；之后，再也没动静的贝内特。

## 查尔斯·古诺
（Charles GOUNOD，1818—1893）

他创作了《浮士德》，这是19世纪最成功的歌剧之一。

· *395* ·

我[1]记得一次在Chaussée d'Antin街看到他。

当时古诺的《浮士德》刚在抒情剧院上演，令我吃惊的是，观众的反应叫人生疑。其中的"士兵的合唱"尤其是圆舞曲得到了热情的掌声和称赞，但对于歌剧中真正精彩的部分观众却无动

---

[1] 路易丝·恩格尔（Louis Engel），英国评论家。

于衷。于是我对他说:"人们喜欢'士兵的合唱'并不奇怪,但您一定会同意我的看法,这绝不是歌剧里最精彩的段落,对吧?""啊哈,我亲爱的恩格尔,"他说,"您难道没发现,歌剧从诞生之日起便跟我们人不一样,人是头先出来,而歌剧是脚先出来。"

· *396* ·

[《浮士德》在英国的首演时,]古诺直到当晚近7点才抵达伦敦,他对我[1]说的唯一一句话就是他想要一个剧院正厅当中的包厢。对于这要求,我立刻就答应了,原因如下:

几天前的下午,我去找票房的纽金特先生,问他出票情况如何。

"糟透了。"他回答。

只卖掉了价值30英镑的位子。

这是失败的前兆,而我下定决心要获得辉煌的成功。于是我首先告诉纽金特先生我将宣布《浮士德》连演四晚。他觉得我一定是疯了,这样的歌剧演出一晚都嫌多,而硬塞给公众一部他们不感兴趣的作品无疑是可悲的错误。

我告诉他不但要演四晚,而且前三晚的票除了已经售出的一张也不许卖。为了确保万无一失,我收起了前三晚剩下的所有票子放进几个大包里,带着回家,以便在市中心和市郊分发。最后,在花费了惊人的信封和邮票费用后,前三晚的大部分票都被小心翼翼地分发了。

同时我在《泰晤士报》上登了一则广告:由于某家庭不幸遭艰,《浮士德》的首演中正厅前排空出了两排座位(由于此歌剧

---

[1] 詹姆斯·亨利·梅普尔森(James Henry Mapleson, 1830—1901),英国演出经理。

引起的广泛兴趣，前三场演出票都已售罄），现在此两排座位将以每位 25 先令出售，比原价略高，欲购者请去 Cockspur 街菲利普先生的珠宝店。我还告诉菲利普先生如果他能把票都卖掉，我就送给他全家人三张免费票。菲利普最后以三倍价钱卖掉了票，Cockspur 街的另一间文具店也获得了同样的成功。

这时，票房也开始有了需求，当那些买主们被告知"票卖完了"时，他们立刻回去告诉朋友们，朋友们又来看是不是真的搞不到首演的票。随着演出日期的逼近，需求也越来越大。

"如果首演没有，第二场总有位子吧。"有人叫道。

但是，纽金特先生和他的助理只有一个回答："不光第一晚卖完了，后面两晚也卖完了。"

首演是 1863 年 6 月 11 日，作品得到了赞扬，哪怕不是那么热情洋溢。我安排古诺谢幕，他在台上出现了好几次……

第二晚《浮士德》获得了比第一晚热情得多的效果，之后的每一场演出都更受欢迎，在三场演出之后，越来越多的人燃烧着想看一看这部之前被冷落的作品的欲望，于是剧院的加演场场爆满。

· *397* ·

查尔斯·哈雷来巴黎的艾哈厅开下午场独奏会。当晚他参加了一个派对，在那里遇见了古诺。古诺紧紧握住他的双手，感谢他的独奏会为自己带来的无比享受。古诺哼着一段贝多芬的奏鸣曲，"没有人——没有人，我亲爱的朋友，除了您没有人能用这种精湛的方式诠释这部作品。我就算闭着眼睛，也能知道那是哈雷在演奏。"不久古诺夫人走过来打招呼，一张口就为自己和丈夫因为有约在先没能来参加音乐会而道歉。

· *398* ·

我丈夫一走,古诺就开始大发雷霆〔叙述者是乔治亚娜·韦尔登（Georgina Weldon, 1837—1914）, 古诺在伦敦的房东和情人, 当时他正躲避普法战争〕。我想让他冷静下来, 不过没有用。我试图搂住他好好哄他, 可他粗暴地推开我, 像要动手一样。"别碰我,"他尖叫道,"是你鼓动你丈夫羞辱我、激怒我、向我挑衅。我要死了,"他继续尖叫,"都跟我一起死！"我吓坏了, 我觉得他的意思是一把火烧了房子, 于是我紧盯着他, 希望能让他安静下来。他像个疯子一样冲向存放《波里厄克特》总谱的柜子, 拿出一摞, 叫着:"先烧《波里厄克特》！"烧掉正在写的手稿是他的习惯, 也是让我屈服的最好方法, 每次我看到他毁掉自己的作品总是感到揪心的痛。

绝望的恐惧给了我力量, 我用尽全力朝他冲去, 把他压倒, 在地上打滚；我们为了争抢宝贵的乐谱而厮打；我从他手里抢到了乐谱, 扔到沙发上；接着立刻从地板上站起来, 尖叫道:"你可以先杀了我, 但你不可以烧掉《波里厄克特》！"然后我泄了气, 开始啜泣, 我朝他伸出手——"我的老先生！我的宝贝啊！你为什么这样对我？你没发现你在杀死我吗？我受的苦太多了, 再也受不了了。我竭尽所能挽救你那些没用的作品。可都是徒劳。"

古诺从扭打中恢复过来, 总算安静了。谢天谢地,《波里厄克特》的总谱保住了。

# 雅克·奥芬巴赫

(Jacques OFFENBACH,1819—1880)

科隆犹太会堂主唱之子,他写了约一百部轻歌剧,捕捉并讽刺了法兰西第二帝国。

· 399 ·

奥芬巴赫亲自指挥了《地狱中的奥菲欧》,音乐可能有些放肆,但也很迷人。奥芬巴赫似乎经常在作品里体现他对一些问题的顽皮回答,比如有人问他是不是生在波恩,"不,贝多芬生在波恩,我生在科隆。"[他有时签名的时候会特意写成"科隆的奥芬巴赫"。]

· 400 ·

1880年10月5日早上,一位上了年纪的喜剧演员去奥芬巴赫在巴黎的寓所(靠近歌剧院)拜访他。

"他怎么样?"他问仆人。

"奥芬巴赫先生已经死了。他去的时候很平静,什么也不知道。"仆人回答。

"唉,"这位演员叹了口气,"如果他发现实情的话会很吃惊的。"

· 401 ·

1881年12月8日,维也纳环剧院在《霍夫曼的故事》的演出中突然着了火;384名观众被烧死。理查德·瓦格纳评论道:"当矿工被活埋在矿井中时,我感到深深的遗憾和恐惧,并且为社会用这种方式获得燃料而感到恶心。但是当有人在听奥芬巴赫的轻歌剧时死去，我会无动于衷，因为那东西哪怕一丁点儿道德价值也没有。"

## 克拉拉·舒曼
(Clara SCHUMANN, 1819—1896)

欧洲最著名的女钢琴家，舒曼忠诚的妻子，勃拉姆斯至爱的朋友。

· 402 ·

在莱比锡的普瑞瑟尔家的晚会上……其中一项节目是表演舒曼的五重奏，舒曼夫人担任钢琴部分。一切如常，但读者也许会觉得以下细节值得注意：作曲家为了防止自己的妻子——一位伟大的钢琴家——抢拍子，在她的肩膀上轻轻敲着节奏。

· 403 ·

门德尔松邀请了许多朋友听自己演奏，克拉拉·舒曼亦在其中。他演奏了贝多芬的《F小调奏鸣曲"热情"》；在慢板乐章的结束处，他让最后一个渐弱的七和弦停留了很久，好像有意要给在场所有人留下印象似的。然后他静静地起身，转过身对着舒曼夫人说："您必须演奏末乐章。"她强烈表示反对。当时，所有人都带着极度的紧张等待着，那渐弱的七和弦像达摩克利斯之剑一般悬在我们[1]的脑中。我觉得主要是因为对那未解决的不协和音的一种紧张不安的感觉，最终使舒曼夫人答应了门德尔松的请求。

---

[1] 叙述者是克拉拉·路易丝·凯洛格（Clara Louise Kellogg, 1842—1916），美国女高音。

# 珍妮·琳德

（Jenny LIND，1820—1887）

瑞典女高音，曾轰动整个欧洲。1849年她因为宗教原因退出歌剧舞台，之后只在清唱剧和音乐会中露面，但却和马戏大师P.T.巴纳姆在美国巡回演出。

· 404 ·

老威灵顿公爵[1]像个大男孩般完全被珍妮·琳德迷倒了。她来伦敦后的四个月里，这位老战士成了她的俘虏。他毫无顾忌地追求她，以致引起了意大利方面的妒忌；有时他的激情对他的求爱对象来说显得相当笨拙。我听她亲口说过，公爵总是早早赶到剧院，坐在与舞台平齐的包厢里，一见到珍妮·琳德就开始放电："晚上好，琳德小姐，今晚您感觉如何？我希望您感觉好！"这些言辞对于舞台上的露西娅、阿米娜或者军中女郎来说简直不合时宜到极点，她正要全心投入到角色中去，怎么能受到外界的丝毫干扰呢。

· 405 ·

一个伦敦绞刑吏晚上来到女王陛下剧院听珍妮·琳德演唱。当他一看见这位瑞典夜莺，简直兴奋到无法呼吸："多么合适被拧断的喉咙啊！"

· 406 ·

珍妮·琳德和布罗克豪斯一家在一起，这时布商大厦音乐会

---

[1] 阿瑟·韦尔斯利（Arthur Wellesley），第一位威灵顿公爵（1769—1832）。

*Book of Musical Anecdotes*

的诸位指挥派来一个代表团，衷心感谢她的精彩表演，还演了一支烛光小夜曲，崇拜者们站满了布罗克豪斯家的大院。乐手们还演奏了韦伯的《欢庆序曲》和几首歌曲。珍妮·琳德对这欢迎仪式有些不知所措，便问门德尔松该怎么办？门德尔松建议她下楼，如果真的想让乐手们高兴的话，就说几句话表示感谢。"那好，"她想了一下说，"我去看他们，但您必须陪着我，替我做演讲。"

门德尔松立刻伸出了手臂，陪着她走到乐手中间，众人立刻用热烈的掌声欢迎这两位明星。门德尔松说："先生们！你们别把我当门德尔松，因为在这一刻我是珍妮·琳德，我从心底里感谢你们为我准备的惊喜。好了，我荣幸地完成了任务，现在我要变成莱比锡的音乐总监，以他的名义高呼：'珍妮·琳德万岁！！'"

· *407* ·

"在维多利亚女王访问德国期间，我指挥了一场音乐会，"迈耶贝尔说，"琳德和维亚尔多一同登台。为了表达对指挥的敬意，她们选择了我写的二重唱 *La Mère Grand*。排练的时候她们没提华彩乐段，我以为两位女士肯定已经商量好并且排练过了。晚上我问她们准备怎么唱，她们说还没决定。二重唱就要开始了，她们显然还没决定。我们走向乐队，开始了演出。二重唱极其精彩，不时被掌声打断。在华彩段之前的休止时，我举起了指挥棒，等着听这两位歌唱家准备怎么表现。维亚尔多用一连串精妙的花腔开始，我闻所未闻，她的华彩本身就是一部精彩的作品。于是我又急于想知道琳德会怎么处理，让我惊诧的是她重复了维亚尔多所唱的每个音符，没有一丝犹豫和错误。在我心里，此情此景是两位歌唱家具备完美歌唱技巧的明证，我实在比不出她们谁是当世最伟大的歌唱家。"

· 408 ·

在门德尔松精彩地演奏完贝多芬的《G大调钢琴协奏曲》后，我听到年迈的巴塞洛缪[1]先生向他表示祝贺，门德尔松回答道："我很高兴我弹得不错，因为在座有两位女士我特别想令她们满意，一位是女王，一位是珍妮·琳德。"

## 亨利·维厄当
(Henri VIEUXTEMPS, 1820—1881)

比利时小提琴家、作曲家，他的六部协奏曲至今仍是常演曲目。

· 409 ·

**著名小提琴家列奥波德·奥尔在学生时代曾拜访过维厄当——**

维厄当热情地迎接了我们，但是担任他钢琴伴奏的夫人却相当冷淡。在寒暄之后，我拿出了破破烂烂的小提琴，开始演奏。维厄当夫人坐在钢琴边看上去有点儿不耐烦。我抖抖索索地拉起了《幻想随想曲》。我不记得我是如何演奏的了，但我将整个身心投入到每个音符中，尽管我的技术并不是很完善。维厄当用和蔼的笑容鼓励我。然后，正当我拉出一句如泣如诉的乐句时，维厄当夫人从琴凳上跳起来，开始满屋子乱走。她弯下腰去在地板上左看看右看看，在家具下面、书桌下面、钢琴下面搜寻什么，那样子好像怎么找都找不到一样。我被她唐突怪异的举动打断了，

---

[1] 威廉·巴塞洛缪（William Bartholomew, 1793—1867），英国翻译家，将门德尔松大部分声乐作品译成英文。

只能张大嘴站在那儿，完全不知道这一切意味着什么。我感觉像被深渊里的大爆炸冲上顶峰又抛了下来。维厄当本人也很惊讶，他跟随着妻子的搜索，问她这么紧张地在家具下面找什么东西。"一定有几只猫躲在这间屋子里，"她说，"每个音符都在喵喵叫！"她指桑骂槐地提到了我在那个乐句中过于煽情的滑奏。我完全震惊了，以致几乎失去知觉，幸亏父亲用胳臂撑住我才没有倒下去。维厄当把整件事看成一个笑话，拍拍我的脸蛋，抚慰我说以后会更好的。那年我还没到14岁呢。

## 塞扎尔·弗朗克

（César FRANCK，1822—1890）

管风琴家、作曲家。他出生于列日，父亲是银行家。其最受欢迎的作品D小调交响曲、小提琴奏鸣曲和弦乐四重奏都是在他生命的最后四年里问世的。

· 410 ·

费利西泰·弗朗克一次责备丈夫的学生们，不过并非无缘无故。因为弗朗克遇到了许多苛评，他近期的作品越来越晦涩难懂。"你们不必告诉我弗朗克曾经写过许多优美的作品，"她说，"我也是音乐家……不过那首五重奏！呃！"

· 411 ·

在巴黎音乐学院，如果没人来上他的课，他就会推开马斯内的教室门，彬彬有礼地问："这里有我的学生吗？"或者说："也许哪位先生愿意到我的教室来坐一会儿，给我做做伴儿？"

· 412 ·

1916年11月，在弗朗克的四重奏音乐会结束后，乐手们在托侬大街被一个苍白的、留着大胡子、穿着毛皮大衣的陌生人拦住，要求他们为他单独奏上一曲。几天后的一个午夜，这人坐着出租车来把小提琴手从床上叫醒。他们乘车去叫醒了其余的乐手，一齐来到豪斯曼大街102号。那里便是这次音乐会的组织者马塞尔·普鲁斯特的住处，他正躺在堆满了《追忆似水年华》的手稿的大床上，尽情享受着音乐。一曲终了，他给乐手们送上炸土豆和香槟，然后请求他们以"无限的好意"再演一遍。他付的报酬很丰厚。出门后，乐手们发现四辆出租车在黑漆漆的街上等着他们。

加斯顿·波利特领导的这个四重奏在战时为普鲁斯特演奏过许多次。有一阵他甚至考虑带着他们去威尼斯，这样当他在大运河边欣赏破晓的景色时，就能有些音乐助兴了。弗朗克四重奏俘虏了他的想象力，并成为他的文学杰作中梵泰蒂尔七重奏的原型。

## 安东·布鲁克纳
(Anton BRUCKNER, 1824—1896)

奥地利交响曲作家，他的乡土气、对宗教的虔诚以及对瓦格纳的崇拜经常遭到维也纳上流社会的嘲笑。

· 413 ·

**据古斯塔夫·马勒的回忆——**

布鲁克纳在生了一场大病后，医生要求他每天坐浴一次。他很讨厌浪费时间，于是在坐浴的时候会带着稿纸作曲。有一天，正当他坐在浴缸里专心致志地工作时,他的学生鲁道夫·克日雅诺夫斯基的母亲前来拜访。"请进!"布鲁克纳叫道。可以想象这位女士走进房间时的惊慌失措,肥胖的布鲁克纳正赤条条地坐在浴缸里呢!当她呆呆地站着不知如何是好时,布鲁克纳礼貌地站起身,走过来跟她打招呼,身上还滴着水。于是她尖叫着跑了出去,可怜的布鲁克纳这才意识到自己的处境。换作这事儿发生在布鲁克纳身上,他大概早就要像小男生一样满脸通红了。

· *414* ·

**小提琴家克莱斯勒是布鲁克纳的学生——**

布鲁克纳养了一只胖胖的巴哥狗叫莫普斯。每次他急急忙忙出门去参加午宴的时候,就把我们和莫普斯一起留在家里吃三明治。我们决定开一个能拍到老师马屁的玩笑。每次大师出门的时候,我们就拉一段瓦格纳的主题,同时追着莫普斯打;接着我们再演奏布鲁克纳的《感恩赞》,同时给莫普斯好吃的。很快莫普斯就对《感恩赞》产生了极大的偏好!当我们觉得莫普斯已经被训练得很好——能够在拉瓦格纳时自动跑掉、而在听到布鲁克纳的音乐时开心地冲过来时,上演好戏的时机成熟了。

"布鲁克纳老师,"有一天他吃好午宴回来时我们对他说,"我们知道您非常崇拜瓦格纳,但是我们都觉得他根本没法同您比。为什么呢,因为哪怕一只狗都知道您是比瓦格纳更伟大的作曲家。"

我们老实巴交的老师立刻羞红了脸,他以为我们是真心的。于是他开始责备我们,说瓦格纳毫无疑问是同辈中最伟大的作曲家,不过还是好奇地问我们为什么一只狗会知道这其中的区别。

这正是我们期待已久的时刻。我们演奏了那段瓦格纳的主题，受到惊吓的莫普斯立刻号叫着冲出了房间；然后我们开始演奏布鲁克纳的《感恩赞》，莫普斯立刻高高兴兴跑回来，摇着尾巴，满怀期待地用爪子挠我们的袖口。布鲁克纳看到这一幕，被深深地感动了。

· 415 ·

爱德华·汉斯利克带头攻击布鲁克纳，那种极度的轻蔑简直像噩梦般的宿醉。布鲁克纳得知了评论家的敌意，这令他感到深深的不安。当弗朗茨·约瑟夫皇帝为他颁发勋章，并问他有无其他需要时，布鲁克纳回答道："陛下，您是这样仁慈，也许您能让汉斯利克先生别再写那样的文章批评我的交响曲了？"

· 416 ·

汉斯·里希特邀请布鲁克纳指挥维也纳爱乐乐团演奏一部他的交响曲，排练时，布鲁克纳站在指挥台上满脸堆笑，却一动不动。在等了好几分钟后，他还是没有举起指挥棒，乐队首席阿诺德·罗赛[1]礼貌地敦促他："布鲁克纳先生，我们已经准备好了，请开始吧。""噢不，"布鲁克纳回答，"先生们，你们先请！"

· 417 ·

排练布鲁克纳的交响曲时，作曲家也在场。里希特在指挥台上询问："F还是升F？"布鲁克纳一跃而起，脸上洋溢着喜悦之情，大叫道："随你喜欢，指挥先生，继续！继续！"

---

[1] Arnold Rosé（1863—1946），担任维也纳爱乐首席57年，古斯塔夫·马勒的妹夫。

*Book of Musical Anecdotes*

· 418 ·

1891年，他的《感恩赞》在柏林上演时大获成功。他对学生们说："想象一下，一位尊敬的乐评家认为我是贝多芬第二。上帝啊，怎么能有人这么说呢！"然后他在胸前画十字，好像要赶紧免除什么罪过似的。

· 419 ·

布鲁克纳病重之际，马勒去探望他，他谈起了自己的最后一部也就是《第九交响曲》。"至少我必须写完它，"他烦躁不安，"不然我去见上帝时会自惭形秽，他会说：'我的孩子，如果你不赞美天国的荣光，我为何要赐予你这样的才华呢？可惜你太不珍惜了！'"

## 爱德华·汉斯利克
（Eduard HANSLICK, 1825—1904）

1864—1895年任维也纳《新自由报》的乐评人，他令人生畏而极具影响力，他痛批瓦格纳，是勃拉姆斯最有力的拥趸；瓦格纳在《名歌手》中塑造了贝克梅塞一角嘲讽他。

· 420 ·

**瓦格纳在回忆录中写道——**

我不得不为斯坦特哈特纳一家大声朗读《名歌手》，就像在其他地方一样。因为最近汉斯利克博士对我有些好感，我以为请他来是正确的选择。可是在朗读的过程中，我们注意到这位危险的评论家渐渐变得脸色苍白、神情沮丧，大家根本无法说服他听完全剧，只记得他走时相当恼怒。我的朋友们一致认为汉斯利克将整个剧本视为对他的讽刺,而接到这样的邀请是一种侮辱。无疑,从那晚起,批评家对我的态度急剧变化,从此不共戴天。

· 421 ·

汉斯利克写道:《特里斯坦和伊索尔德》的序曲让我想起了一幅意大利油画,画的是卷轴慢慢将殉道者的肠子从他身体里绞出来。

## 小约翰·施特劳斯
[Johann STRAUSS（Ⅱ）, 1825—1899]

人称"圆舞曲之王",19岁时就组建了一支乐队与其父对抗。在老施特劳斯死后,两支乐队合并,小施特劳斯吸纳了兄弟约瑟夫和爱德华一同担任指挥。

· 422 ·

勃拉姆斯从未错过一场约翰·施特劳斯的下午音乐会。据说施特劳斯夫人曾经向勃拉姆斯要他的亲笔签名照。几天后他给了她一张照片,上面草草写着《蓝色多瑙河》的开头旋律,在音符下面他签上了自己的名字,接着大发感慨:"唉,真可惜这不是约翰内斯·勃拉姆斯写的!"

· 423 ·

当他还是个19岁的年轻人时,结集了一帮小伙子凑成草台班子,从维也纳起程去特兰西瓦尼亚、罗马尼亚巡演。这群兴高采烈的小伙子在远征途中很快就花完了少得可怜的经费。一天早晨,在巴纳特南部的一个小镇潘科斯瓦,施特劳斯和他快乐的同伴们发现集体钱包里连一个子儿都不剩了。怎么办呢?乐队在市长的卧室窗户下演奏了一首小夜曲,成功地借到了足够应急的钱,但是有一个条件——他们必须在潘科斯瓦当地举行几场音乐会来偿还贷款。然而冥顽的市民根本不听音乐会,以致施特劳斯乐团陷入了极为尴尬的境地,这种情况在一晚的演出中途达到了顶点——铁石心肠的借贷者让警察扣押了乐手们的乐器。经过与当地官员冗长而激烈的谈判,乐团收回了乐器,并获得许可继续进行巡演,但是潘科斯瓦的警察局局长会跟着他们,直到他们还清在镇上欠下的每一个子儿。

这位官僚坐在运乐器、谱架的小货车里,跟了他们几个星期,他的胃口大得惊人,总也吃不饱喝不足。在去罗马尼亚首都布加勒斯特途中,他们经过了塞姆林、阿拉德、特梅斯瓦、格罗斯瓦登、海尔曼斯塔特和克朗斯塔特等地,边走边演,将开支外的每分收入都交给了那官僚。终于,在他们到达了特兰西瓦尼亚时,他通知他们在潘科斯瓦欠下的债已经还清了,他将要离开,并表示对这次旅行非常满意。

当时施特劳斯乐团成员们的处境已经不堪到极点,他们衣着破烂、胡子拉碴,从外表上看简直就是不折不扣的流浪汉加无赖。在克朗斯塔特,没有客栈愿意为他们提供饮食住宿,也不允许他们在店里演出,因为他们看起来就像假扮成游吟乐手的强盗。结果在这种严冬时节,他们和乐器一起挤在一辆运干草的敞篷马车里,跟着一支军旅一起穿越喀尔巴阡山脉来到瓦拉几亚边境。在这旅程中的插曲即将结束时,乐队成员开始有了逆反情绪,他们发誓一步也不走了。这时施特劳斯发表了慷慨的演讲:"同志们!我们必须同舟共济,因为大家都一样出色。让'我为人人、人人为我'成为我们的口号吧!我们将在最近的镇上举行告别演出,然后分红,体体面面地回到维也纳去!"这提议得到了一致同意。但是新的困难出现了,当时从罗马尼亚与喀尔巴阡的边界一直有匪祸,那些可怖的嗜血强盗的传闻令他们不寒而栗(施特劳斯尤其害怕)。最后他们牺牲了两把小提琴,换来了几把老得生锈的手枪,还没有子弹。施特劳斯分发了手枪,他自己却留了三把枪挂在腰带上,以塑造出威风匪首的形象。一个叫塞德的长号手孔武有力,他拒绝了分发的手枪,说他只要用长号就能摆平十个土匪。

施特劳斯一伙有 34 位看起来凶神恶煞般的音乐家,他们路经之处,村民们不是作鸟兽散就是东躲西藏,以为他们是货真价实的强盗。而在克姆佩纳和普洛耶什蒂之间,有个真正的匪帮恰好碰上他们,简直吓破了胆,以为仇家派了大部队来剿灭本帮,于是脚底抹油开溜了。

最后,施特劳斯和他的凶神恶煞的同伙们安全抵达了布加勒斯特,在那儿,他们有段日子收入颇丰。然而指挥的好色毛病为这次旅途过早地画上了句号,而且还相当惨。一位瓦拉几亚贵妇人对这位年轻英俊的维也纳人产生了无法抑制的激情,于是约他在她的洗衣女仆家幽会。但是她那位精力充沛而且睚眦必报的贵族丈夫竟然跟踪前来,这个受了委屈的男人还带了半打男仆,当场捉住了倒霉的音乐家,同时他还用粗重的狗鞭把老婆打得半死。

· 424 ·

当被问到施特劳斯和勃拉姆斯的区别时,马斯内说道:"勃拉姆斯是维也纳的精神,施特劳斯是香水。"

## 斯蒂芬·科林斯·福斯特
（Stephen Collins FOSTER，1826—1864）

美国作曲家，他的歌谣（《噢苏珊娜》《我的肯塔基老家》等等）成了民谣经典。

· 425 ·

**作曲家的兄弟莫里森·福斯特写道——**

1851年的一天，斯蒂芬来到我在匹兹堡莫农加希拉河岸边的办公室，对我说："南方哪条河的名字是两个音节而且又好听？"……我问他觉得亚祖（Yazoo）河怎么样。他说："噢，已经有人用过了。"然后我又建议了皮迪( Pedee )河。"呸，"他回答，"我才不会用那个。"然后我从书架顶上拿下一本地图集，找到美国地图。我们一起仔细寻找，最后我的手指停在了"斯万尼"（Swanee）上，这是佛罗里达的一条小河，最后流入墨西哥湾。"就这个，就是这个！"他开心地大叫，同时把名字记了下来。他写了一首歌，就以"在那遥远的斯万尼河边"开始。他像往常一样突然一言不发地离开了办公室，然后我接着工作。

## 路易斯·莫劳·戈特沙尔克
（Louis Moreau GOTTSCHALK，1829—1869）

美国第一位享誉世界的音乐家。他出生于新奥尔良，父母分别是英国犹太人和法国克里奥尔人，戈特沙尔克成为一位活跃的钢琴家、作曲家，在欧洲及美国巡演。

**戈特沙尔克写道——**

1865年，加利福尼亚

我需要一个钢琴家。我让14架钢琴合奏了我改编的《汤豪舍》进行曲，获得了巨大的成功，以至于我不得不宣布再来一场14架钢琴音乐会。可在音乐会前夜一个钢琴家病倒了，我该怎么办？推迟音乐会？没门！……

宣布只有13架钢琴，这错误更危险。公众期待14架钢琴，如果少了一架，他们会觉得不合算……

困难变得难以解决。尽管旧金山是个纸醉金迷、充满了文明带来的各种瘟疫的城市，却只能找到13位一流钢琴家。音乐厅的老板看出我的尴尬处境，提出可以让他的儿子试试，他儿子是个一流的业余钢琴家，弹塔尔贝格、李斯特、戈特沙尔克都没问题，更何况也就是参与演奏《汤豪舍》进行曲中的一部分而已……

晚上就是音乐会了，我建议大家一起排练一次。而这孩子表现出惊讶的神情，说完全没有必要，因为这个部分很简单，要知道他能弹李斯特的幻想曲呢……

然后他像所有的业余乐手一样，往钢琴旁边一坐，在一段吵闹的华彩之后，开始以一种无知的大胆演奏《汤豪舍》。两小节后，我已下了决心……

我正准备以身体不适为由推迟音乐会，这时我那足智多谋的调音师说："先生，如果让这年轻人演奏，其他钢琴肯定会有麻烦；绝对有必要让大家听不见他，而唯一的办法就是——"他打开了我为那个外行准备的立式钢琴，把里面所有的机械装置都拿了出来，然后得意扬扬地看着我，说："键盘还在，不过我保证绝对不会再有错音了。"这点子真是妙极了。

到了晚上，音乐厅座无虚席。那位业余演奏家也穿着晚礼服、戴着白色领结出场了。他的朋友们简直等不及见到他登场的那一刻。他要求我给他一架离脚灯最近、能看到全场的钢琴（有一点必须说明：业余乐手本不应跟观众套近乎，他拥有一种我们都没有的泰然和沉着——也就是无知）。

我把他的哑巴琴放到了舞台中央靠近提词员的地方。

在登台之前，我提醒13位钢琴家注意：为了制造最好的效果，千万别弹序曲以给观众任何提示，这样，当他们听到14架钢琴一齐奏出《汤豪舍》进行曲开始时那小号的轰鸣声会更震惊。

一，二，三——我们开始了。进行得相当精彩。在乐曲中间，我看了看业余钢琴家：他卖力极了，豆大的汗珠掉下来，还不经意地瞟着观众，哪怕是最难的段落他演奏起来也如此轻松。他的朋友们都像着了魔一样，拼命地鼓掌。一些狂热的人甚至大叫："某某万岁！""再来一个！""再来一个！！"我们必须重复一遍。但再次开始的时候，这外行忘了我让他们别弹序曲的忠告，控制不住满心的欢喜弹了一段半音阶。现在看他呀！他脸上那种呆滞简直无法形容。他重新弹了一遍音阶，还是没声音……

"Pst！Pst！！"他狂恼地吹出一阵气流，我看出了其中的危险，不敢耽误片刻，立刻给出手势重新开始进行曲。那年轻人为了在观众面前保住颜面，只能继续演哑剧，但他的表情实在值得作一幅画，充满了沮丧和怨恨。他暴怒地砸着那可怜的乐器，却无能为力，实在很可笑。

*Book of Musical Anecdotes*

"先生，您表现得很好，"我在后台对他说，"不过效果可没有第一次精彩。"

· 427 ·

一位爱幻想的西班牙女孩儿由于生病没能去听他的音乐会，那种渴望听他演奏的欲望折磨着她，令她日渐消瘦……她的家人想办法让艺术家知道了这种情况。戈特沙尔克毫不犹豫，立刻让人把他的钢琴送到病人简陋的住所，然后在这狂喜的女孩儿的病床前弹了几个小时。可由于过分激动，她没能等到最后的和弦就香消玉殒了。

· 428 ·

**戈特沙尔克写道——**

我想来谈谈我的死亡，这悲伤的一刻发生在三个月前的圣地亚哥。据 Savana la grande 报的报道，我得了黄热病，三天去世；而无疑 Revue de Villa Clara 报消息更灵通，说我不幸死于心脏动脉瘤。我倒是倾向于第二种死法，动脉瘤比黄热病的呕吐要诗意多了。我给这些先生们写了信，告诉他们我还活着，并要求他们刊登我的来信。于是 Savana la grande 报只得报废了一版纪念文章《永怀戈特沙尔克》。

# 安东·鲁宾斯坦
(Anton RUBINSTEIN, 1829—1894)

俄罗斯钢琴家、作曲家。他教过柴科夫斯基，并于1862年创建了圣彼得堡音乐学院；他的弟弟尼古拉·鲁宾斯坦创建了莫斯科音乐学院。

· *429* ·

鲁宾斯坦［的一出歌剧将在汉堡上演，］对彩排时乐队的表现非常满意，于是对乐手说："先生们，如果我的歌剧获得成功，结束后请来我的宾馆享用香槟晚餐。"可不幸的是，这出歌剧受到了冷遇，观众无精打采，鲁宾斯坦觉得厌恶至极，在第二幕之后就放下指挥棒，吩咐一个当地指挥演完整出歌剧。他垂头丧气地回到宾馆睡觉。11点有人敲门，他愤愤地吼道："谁啊？""鲁宾斯坦先生，是我，乐队的低音提琴手。""你来干吗？""我来吃香槟晚餐。""胡说什么！"鲁宾斯坦怒不可遏，"这歌剧是彻底的失败！""可是，鲁宾斯坦先生，"这位又饥又渴、勇往直前的低音提琴手说："我喜欢它！"

· *430* ·

萨拉萨蒂和鲁宾斯坦在莱比锡的一间宾馆里玩惠斯特牌，这时一些人听完音乐会陆续回来，当天上演的是一部新的交响曲。鲁宾斯坦问："音乐会怎么样？"听众说："噢，很悦耳。""那一定糟透了，"鲁宾斯坦一拳头捶在桌子上咒骂道，"德国人说一部作品'悦耳'就肯定很无聊。"

· *431* ·

为了让我们开心，鲁宾斯坦讲述了他在美国的经历，当时他刚从巡演归来——八个月内215场音乐会，何况那时还没有星期日音乐会。一次在野蛮未开化的西部，音乐会前一个小时，有个人突然把头伸进鲁宾斯坦的房间问："老板，你不觉得现在应该开始把脸涂黑了吗？"

*Book of Musical Anecdotes*

· 432 ·

安东从不喝酒。他有另一种嗜好——女人，经年累月便积下许多孽债……

他一次颇为自信地对我[1]说："如果我要负担我所有孩子的教育和生活的话，恐怕两个罗斯柴尔德家族的财产也不够。"

· 433 ·

**女高音莉莉·莱曼回忆——**

在他去世前几个月，我们在维也纳西北站的一辆火车上偶遇。由于害怕打扰他，我本来想装作不认识就走过，但又没这个胆量。于是我鼓起勇气走上前，亲切地同他打招呼。他由于患有眼疾，视力变得很差，以至于花了点时间才认出我。接着他脸上焕发出了光彩，温柔地捋我的头发，好像怕伤害我一样，他用一种亲切、沙哑的嗓音伤感、缓慢、轻柔地说："莉莉，你已经有白头发啦。""我这样已经很久啦！我们很久没见过了！我亲爱的朋友，您头发也白啦！""是啊，我当然白了；但是你，我的诺埃米！"

# 汉斯·冯·彪罗
(*Hans von BÜLOW*, 1830—1894)

炫技型指挥家、钢琴家，先前是瓦格纳的助手，之后成了勃拉姆斯的拥趸。他的妻子科西玛为了瓦格纳而离开了他。

· 434 ·

彪罗在意大利最著名的功绩是教育了一个鼓手，这个可怜虫

---

[1] 露易丝·赫丽特-维亚尔多（Louise Héritte-Viardot, 1841—1918），女低音歌唱家。

在排练贝多芬《第九交响曲》时怎么都找不对谐谑曲中独奏的节拍。

在几次斥责之后——

彪罗:"你的乐器叫什么来着?"

鼓手:"定音鼓。"

彪罗:"那么听好。定—音—鼓!定—音—鼓!"

鼓手终于掌握了节奏,兴高采烈地敲得震天响。

彪罗:"强音!"

鼓手又加了些力气。

彪罗:"强音!"

鼓手几乎要把鼓皮都敲破了。

彪罗:"我说的是强音!!!不是极强音!"

· 435 ·

彪罗在汉堡精彩地演出了贝多芬《第九交响曲》后,威严地制止了观众的掌声。"我和你们一样完全被打动了,同时我也被大家对这部天才之作的热情所感动。为了配合大家真诚的愿望,我将在此重演一遍。"这时一些观众起身准备离开,彪罗彬彬有礼地要求他们回到座位上。他解释道,所有出口已经被封住了。

· 436 ·

正当他结束贝多芬《"悲怆"奏鸣曲》第一乐章的引子后,两位迟到的女士朝她们的座位走去。这令他很恼火,他故意将快板的开始处弹得非常慢,让低音部的颤音正好可以对应那两位女士的脚步声。可以想象,她们觉得如芒在背,尽可能快地朝座位上走去。这时彪罗也体谅地加快了速度,配合她们加速的步伐。等到她们坐定以后，他才开始用正常速度演奏快板。

· 437 ·

一天，亚历山大·麦肯锡爵士[1]跟着彪罗去听一位作曲家演奏某首作品，该作曲家表达了当面为伟大的钢琴家演奏的热切愿望。彪罗听过后，先是脸色发白，接着变绿——这音乐简直就是恶心的陈腔滥调——最后他冲到门外，在人行道上大吐特吐。

· 438 ·

正是彪罗用德式妙语发明了"三B"的说法："我的音乐信条就是降E大调，因为这个调的标记是三个降号（降号标记是b）：巴赫、贝多芬和勃拉姆斯！"

· 439 ·

［莱谢蒂茨基说起过］一位年轻女士请莫什科夫斯基[2]在她的生日留言册上写点什么，他翻了翻这本留言册，发现有一页是汉斯·冯·彪罗写的："除了巴赫、贝多芬、勃拉姆斯，其他人都是侏儒（cretins）。"于是莫什科夫斯基在下面写道："除了门德尔松、迈耶贝尔、莫什科夫斯基，其他人都是基督徒（Christians）。"[3]

· 440 ·

一位女士请主人介绍她认识这位名人时，用一个问句开始了对话："您认识瓦格纳先生，对吗？"

彪罗深深地鞠了一躬，面不改色地回答道："当然啦夫人，他

---

[1] Sir Alexander Mackenzie（1847—1935），苏格兰作曲家。
[2] 莫里兹·莫什科夫斯基（Moritz Moszkowski，1854—1925），波兰裔德国钢琴家。
[3] 巴赫、贝多芬、勃拉姆斯都是以B打头；门德尔松、迈耶贝尔、莫什科夫斯基都是以M打头。——译注

是我前妻的现任丈夫嘛。"

## 西奥多·莱谢蒂茨基
(Theodor LESCHETIZKY, 1830—1915)

维也纳著名的钢琴教师,他的学生中有帕德雷夫斯基、施纳贝尔、奥西普·加布里洛维奇和马克·汉伯格。

· 441 ·

一天早晨,当他走进音乐室,发现两位穿着深黑色衣服的女士坐在那儿,像乌鸦般肃穆。看到他进来,两位既没有起身也没有说话。于是莱谢蒂茨基等着,然而她们既不出声也没有任何表示,于是他挥着手叫道:"起来!"她们站起身,却仍旧没有一句话。接着,莱谢蒂茨基指着钢琴命令:"弹!"她们中的一个开始弹,接着莱谢蒂茨基又指着门说:"出去!"仅用三个词,他就完成了见客的所有步骤:接见、聆听、打发回家。不用说,她们再也没上过门。

· 442 ·

[据阿图尔·施纳贝尔回忆,]他几年来不停地对我说:"你永远成不了钢琴家。你是个音乐家。"

· 443 ·

[帕德雷夫斯基写道,]他从没收过我一分钱上课费,从来没有。但从一开始他就告诉我,如果我早些开始学钢琴的话,本可以成为一个伟大的钢琴家。这话真叫人心碎。

### · 444 ·

一次,教授背谱弹了塔尔贝格的《梦游女幻想曲》给我[1]听,他说自己已经50年没有弹过这曲子了。弹完后他转过身问我:

"你觉得怎么样?"

"妙极了!"然而幼稚的我忍不住要评论一下,"但您犯了几个错误。"结果他暴怒地对我大吼道:

"放肆的东西,你刚才说了'错误'!请你记住,只要你一天是我的学生,对你来说我就永远是正确的,不可能犯任何错误!"

## 约瑟夫·约阿希姆
(Joseph JOACHIM,1831—1907)

极有影响力的匈牙利犹太小提琴家,门德尔松的徒弟,李斯特、舒曼一家的好友,正是他向朋友介绍了他新发现的年轻人勃拉姆斯。

### · 445 ·

约阿希姆非常亲切地表示愿意演奏一曲,不巧的是大家手边没有小提琴谱,只除了一套贝多芬的小提琴钢琴奏鸣曲(题献给萨列里的那部)。我们的[2]女主人本来想请勃拉姆斯演奏钢琴部分,但又没有勇气开口。约阿希姆转向勃拉姆斯,笑眯眯地问道:"亲爱的大师,为了让我们的朋友高兴,就请您恩准和我一起演奏这首曲子吧?"勃拉姆斯怒道:"我可不是弹伴奏的。"接着他转身

---

[1] 马克·汉伯格(Mark Hambourg,1879—1960),英国钢琴家。
[2] 叙述者是W.比蒂·金斯顿(W.Beatty Kingston),英国记者。

背对约阿希姆,愤愤然大步走到别的房间去了。这位匈牙利小提琴家只是耸耸肩,继续寻找志愿者弹伴奏……约阿希姆看到我脸上无法抑制的惊讶之情,说:"他烦躁的时候就是这样,别当真。"

· 446 ·

无疑,他的演艺生涯之长可以通过一个荷兰人的荒谬错误来证明。这人对他说:"先生,请允许我向您的演奏表示祝贺,我觉得您拉得很好,但我也想告诉您,许多年前我有幸听过您父亲老约阿希姆的演奏。"约阿希姆说那肯定是他自己,因为他父亲是个羊毛商人,压根儿没摸过小提琴。但好像这信息并没有达到效果,那位"老约阿希姆"的崇拜者离开房间的时候还在喃喃自语:"大错特错,我听到的肯定是他爸爸!"

## 亚历山大·鲍罗丁

(Alexander BORODIN, 1833—1887)

俄罗斯民族乐派作曲家,也是医生、化学教授。

· 447 ·

他……根本不适合搞医学。

一次……某高官的马车夫被送进了医院,鲍罗丁得移除他喉咙里呛到的小骨头。他在做手术的时候,生锈的工具在患者的喉咙里断了。这位年轻的外科医生保持了镇定,在几次失败的尝试后,终于把金属碎片和骨头一起取了出来。鲍罗丁叙述那个马车夫如何"在我面前下跪千恩万谢,我简直也想给自己下跪了。试想那个镊子的碎片堵住了他的喉咙怎么办!我肯定会被送上军事法庭,然后死在西伯利亚"。

· 448 ·

［亚历山德罗夫（D.S.Alexandrov）写道，］在他当驻院外科医生的头一年，一天有人送来了上校V的六个农奴，我兄弟正好那天值班……上校平时对农奴很恶劣，于是农奴把他锁在马厩里，之后他狠狠地鞭打了他们。鲍罗丁的任务就是从农奴的背上取出木刺。他看到那些皮开肉绽的后背时，足足昏过去三次，其中两个人的背甚至能看到骨头。

· 449 ·

1874年5月，屠格涅夫应邀聆听鲍罗丁、居伊、穆索尔斯基、里姆斯基-柯萨科夫演奏他们的音乐。起先，鲁宾斯坦演奏了贝多芬、肖邦和舒曼的作品，他没等到俄罗斯音乐部分开始就离开了。众人正要开始时，屠格涅夫突然犯起了严重的关节炎。鲍罗丁是在场唯一的医生，他检查后立刻命令别人把屠格涅夫送回家去。于是这位伟大作家再也没找到机会聆听俄罗斯民族乐派的新音乐。

· 450 ·

**鲍罗丁给妻子的信——**

当我告诉李斯特我只是个星期日音乐家时，他立刻机智地回答："但星期天永远是节日，您可有裁判权。"

· 451 ·

**鲍罗丁记述——**

喝过茶后，女主人带领我们来到起居室的钢琴前，然后拿了一首李斯特的狂想曲，请他向大家示范这些段落该怎样演奏。

这是女人的小花招，也是天真的圈套，李斯特开始大笑。

"您想让我弹琴，"他说，"那好，但是首先我想和作曲家鲍罗丁先生一起弹他的交响曲。您想弹高音还是低音？"他问我。

我坚决地拒绝了。

最后我说服男爵夫人［奥嘉·冯·梅耶多芙］坐到钢琴边，她同意只弹慢板部分。李斯特弹低音部分。对于只是听众的我来说这演奏是多么有趣啊！

但李斯特还不满意。

"男爵夫人很好心，"他说，"但我还是想和您共奏一曲。您不可能不会弹自己的交响曲吧，您改编得如此完美，我不相信您不会弹琴。请坐。"他再也不说话，拉住我的手让我坐在低音部分，他自己弹高音。我还想抗议。

"弹吧，"男爵夫人说，"不然李斯特会生您气的。我了解他。"

我本想从谱子翻到的慢板部分开始，但李斯特翻到末乐章，我们弹了一气，然后再弹谐谑曲和第一乐章。我们等于把整个交响曲都弹了一遍，而且没有漏掉任何重复部分。李斯特根本不让我喘气，每个乐章结束后他立刻翻谱，然后说：

"我们继续弹。"

当我弹错或者漏掉什么的时候，李斯特会说：

"为什么你不那样弹呢？写得多好呀！"我们弹完后，他又重复了好几个段落，愈发赞美音乐的新颖和清新。他给了我的交响曲最夸张的评价，他认为慢乐章是完美的杰作。

"至于形式，"他说，"没有任何冗余，尽善尽美。"

· 452 ·

鲍罗丁去世前一天，他的女婿和同事 A.P. 迪亚宁坐在实验室里，听到他在房间里弹一种全新风格的音乐。当作曲家走进实验室时满含着泪水,"萨申卡,我知道我写的一些东西不算糟。但这首终曲!……怎样的终曲啊!……"不幸的是,他没等到写下任何一个音符就去世了。

· 453 ·

鲍罗丁之死几乎是个悲剧。那是1887年狂欢节的最后一天,他邀请了许多朋友到家里来参加晚宴。他用惯有的热情招待宾客,兴致勃勃,不用邀请就主动开始跳舞。他唱了歌,还在钢琴上为客人们演奏了《第三交响曲》的片段。然后,就在他准备加入热烈的讨论时,突然脸色发白,摇摇晃晃,朝后倒下去。没人来得及扶住他,等到大家赶紧聚拢到他身边,将他扶起时……他已经离开了人世。

# 约翰内斯·勃拉姆斯

(Johannes BRAHMS, 1833—1897)

德国交响曲作家,和贝多芬一样移民到维也纳。早期他在汉堡肮脏的小酒馆里弹钢琴,直到约阿希姆和舒曼发现他的才华。

· 454 ·

1853年6月的一个晚上,李斯特请我们[1]第二天早上一起去阿尔滕贝格,据说有一位在钢琴和作曲上都非常有天赋的年轻人要来拜访,这个年轻人名叫约翰内斯·勃拉姆斯……

我们到时,勃拉姆斯和爱德华·赖梅尼[2]已经等在会客室

---

[1] 叙述者是威廉·梅森(William Mason,1829—1908),美国钢琴家。
[2] Eduard Reményi(1830—1898),匈牙利小提琴家,曾在1852年作为勃拉姆斯的伴奏和他一起巡演。

里……我晃到桌子前,发现有一些音乐手稿。这是勃拉姆斯还未发表的几部作品,我便开始翻最上面的几页。该曲编号为钢琴独奏第 4 号,谐谑曲,降 E 小调,我记得手稿的字迹非常难辨认,当时我就想,要是让我学这个曲子非得重新抄一遍不可。最后李斯特从楼上下来,寒暄过后他对勃拉姆斯说:"如果你准备好了,我们很有兴趣听你弹弹你的作品。"勃拉姆斯看起来很紧张,说自己无法在这种不安的状态下演奏……

李斯特见没什么进展,便走到桌子边拿起一页乐谱,就是那难以辨认的谐谑曲,然后说:"好吧,看来一定要我来弹了。"说着就把手稿放到了钢琴谱架上。

他读谱的速度简直惊人,同时边弹边对曲子进行听得见的修改,让勃拉姆斯目瞪口呆……过了一会儿,有人让李斯特弹奏自己新写的非常得意的一首奏鸣曲,他毫不迟疑地坐下来开始演奏。当他弹到一个非常抒情的部分时,完全被那种哀婉的惆怅打动了,于是开始在听众中寻找同感。他一眼瞥见勃拉姆斯,发现后者正在椅子里打瞌睡。

· 455 ·

小酒馆的门又开了,一阵雪花飘进来,还有三个客人。跟其他新来的客人相比,这三位显然轻车熟路,其中的女客是有名的流莺,在这阴暗的老城区讨生活;她的同伴是两个牛郎,三人都已经喝得醉醺醺。他们坐在勃拉姆斯及友人的隔壁一桌,又叫了酒,好像还不够醉似的。突然,那位"女士"朝勃拉姆斯叫道:"教授,给我们弹点能跳舞的吧,我们想跳舞。"我[1]感觉她好像认识勃拉姆斯似的,对后者而言,也不是完全不可能,他像贝多芬一样,追捧者中既有志同道合的理想主义同伴,也有来自穷街陋巷的三教九流。总之,他站起身,迈着从容缓慢的步伐走向那架靠在肮脏墙壁上的走调破琴,开始弹华尔兹、方阵舞曲,大部分都是过时的老调。这位如此成功地让勃拉姆斯弹琴的女子开始和朋友跳舞,其他人也加入进去。勃拉姆斯不停地弹了一个小时,然后回到座位上,埋单走人。我经常想,这小酒馆的主人应该竖一块铜牌纪念这个夜晚:"勃拉姆斯在此演奏舞曲。"

第二天我去咖啡店,碰到了一位昨晚也在场的老先生。他叫贝拉·哈斯,是位富有的社交名流,以智慧著称。我问他:"请告诉我到底是什么吸引了勃拉姆斯为这样一伙人弹舞曲?"他回答:"嗯,我也很吃惊,问了他同样的问题。他告诉我,'我小时候在汉堡,就是在这种地方弹琴,一弹就是一晚上。我为烂醉的水手和他们的女伴弹舞曲。这地方让我回想起了过去,我弹的那些就是以前在汉堡每晚都弹的曲子'。"

· 456 ·

一天清晨,我们[2]沿着湖岸漫步,不知怎么就谈到了女人和家庭。勃拉姆斯说:"我错过了机会。在我渴望有家的时候,却无法为一个妻子提供那些我觉得重要的东西。"于是我问他是否对靠艺术养活妻儿没有信心,他回答:"不,我不是那个意思。但当

---

[1] 马克斯·格拉夫(Max Graf,1873—1958),奥地利评论家。
[2] 叙述者是约瑟夫·维克多·威德曼(Joseph Viktor Widmann,1842—1911),瑞士记者,勃拉姆斯的朋友。

我想结婚的时候，我的音乐要么招人厌恶，要么受到冷遇。现在，我本人已经能够承受了，因为我知道它们的价值，知道总有一天它们会得到重视。所以在经历失败后，我回到我单身汉的房间并不会不高兴。相反，如果在这种时刻我还必须面对妻子焦急的、询问的目光，最后来上一句'又失败了'，我肯定会受不了的！因为就算一个女人爱上艺术家，成为他的妻子，就算她全心全意地相信她的丈夫，但她永远也不会有他心里那种对成功的确定把握。而且，如果她想安慰我……一个妻子怜悯一事无成的丈夫……呃！至少我实在没法想象那是怎样的惨景。"

勃拉姆斯激动地说着，断断续续，看起来既愤慨又不屑，我实在想不出该如何回应……

"这已经是最好的情况了。"勃拉姆斯突然加了一句，接着脸上就有了一种安静满足的表情。

· 457 ·

在德国的大部分地区，通常音乐会前一天的彩排是对公众开放的。勃拉姆斯排练了舒曼的《A 小调钢琴协奏曲》，漏了一大堆音符。于是第二天一早他来到音乐厅继续练习。他让我[1]跟他一起，这样还可以排练一下他的艺术歌曲，晚上他会为我伴奏。当我到达音乐厅时，发现他一个人坐在钢琴边，不停地弹贝多芬的《合唱幻想曲》和舒曼的协奏曲，满脸通红。我的出现打断了他，他用一种小孩做错事般的眼神看着我说："真是糟透了。今晚这些人盼着听点好东西，可我只能给他们一团糟。我向你保证，如果今

---

[1] 乔治·亨舍尔爵士（Sir George Henschel，1850—1934），指挥、男中音。

晚我能弹更有难度的、手指伸展更多的作品——比如我自己的协奏曲，肯定能驾轻就熟，可这些简单的全音阶实在太烦人了。我不停地对自己说：'约翰内斯，打起精神，好好弹。'但一点用也没有，真可怕。"

· 458 ·

在一次爱乐乐团的排练中……当乐队演奏他的小夜曲时，表现出一种明显的烦躁，表明他们对这作品很不满。勃拉姆斯走到指挥台上说："先生们，我很清楚我不是贝多芬——但我是约翰内斯·勃拉姆斯。"

· 459 ·

约阿希姆字斟句酌地请我们别错过为最伟大作曲家的健康干杯的机会。在他还没说完时，勃拉姆斯就拿起酒杯，双脚立正，大声叫道："太对了！为莫扎特的健康干杯！"然后走来走去，跟我们所有人碰了杯。

· 460 ·

客人们鸦雀无声、几乎是满怀仰慕地坐着，主人特意将稀有的陈年 Rauenthaler 留到晚宴最后。他深吸了一口佳酿的浓香，然后说："噢先生们，勃拉姆斯在作曲家中的地位，就像 Rauenthaler 在葡萄酒中的地位一样。"勃拉姆斯立刻叫道："啊哈，那我们现在开一瓶'巴赫'吧！"

· 461 ·

他喜欢步行，而且非常热爱大自然。在春夏季节，他习惯每天四五点钟起床，自己煮杯咖啡，然后就去树林里呼吸清晨的新鲜空气，聆听鸟鸣。就算是坏天气，他也能自得其乐。

*Book of Musical Anecdotes*

当有人抱怨长期的雨季带来的阴郁效果，他说："我一点不觉得闷，景色很不错。哪怕是在下雨，我也能看见另一种美……"

一天我[1]问他："我如何才能以最快速度提高呢？""你必须在森林里不停地漫步。"他回答，而且他的意思是真正的行走。

· 462 ·

在维也纳的树林里漫步了好几个小时后，勃拉姆斯和朋友来到一个客栈，想要点清咖啡。咖啡是用菊苣根做的（很多厨子为了省钱这样做），而勃拉姆斯不喜欢咖啡里有菊苣。于是他叫来了老板娘，说道："亲爱的老妈妈，你有菊苣吗？"她说有，于是他用一种更加殷勤的语调说："不可能吧！可以让我看看吗？"老女人去厨房拿来了两大把菊苣，递给勃拉姆斯。他很严肃地看了看，问道："这是你所有的菊苣吗？"当得到了肯定的回答后，他把两把菊苣放进盒子里，然后说："好的，现在请您去给我们做点清咖啡吧。"

· 463 ·

我们[2]回到了11号房间，我简直迫不及待地要在勃拉姆斯入睡前先睡着，因为从以往的经验来看，听着他那震天响的鼾声，我是绝无可能入睡的。

我很高兴地看到他拿起一本书躺在床上读，可是几分钟后这种喜悦就被恐惧抵消了——他吹灭了床头的蜡烛。几秒钟后，整个房间里就响起了从他的口鼻器官里发出的可怕噪音，我该怎么办呢？我简直陷入了绝望，因为我想睡觉，更因为第二天一早还

---

[1] 弗罗伦斯·梅（Florence May，1845—1923），英国钢琴家。
[2] 叙述者是乔治·亨舍尔爵士（Sir George Henschel）。

要赶去柏林。突然，我想起了42号房间，于是我爬起来，下楼来到前台，花了老大力气把看门人从酣睡中弄醒，向他解释了原因，让他给我开了42号的房门。在美美地睡了一觉之后，我第二天一早就回到了勃拉姆斯的房间。

他已经醒了，笑眯眯地看着我，眼里闪着那种熟悉的狡黠，他当然知道是什么把我赶走了，却装出一种严肃的腔调说："噢亨舍尔，我醒来发现你的床空了，就对自己说：'他去上吊了！'但说真的，你为什么不朝我扔靴子呢？"

这主意够绝的！朝勃拉姆斯扔靴子！

· 464 ·

**作曲家卡尔·戈尔德马克（1830—1915）、勃拉姆斯的朋友——**

勃拉姆斯做人极有原则，而且绝对可信，他连最无伤大雅的常见小谎都不会说。朋友对他唯命是从。他是个伟大的艺术家，也是伟大的人。他高尚的品性中没有一丝污点。然而，他既不习惯压抑自己，也不习惯管住自己的舌头，如果他不喜欢什么东西，就一定会说出来。这种直率加上不拘小节，常令他看上去非常粗鲁。

下面是最近发生在维也纳的一幕。一天晚上，勃拉姆斯在离开宴会时对女主人说："要是万一还有我没冒犯到的客人，请好心地原谅我吧。"

· 465 ·

一次，勃拉姆斯、戈尔德马克、我[1]同伊格纳茨·布吕尔的

---

[1] 费利克斯·西蒙爵士（Sir Felix Semon），英国喉科专家；伊格纳茨·布吕尔（Ignaz Brüll，1846—1907），奥地利作曲家。

父亲齐格蒙德·布吕尔一起吃饭，饭后我们开始抽烟。钢琴上放着伊格纳茨最近出版的几部作品，勃拉姆斯翻了几页，突然叫起来："多么美啊！太美了！"（谦虚的伊格纳茨这时肯定心里美滋滋的。）但他接着说道："我已经很久没有见过这么美的封面了！"

· *466* ·

在德沃夏克给他寄了一部技巧上略有瑕疵的作品后，他回答："我们已经写不出莫扎特那么优美的音乐了，但至少应该试着写得干净点吧。"

· *467* ·

他在莱比锡总显得有些"不着调"。他对自己的《D小调第一钢琴协奏曲》在布商大厦首演受到的冷遇永远无法释怀，而且他会通过揶揄讽刺把压抑的怒火发泄在指挥身上。其中一位指挥身材高挑，是个爱炫耀的绅士，穿了一件白色马甲背心……在音乐会前，他居高临下地微笑着问勃拉姆斯："今夜您要引领我们去何方，勃拉姆斯先生？天堂吗？"

勃拉姆斯说："你朝哪儿对我来说都一个样。"

· *468* ·

勃拉姆斯认识所有邻居的小孩，小孩们也都认识他。他每次出门散步时都会在口袋里装满糖果和画片，给自己找点乐子。那些赤脚小孩知道他的散步路线，每次他经过时就会跟着他，卖力讨要奖品。"谁跳得高就能拿一个盾。"他说着就拿出一把做成奥地利硬币形状的糖果，举到小孩们够不到的高度。他还会把手越抬越高，引得一帮小孩跟着他一边跑一边跳，直到他让一两个小孩领到奖品。

*Book of Musical Anecdotes*

· 469 ·

我[1]记得彪罗曾经责备勃拉姆斯在寄《第四交响曲》的手稿时没有挂号，也没有做任何备份，"如果这稿子寄丢了怎么办？"作曲家回答："那样的话我就重新写一遍。"

· 470 ·

勃拉姆斯在维也纳收到一份电报（克拉拉·舒曼去世），通知他葬礼将在靠近波恩的安德尼希举行，她将被葬在丈夫身边。他立刻动身去法兰克福转车，而在法兰克福火车站，一个愚蠢的乘务员告诉他去乘莱茵河右岸的列车，其实应该乘左岸的。最终他没能及时赶到安德尼希出席葬礼。懊恼和气愤一齐袭上心头，这个从来没生过一天病的人，第二天竟认不出镜子中的自己。他在一夜之间得了黄疸病。

· 471 ·

1896年10月，勃拉姆斯去参加他的老对头布鲁克纳的葬礼。但他走到教堂门口又折了回去。"无所谓了，"有人听到他说，"很快就轮到我的棺材了。"

# 卡米尔·圣-桑

（Camille SAINT-SAËNS，1835—1921）

法国作曲家，最为人所知的作品是歌剧《参孙和达丽拉》及管弦乐组曲《动物狂欢节》。

---

[1] 弗里德里克·拉蒙德（Frederic Lamond，1868—1948），英国钢琴家。

· 472 ·

### 圣-桑回忆——

我父母带我去听交响音乐会,妈妈把我搂在怀里,坐在靠近门的地方。那之前我只听过小提琴的单调声音,一点儿也不喜欢。但整个乐队给我的印象截然不同,我兴致勃勃地听到了一个四重奏演奏的段落,这时突然铜管乐器——小号、长号和大钹发出了一声巨响。我开始大喊大叫:"让他们停下来!我听不到音乐了!"父母不得不带我离开了剧院。

· 473 ·

1875年11月,卡米尔·圣-桑来到莫斯科指挥演奏自己的一些作品。这位矮小而生动的人长着一张典型的犹太脸,他吸引了柴科夫斯基,不仅因为他机智有想法,也因为他精通作曲。一天,朋友们发现他俩喜欢的和不喜欢的有很多重合之处。他俩小时候都对芭蕾充满了热情,并且经常模仿舞者的动作。于是他们决定在音乐学院的舞台上共舞一曲——《皮格马利翁和伽拉忒亚》。40岁的圣桑投入地扮演了伽拉忒亚,而35岁的柴科夫斯基扮演了皮格马利翁,尼古拉·鲁宾斯坦担任伴奏。可惜的是,除了这三位表演者,没有其他人见证这奇异的一幕。

## 西奥多·托马斯

(Theodore THOMAS,1835—1905)

德国出生的音乐家,指挥纽约爱乐乐团长达12年,建立了芝加哥交响乐团。

· 474 ·

在他想要引导美国公众的时候，就绝不会让步。他在纽约首演了李斯特的《梅菲斯特圆舞曲》，听惯了意大利音乐或古典音乐的观众们一片哗然，他们吹口哨、嘘乐队，强迫托马斯停下来。托马斯几次想继续都没有成功。于是他手里拿着表，让大家安静，然后对着观众说了以下的话："我给你们五分钟离开音乐厅，然后我们会把圆舞曲从头到尾演奏一遍。想好好听的就留下来，我要求其他人马上离开；哪怕让我站到凌晨2点钟我也要达到目的，反正有的是时间。"听众留了下来。

· 475 ·

一天在芝加哥，我和他在路上走着，这时四个小流氓并肩走过来，占了整个人行道的宽度。很明显，要绕过他们就得走进泥泞的路上去，但托马斯先生可没有习惯做这种让步。他抬起手臂，朝那四个讨厌鬼当中直撞了过去，其中两个人被撞到了右边的墙上，另两个人趴倒在水沟里……他若无其事地继续走着，好像只是拨开了四根稻草一样。

## 亨利·维尼亚夫斯基

（Henry WIENIAWSKI, 1835—1880）

波兰小提琴家，写了许多炫技杰作。

· 476 ·

1872年，当维尼亚夫斯基和安东·鲁宾斯坦一起在美国巡演时，其中一个收到的报酬比另一个要高。结果就是，他们一起演奏了《克鲁采奏鸣曲》不下70次，却没说过一句话。

· 477 ·

在伦敦时,他应邀去一位高官府上演奏。当他站在大家面前时,所有的目光和单柄眼镜都集中在他身上,每个人都安静而专注,连耳语声也没有;然而他刚开始奏出拉夫[1]小品的第一个音,所有的人都开始聊天。这很恼人,于是他决定教训他们一下:他知道每个英国人听到国歌《天佑女王》时都必须起立肃静,就朝伴奏使了个眼色,巧妙地从拉夫的小品转到了国歌的调上,并且演奏得很大声。令他满意的是,大家停止了谈话,坐着的人都站了起来。但是当他一开始拉小品,他们又开始说话了。他再次演奏了国歌,得到了几分钟的宁静,可他一结束国歌,噪声比之前还要大。他重复了这个把戏五六次。当他的演奏结束时,还是没有人明白这暗示,他们只是好奇:这是什么怪曲子,要把我们的国歌重复这么多遍。

## 莱奥·德利布

(Léo DELIBES,1836—1891)

作曲家,创作了芭蕾舞剧《葛蓓莉亚》和《西尔维亚》。

· 478 ·

小提琴家弗里茨·克莱斯勒回忆他的老师德利布是个"快乐的人,轻佻而不负责任"。日常课程常常被某个漂亮妞儿打断,她会引诱老师出去吃午饭或散步,要么就是什么难以抗拒的事儿——

---

[1] 约瑟夫·约阿希姆·拉夫(Joseph Joachim Raff,1822—1882),瑞士作曲家,他为小提琴和钢琴写的小品尤其出名。

"来跳舞吧！"克莱斯勒说，"德利布会交给我他正在写的某部作品的开头，建议我领会其中的精神，然后继续写下去。即便今天，《葛蓓莉亚》里的圆舞曲……还经常演出。那个主题动机可是我写的。当德利布从美人儿那里探险归来，非常喜欢这个动机，一点没改就放进了芭蕾舞剧里去，然后加以发展和装饰。"

## 威廉·施文克·吉尔伯特爵士
(Sir William Schwenk GILBERT, 1836—1911)

英国律师，和阿瑟·苏利文爵士合作了14部轻歌剧。

· *479* ·

在一位知名的作曲家去世之后，有个人没有及时得到信息，还问吉尔伯特那位大师在干什么。

"他现在什么也没干。"吉尔伯特回答。

"想必他在作曲吧？"这人继续问。

"恰恰相反，"吉尔伯特说，"他正在'离开作曲'/腐烂。"("He is decomposing.")

· *480* ·

有一次他指导一个演员"以一种忧郁的方式"坐下。这人缓缓地坐下却很笨拙，结果把一大块布景给撞倒了。吉尔伯特愤愤地说："我说了'忧郁地'(pensively)，不是'奢侈地'(expensively)！"

## 米利·巴拉基列夫

(Mily BALAKIREV, 1837—1910)

格林卡的弟子,他开创了一种独特的俄罗斯风格,也鼓励了许多人。

· *481* ·

**鲍罗丁写道——**

"我已经在信里说到他跟我闹情绪有一阵子了,他毫不客气、怒气冲冲,时常强词夺理。我来到柳德米拉[1]家——这次又见到了米利,你几乎很难认出他。他变得温柔了,好像要冰释前嫌,用一双深情的眼睛凝视着我。最后,他不知道该如何表示好感,就用两个手指轻轻捏住我的鼻子,然后给了我一个响亮的吻。我简直忍不住大笑!你肯定已经猜到了他态度一百八十度大转弯的原因。科辛卡(里姆斯基-柯萨科夫)告诉他我正在尝试写一部新的交响曲,而且给他弹了一些片段。"

· *482* ·

**巴拉基列夫对里姆斯基-柯萨科夫说——**

我对你期望极高。我对你的信心,就像年迈的婶婶对她年轻的法官侄子一样。

· *483* ·

他一点儿也看不起自己最有天分的弟子穆索尔斯基。他给史

---

[1] 柳德米拉·伊万诺夫娜·谢斯塔基诺娃(Lyudmila Ivanovna Shestakinova, 1816—1906),格林卡的妹妹。

塔索夫的信中说："穆索尔斯基没有头脑，他的思考能力很弱。"

· 484 ·

**里姆斯基-柯萨科夫回忆——**

散步的时候，他总是很担心狗的行为和道德问题。为了避免它追求漂亮的同类，他经常不辞劳苦地把这大家伙抱在怀里。门房总是追打狗狗，因为它们到处嗅，对此他也会适时加以斥责。他对于小动物的怜爱无以复加，只要在房间里发现了什么肮脏的害虫，比如臭虫，他就会小心翼翼地捉住它们然后扔出窗外，同时说道："去吧，宝贝儿，愿上帝保佑你！"

· 485 ·

通常来说，他从来无法容忍任何人对他有异议，或任何与他的行事有悖的行为和道理，如果碰上不同意见者，不管是左是右，他都一视同仁骂作"流氓恶棍"。现在他又多了一个口头禅"犹太佬"（sheeny）。只要他碰见不喜欢的人，并且怀疑那人有犹太血统，他就会骂"犹太佬"；他痛恨犹太人，因为他们害死了耶稣。他同要好的朋友之间关于宗教问题的谈话时常以这种请求结束："求你了，请为了我画个十字吧，就画一次。就现在，快画吧！"

# 乔治·比才
（Georges BIZET，1838—1875）

《卡门》的作曲者，在这部歌剧受到冷遇之后没多久，作曲家就英年早逝了。

### · 486 ·

**比才给母亲的信——**

1858年6月25日，罗马

在这里，女人的德行连一个法郎也不值，大部分男人给几个苏就能让她们做任何事。就连上流社会也不例外，只不过更贵一些罢了。一百个女人里没有一个会缺与她身份匹配的红衣主教、大主教或神父……在我启程去巴黎时，本想躲开这些轻佻的女人，但是没有成功。您肯定会对我很生气，可我能怎么办呢？您，是位罕见的有德行的女性，生活在责任、奉献和对家庭的爱中，您比殉难的圣徒还要珍贵一千倍。也许您不相信这一点，但我们相信。

### · 487 ·

**圣-桑写道——**

比才和我是很好的朋友，我们向彼此倾诉困扰。"你不像我那么倒霉，"一次他对我说，"你可以做些舞台之外的工作。但我不能。这是我唯一的资源。"

### · 488 ·

在《采珠人》遭遇惨败之后，一个朋友告诉比才他买到了这部歌剧的总谱。"你到底为了什么呀？"作曲家问道，"我可以把我的给你嘛。反正你是用不到它的。"

### · 489 ·

在《卡门》第一幕结束后，一群青年音乐家（其中包括文森特·丹第）聚到比才身边，大声赞扬这部歌剧。"您是第一位这样写的人，"他叹息着说，"我想您也是最后一位。"

· 490 ·

比才夫人在1886年嫁给了一位富有的律师，并成立了一个成功的巴黎沙龙。一天，一个贵妇人问她是否喜爱音乐，"我出生的家庭到处都是这玩意儿，"这位比才的遗孀、阿莱维的女儿神秘兮兮地回答。

## 马克斯·布鲁赫
（Max BRUCH，1838—1920）

德国作曲家，他最著名的作品是根据犹太赎罪日的晚祷而作的《一切誓约》（Kol Nidrei），但他并不是犹太人。

· 491 ·

一位相当有名的作曲家[1]请求勃拉姆斯聆听自己演奏一首刚完成的小提琴协奏曲。勃拉姆斯同意了，坐到钢琴旁边。这位先生以极大的热情和力度演奏了自己的作品，由于天热，弄得满头大汗。

他演奏完之后，勃拉姆斯站起身走到钢琴边，用大拇指和中指拈起一张手稿，摩挲了几下，"我说，你从哪儿买的这种乐谱纸？纸质真是一流啊！"

## 莫杰斯特·穆索尔斯基
（Modest MUSSORGSKY，1839—1881）

他的歌剧杰作《鲍里斯·戈杜诺夫》冒犯了沙皇的审查官和同辈作曲家；他的钢琴组曲《图画展览会》被拉威尔改编成管弦

---

[1] 在西蒙（Semon）和斯派尔（Speyer）的自传里确认此人是马克斯·布鲁赫。

乐后大获赞誉。

· 492 ·

当他们演出时开始略去《鲍里斯》的最后一幕时，穆索尔斯基不但同意了删改，还显得挺高兴。我同意他的意见——最后一幕在整出戏的发展中显得多余，而且看上去是草率加上的结尾（事实也的确如此），但我[1]还是对删掉整幕戏感到有些遗憾，毕竟其中还有很多美妙的旋律……

"在这幕里，"穆索尔斯基回答我，"是我一生中仅有的一次歪曲了俄国人民。他们不会嘲弄波雅尔[2]，这不是真的，不是俄罗斯人的特性。愤怒的人民会杀人、会处死敌人，但他们绝不会嘲弄遇害者。"

· 493 ·

列夫·托尔斯泰是我[3]父亲的病人，在一次谈话中，他一句话就把穆索尔斯基打发了："我既不喜欢有才的醉鬼，也不喜欢烂醉的才子。"

· 494 ·

**鲍罗丁回忆——**

不久我听说他自己也是一位作曲家，这令我更想了解他的个性。接着他弹了一首自己写的谐谑曲。

这些新鲜的音乐形式令我很吃惊。我无法说它们一开始就让

---

[1] 阿森尼·阿卡迪耶维奇·戈兰尼申夫-卡图佐夫伯爵（Count Arseni Arkadyevich Golenischev-Katuzov, 1848—1913），诗人。
[2] 沙俄特权贵族的一员，后被彼得大帝废除。——译注
[3] 叙述者是谢尔盖·伯坦森（Sergei Bertensson）。

我高兴。起先我有些迷惑,但是认真听后我很快就开始喜欢它们,在其中发现了魅力。我得承认当穆索尔斯基告诉我他要投身音乐事业时,我以为他在说大话,还窃笑了一回。但听完他的谐谑曲后,我自问:"我该不该相信呢?"

· 495 ·

许多人都试图说服穆索尔斯基结婚,但他不愿结婚的决心已经到了可笑的地步:他不止一次严肃地向我[1]保证,如果我在报纸上读到了他饮弹或者上吊身亡的消息,那一定是在他婚礼的前夕。

· 496 ·

有年冬天,我[2]得为医学院的学生组织一次音乐会……

除了俄罗斯歌剧演员之外,我还有幸请到了意大利著名男高音拉维利友情出演,他当时正好在莫斯科大剧院演出……

在音乐会前一天,拉维利告诉我他想见一见钢琴伴奏,让我第二天一早带伴奏来排练。

之前一天我趁穆索尔斯基清醒的时候,已然征得了他的同意。现在我要带他去排练了。

可是,我惊恐地发现穆索尔斯基又喝得烂醉如泥了!他用法语嘟囔着什么原因,向我保证不必去见那意大利人,他会安排好一切的等等。

我怎么请求劝说都没有用,他用醉汉的固执说道:"不,先生,不;现在可不行。晚上我会好的。"

---

[1] 柳德米拉·伊万诺夫娜·谢斯塔基诺娃(Lyudmila Ivanovna Shestakinova, 1816—1906),格林卡的妹妹。
[2] 瓦西里·伯坦森(Vasili Bertensson, 1853—1933),穆索尔斯基的医生。

当时穆索尔斯基住在一个又小又破的房子里,肮脏的桌子上有一瓶伏特加和一些残羹剩饭。

他对我说再见,艰难地站起身送我到门口,朝我鞠躬说,"那么,晚上见!"那姿势虽然及不上路易十四,但对于一个酩酊大醉的人来说已经颇为不易了。

于是我只能回去告诉男高音我没找到穆索尔斯基……

同时我让一个同事看住穆索尔斯基,确保他能准时参加音乐会。

当然,莫杰斯特·彼特罗维奇7点钟准时在科诺诺夫音乐厅出现了。音乐会即将开始。

不幸的是,穆索尔斯基在演员休息室待得太久,把桌子上的酒都尝了个遍,结果越来越醉。突然,意大利男高音在试音后觉得自己的声音有些紧,于是决定整场曲目要低半个音甚至一个音。

这就是我们的所有要求。

我冲到穆索尔斯基身边,问他是否能为拉维利做到这点。他豪气万丈地从椅子上站起来,用法语安慰我说:"为什么不呢?"(显然穆索尔斯基对有文化的人只说法语,哪怕在他喝醉的时候。)

为了证明他的保证,他建议男高音立刻将整套曲目用半音量过一遍。

可能穆索尔斯基是第一次听到拉维利唱意大利歌剧,但意大利人对他优美的演奏以及能转到任何调性的技巧神往不已,他拥抱着穆索尔斯基不停地说:"多棒的艺术家啊!"

*Book of Musical Anecdotes*

# 彼得·伊里奇·柴科夫斯基
(Pyotr Ilyich TCHAIKOVSKY, 1840—1893)

柴科夫斯基是第一位赢得世界声誉的俄罗斯作曲家，他在莫斯科音乐学院教和声学，直到一位自动找上门的恩主娜杰日达·冯·梅克夫人提供资金让他全职作曲。对自己是同性恋的担忧和困惑令他草草结婚，继而精神崩溃、企图自杀，最终自我毁灭。

· *497* ·

"柴科夫斯基用一种令人惊奇的方式工作，"尼古拉·鲁宾斯坦在晚年谈到他的这位学生时说，"一次，在作曲课上，我让他就某个特定主题写对位变奏，而且我提到这门课不光对质量有要求，数量也是很重要的因素。我以为他会写上一打变奏。结果出乎意料，第二节课上我收到了超过两百个变奏。要是检查这些作业的话，"鲁宾斯坦淡淡一笑，"我花的时间要比他写的时间还多。"

· *498* ·

**1878 年 1 月 21 日柴科夫斯基给梅克夫人的信——**

1874 年 12 月，我写了一部钢琴协奏曲。因为我本人并不是一位钢琴家，所以有必要向一位演奏家请教我写的技巧中哪些部分无法演奏或令人不快。尽管心里有个声音让我别去找尼古拉·鲁宾斯坦，但他既是莫斯科最好的钢琴家，也是位一流的全能音乐家，再说了，如果他知道我带着我的钢琴协奏曲去找别人肯定会生气的。所以我决定请他听一听这部作品。那是 1874 年的圣诞夜，我们受邀去阿尔布莱希特家，在去之前，鲁宾斯坦提议我去音乐学院的一间教室找他，一起听一遍协奏曲。

我弹了第一乐章。他一言不发,哪怕一句评论都没有。你明白那种忐忑尴尬之情吗?你亲自下厨烧了饭菜端到朋友面前,他吃了——却怎么也不开口?哦,哪怕一句话,哪怕是善意的伤害,哪怕只为打破沉默!看在上帝的份上说点什么吧!但是鲁宾斯坦依然紧闭双唇。他正在酝酿一场雷霆风暴,而休伯特[1](一位旁观者)等在一边看风要往哪边吹。鲁宾斯坦的沉默十分雄辩。"我亲爱的朋友,"他好像在自言自语,"对于这样一部整体上事与愿违的作品,叫我怎么评论细节呢?"我鼓起勇气,继续把协奏曲演奏到底。得到的还是沉默。

　　"怎么样?"我从钢琴前站起身问道。然后鲁宾斯坦开始滔滔不绝,起先还算客气,后来越说声调越高,最后爆发出了宙斯的狂怒。我的协奏曲毫无价值,完全无法演奏;段落支离破碎、毫无关联,完全没有写作技巧,甚至没有改善空间;作品本身糟糕透顶、浅薄平庸;这里、那里,我是从别人那儿偷来的;只有一两页还有点价值,剩下最好都扔掉。我一言不发地离开了房间。过了一会儿,鲁宾斯坦过来看看我有多沮丧,又重复说我的协奏曲一无是处,但是如果我肯按照他的要求修改的话,他还是会在音乐会上演奏的。"我一个字也不会改的。"我回答道。

· *499* ·

　　在谈到评论时,他说:"对于一部作品,特别是新作品来说,被别人不闻不问是最糟的命运了。评论家写什么并不重要,重要

---

[1] 尼古拉·阿尔伯托维奇·休伯特(Nikolai Albertovich Hubert, 1840—1888),音乐家。

的是他写不写。"

· *500* ·

柏林和莱比锡之间刚铺好了一条电话线路。柴科夫斯基在柏林,于是安排了和在莱比锡的布罗茨基[1]通电话。布罗茨基在约定的时间到电话局去和朋友谈话,但他只说了几个字就听到柴科夫斯基用颤抖的声音说:"亲爱的朋友!让我走吧,我觉得紧张极了。"

"我又没拽着你,你随时可以走嘛。"布罗茨基说。

后来柴科夫斯基向我们解释,他在电话里一听到朋友的声音,然后意识到两人之间的距离,心跳突然加速到无法忍受。

· *501* ·

有时候柴科夫斯基会给我们[2]拍电报,不论他在柏林或者什么其他地方,"我要来看你们了。请保密。"我们都明白这是什么意思:他累了,想家了,需要朋友了。一次在我们收到电报后,他及时赶来吃晚饭;我们先跟他叙旧,而晚饭后他来到琴房,像往常一样手托着腮坐下,这时,事先安排好的布罗茨基四重奏乐手拿着乐器悄悄走进房间,安静地坐下,开始演奏精心准备过的柴科夫斯基《第三弦乐四重奏》。柴科夫斯基高兴极了!我看见泪水从他的脸颊上滚落下来,然后他向每个乐手一次次表达了感激之情,感激他们为他带来了这欢乐时光。接着他对布罗茨基说:"我以前不知道自己原来写过一首这么美妙的四重奏。本来我不喜欢那个结尾,但现在觉得真不错。"

---

[1] 阿道夫·布罗茨基(Adolf Brodsky, 1851—1929),俄罗斯小提琴家,首演了柴科夫斯基的小提琴协奏曲;这里的叙述者是布罗茨基的妻子安娜。
[2] 布罗茨基一家。

· *502* ·

在乡下，他给所有的农民孩子硬币，对他们很溺爱。塔尼耶夫和卡希金[1]经常指责他这个坏毛病，说这会腐化孩子，外加其他道德训诫。他们再度出门散步时，柴科夫斯基决定进行一次英勇的努力，躲开那些被他的小铜板腐化了的小乞丐们。他们去克林的路上要经过一座桥。邻里小孩对柴科夫斯基的散步时间了如指掌，他知道自己肯定会在离开公园的时候被伏击，于是打算骗过这些缠人小鬼。他让塔尼耶夫和卡希金走在大路上，自己钻进河岸边浓密的阔叶灌木丛，蹑手蹑脚地前进。塔尼耶夫在大路上看着他鬼鬼祟祟的行径，开始假装痛苦地朗诵"看那丑陋的作为带来的善果"等等。柴科夫斯基天真的诡计毫无用处。那些小孩早已摸透了受害者的心理，埋伏好了哨兵，柴科夫斯基一上桥，一群小孩就等在那儿。柴科夫斯基的朋友们到达的时候，正好听到了胜利的敌人满载而归的开心笑声。柴科夫斯基慌乱得满脸通红，急忙解释他实在情不自禁，而且只给了一点小钱云云。卡希金可不相信什么只给了点小钱的说法，因为之前柴科夫斯基一下午散步就给掉了 14 先令，还向朋友借光了他随身带的所有的钱。

· *503* ·

**1877 年 7 月 18 日，柴科夫斯基记叙了他的新婚之夜——**

当火车车厢启动的那一刻，我几乎哽咽着要大哭了。然而，我得在去克林的路上不停地和妻子说话，这样晚上回到家才可能

---

[1] 尼古拉·卡希金（Nikolai Kashkin，1839—1920），俄国乐评家；谢尔盖·塔尼耶夫（Sergei Taneiev，1856—1915），作曲家、钢琴家。

在躺椅上躺着，独自待一会儿。在基诺克后的第二站，梅契舍斯基（Meschchersky，柴科夫斯基的法学院老同学）冲进了车厢。我看到他时，就觉得他必须立刻把我带走。他的确这么做了。在和他开始任何对话前，我必须先让泪水宣泄出来。梅契舍斯基表现出极其温柔的同情，努力安慰我低落的情绪。过了克林之后，我回到妻子身边，比刚才平静多了。梅契舍斯基为我们安排了卧铺车厢，接着我就睡得像死人一样了……

我发现最令人欣慰的是，我妻子并不理解、或者说根本没感受到我那拙于掩盖的苦恼。她看起来总是开开心心，心满意足。她觉得万事皆好，称心如意……

我们对彼此的关系进行了更为明朗的对话，她积极地同意我所有的决定，从来没有更多的要求。她所需要的就是珍惜我、关心我。我保留了一切行动的自由。[1]

· *504* ·

一次，他告诉卡希金，他曾晚上一个人待在乡村别墅。当他的目光落在自己的日记上时，突然掠过了一阵恐惧，好像他担心万一死时身边没有朋友，这些生活隐私就会被什么人伺机窥探。在这种感受的影响下，他立刻生了火，把所有日记付之一炬，然后上床睡觉。这件事的确令他很遗憾，但总的来说他相信此乃明智之举。

---

[1] 1940年，在莫斯科发表的家庭信件表明了柴科夫斯基痛苦的婚姻和他的同性恋倾向，但很快就被查禁了。流入西方世界的唯一副本是音乐理论家亚历山德拉·奥露娃（Alexandra Orlova）偷带出去的，她还发表了导致作曲家之死的事件的权威叙述（参见第506条）。

### 里姆斯基-柯萨科夫叙述——

· 505 ·

我记得曾经在《"悲怆"交响曲》演出的中场休息时问过他，他写这部作品是否有计划。他回答当然原本有计划，但并不想宣布。他最后一次去圣彼得堡时，我只在音乐会上见到了他。几天后大家谈论的都是他病重的消息。他的公寓一天几次被全世界的问候塞得满满的。多么奇怪啊，尽管他是得了霍乱而死，但所有人都可以去听追思弥撒！我记得维耶治比洛维奇喝得烂醉……不停地吻着死者的头和脸。[1]

· 506 ·

1893年秋，柴科夫斯基遭到了不幸的威胁。斯坦伯克-费默大公很反感作曲家对他年轻侄子表现出的异常关心，他给沙皇写了一封控诉信，而且让柴科夫斯基在法学院的学生贾科比转交给亚历山大三世。如果柴科夫斯基的同性恋倾向被公开，他就会被剥夺所有权利，流放西伯利亚，而且会令法学院和所有的老校友蒙羞。为了避免此事公开，贾科比邀请了柴科夫斯基昔日的校友来到圣彼得堡，组成了一个荣誉法庭。调查持续了很长时间，几乎有五个小时。突然柴科夫斯基一言不发地离开了贾科比的书房。他当时脸色苍白，情绪激动。其他人留了很长时间，小声地交谈。所有人走后，贾科比告诉妻子，大家做出了一项决定，而柴科夫斯基本人也已承诺会执行。他们要求他自杀。一两天后，圣彼得

---

[1] 霍乱病人会被隔离，为了避免传染，尸体也会被隔离。里姆斯基-柯萨科夫对柴科夫斯基死因的猜测在当时得到了广泛认同，但真相直到近80年后才重见天日（参见后条）。

堡就传来了作曲家病死的消息。

· *507* ·

"我刚刚得到了一个令人悲伤的消息，"托尔斯泰说道……"柴科夫斯基昨晚在圣彼得堡去世了。"我［玛丽·舍科维奇（Marie Scheikevitch）］抬起头看着父亲。他低垂着头，晶莹的泪水在脸颊上闪光。我以前从没见过他哭。他将我的手捏得那样紧，几乎弄疼了我。他的眼泪成了一道小溪，顺着他的花白胡子滴在我的额头上……托尔斯泰捏着那份电报的巨大拳头模糊了我的视线，仿佛一块小小黄色屏幕遮住了渐暗的天空。

· *508* ·

早晨9点的安魂弥撒是为了抚慰彼得·伊里奇·柴科夫斯基的灵魂。我[1]架着轻便雪橇来到莫斯科的一间大教堂，发现音乐学院所有的教授都聚在侧边的一个小教堂里。我站在斯克里亚宾和塔尼耶夫中间。当司祭开始诵弥撒时，我注意到斯克里亚宾的脸上有一种极不自然的苍白。塔尼耶夫在啜泣，跪下来亲吻着小教堂里冰冷的石板。整个仪式中充满了浓重的阴郁气氛。希腊东正教的神父开始用深沉有力的男低音半读半吟诵，接着他提高了声音，发出一种令人窒息的哭喊，就好像死亡天使的翅膀掠过这阴暗冰冷的小教堂一般。

· *509* ·

"可怜的彼得·伊里奇·柴科夫斯基总是在自杀的边缘徘徊，生怕别人发现他是个同性恋，"［佳吉列夫说道,］"而今天，如果

---

[1] 弗里德里克·拉蒙德（Frederic Lamond，1868—1948），英国钢琴家。

你是作曲家却不是同性恋,简直要朝自己的脑袋开枪。"我[1]立刻表示异议,并举了三位传统(也就是异性恋)而极为成功的在世作曲家为例,佳吉列夫反驳说:"别扯了,他们中有两个想当同性恋却没当成,还有一个是阳痿。"

## 安东宁·德沃夏克

[(Antonín DVOŘ)ÁK, 1841—1904]

捷克作曲家,他在纽约以及爱荷华州斯毕维里的捷克居民区住了三年(1892-1895),写出了脍炙人口的《"自新世界"交响曲》。

· 510 ·

"老俗货"(Old Borax,德沃夏克的昵称)到纽约的时候,瑟伯夫人把他交给了我[2]。他是个狂热的罗马天主教徒,我为他找了一间波西米亚教堂,这样他可以每天做早课。我有些沾沾自喜,就邀请他喝一种叫作威士忌鸡尾酒的美国饮料,他点了点那长得像愤怒的斗牛犬般的,还有络腮胡子的头。他先用凶狠的斯拉夫眼神让你害怕,也可以彬彬有礼、面不改色地毁掉一个学生的对位法作业。我一直说他骨子里是个海盗。但我犯了个错误,我本以为美国大浪会击垮他的捷克神经。我们从戈尔维茨开始,然后绕了一个大圈,穿过了纽约中心的畅饮地带。每到一地,"老俗货"就要一杯鸡尾酒。现在我开始讨厌酒精了,于是

---

[1] 弗拉基米尔·杜凯尔斯基(Vladimir Dukelsky,1903—1969),俄裔作曲家,在美国用"韦尔农·杜克(Vernon Duke)"的笔名创作。
[2] 詹姆斯·赫尼克(James Huneker,1860—1921),纽约著名评论家;珍妮特·M.瑟伯(Jeanette M.Thurber),富有的食品商的妻子,她创办了国立音乐学院,并聘请德沃夏克当校长。

坚持只喝"三声部创意"——啤酒花、麦芽、矿泉水。我们说德语，我很高兴碰到一个从发音到语法都比我差的人。我们相处甚欢，如鱼得水——这个比喻很恰当，因为当时正在下雨，不过并无风暴……

我觉得他已经喝下第 19 杯鸡尾酒了。"大师，"我的声音已经有些儿嘶哑，"您不觉得我们该吃点什么吗？"他透过连着乱蓬蓬的头发的乱糟糟的胡须盯着我，"吃？不，我不吃。我们要去休斯敦街的酒吧。你也去，对吗？我们要喝梅子白兰地酒。你都喝了这么多啤酒了，应该暖和一下。"那天晚上我没有和安东宁·德沃夏克先生去东休斯敦街的波西米亚咖啡馆，我再也没有跟他一起出去过。这样一个人对于饮酒适量者的危害，就像错误的灯塔信号对失事水手的危害；我能喝多少啤酒，他就能喝多少白酒。我向瑟伯夫人保证我已经完成了导游的任务。后来有一次在东城的波西米亚聚居区的索凯尔音乐厅碰见"老俗货"时，我有意避开了他。

· 511 ·

大师在美国时最想念的就是他的鸽子和火车头。他非常渴望那两个"嗜好"，但在这儿他最后也勉强找到了慰藉。一天我们和大师一起去中央公园，那儿有个小型动物园，里面有各种各样的鸟，接着我们来到了一个装有两百只鸽子的巨大鸟舍前。大师看到这些鸽子非常惊喜，尽管没有一只可以和他的"球胸鸽""扇尾鸽"媲美。之后，我们每个礼拜都要去中央公园一到两次。

至于火车头的嗜好就更加难满足了。那时候的纽约只有一个车站，其他的都在河对岸（纽约城在曼哈顿岛上）。在这个车站，只有乘客可以进出月台,我们百般哀求管理员让我们看一看"美国火车头"都无济于事。于是我们从大师住处乘了一个小时的有轨电车到155大街,在那儿的河岸上等芝加哥或波士顿的高速列车驶过。这每次几乎都要占用整个下午的时间,所以我们总是会看好多列火车经过,旅途奔波才不算白费……

后来大师又对汽船发生了兴趣。当时的码头比现在近,每次有船出发的时候,人们都可以上船,大师充分地利用了这一机会。

很快我们就对每艘船了如指掌。大师总喜欢跟船长或船员聊天,没多久我们就知道了所有船长和船员的名字。每当有船要起航,我们就去码头,在岸边目送它们离去,直至消失在视线中。

· 512 ·

勃拉姆斯想说服德沃夏克搬到维也纳来住,因为他知道德沃夏克有个大家庭,就说:"看看你,德沃夏克,你有那么多孩子,而我孑然一身。如果你有什么需要,我的财产随便你处置。"德沃夏克夫人的眼眶湿润了,德沃夏克也被深深地打动了,他紧紧握住了大师的手。接着话题转到了信仰和宗教。众所周知,德沃夏克有一种真诚得近乎孩子般的信仰,而勃拉姆斯的观点正好相反。"我读了许多叔本华的书,看事情很不同了。"勃拉姆斯这样说……在回宾馆的路上,德沃夏克异乎寻常的沉默。终于,在踌躇了相当长的时间后,他叫出来:"这样的人,这样的灵魂——他什么都不信,他什么都不信!"

· 513 ·

**1903年,弗里茨·克莱斯勒拜访了德沃夏克在布拉格的陋室——**

"他的家简直就像《波西米亚人》中的一个场景。"克莱斯勒回忆道,"德沃夏克躺在床上,病恹恹的,情况很糟。他卖掉所有的作品只得了一点钱,现在根本没法维生。就算是他辉煌的美国之旅得到的酬劳也因为这样那样的原因被花光了。

"我曾经演奏过几首德沃夏克的斯拉夫舞曲,我去拜访这位老人是为了表达敬意。我问他是否还有什么作品可以让我演奏,重病的作曲家指着一堆未经整理的乐谱说,'看看那一堆,也许你能找到点什么。'我真的找到了。这就是《幽默曲》。[1]"

## 阿里戈·博伊托
（Arrigo BOITO, 1842—1918）

意大利诗人、作曲家,为威尔第的《奥赛罗》和《福斯塔夫》创作了台本。他的第一部歌剧《梅菲斯托》1868年问世,第二部歌剧《尼禄》的创作从1862年开始,但历时56年,直到他去世也没有完成。

• 514 •

**夏里亚宾回忆——**

在《梅菲斯托》的演出结束后,有人通知说他想尽早在家见到我。我一脱身就往他家赶。他的书桌上焚着熏香,虽然单身,但从家里的摆设看,他热爱美丽的事物。事实证明他是个无忧无虑的快乐人。我知道他正在写一部歌剧《尼禄》,就问了问情况。他的反应很怪异。他做了个可怕的鬼脸,从书桌抽屉里拿出一把巨大的手枪,放在我的膝盖上,用一种半滑稽半凄凉的语调说:"开

---

[1] 降G调,作品101号。克莱斯勒将之改编成了一首无与伦比的小提琴名曲。

枪打我吧。求你了,因为我太沉迷于那些胡言乱语了。"

我意识到他是个对自己的作品很有感情的人。

## 朱尔·马斯内

(Jules MASSENET, 1842—1912)

法国作曲家,创作了 27 部歌剧,其中包括《玛侬》和《维特》。

· 515 ·

当《埃斯克拉芒》出炉时,乐评家们称他为"瓦格纳小姐",各大报纸都争相报道了一则趣事——作曲家雷耶尔[1]听到马斯内大呼:"瓦格纳是伟大的天才!能够得上他的脚踝就是我的幸运了!"于是立刻严肃地反驳:"他当然够上了!"

· 516 ·

在一个晚宴上,女主人听到马斯内在赞扬雷耶尔,于是对马斯内的大度表示欣赏:"雷耶尔总是说你的坏话。"

"亲爱的夫人,"他回答,"您知道我们俩都是本性难移的谎话精。"

· 517 ·

《维特》在巴黎上演的几星期前,马斯内加入了法国自行车联盟。联盟以他的名义举行了盛大的宴会,其中一项节目就是新成员骑着自行车在桌子上绕圈,以此来检验大家的技艺。一位恶意的评论家之后写文章说马斯内这样是为了推销自己。可在 1893 年马斯内已经是个大名人了。

---

[1] 恩斯特·雷耶尔(Ernest Reyer, 1823—1909)。

• 518 •

在《玛侬》的演出中，男高音整晚都唱低了半个音。演出结束后，马斯内在后台碰见这位歌手，他走上前来准备接受祝贺……

"亲爱的大师，今晚可还满意？"罪过的男高音问道。

"满意，满意，"作曲家回答，"但是您怎么能跟那样一个可怕的乐队合作呢？他们整晚的伴奏都比您高了半个音！"

## 阿瑟·苏利文爵士

(Sir Arthur SULLIVAN, 1842—1900)

以与吉尔伯特合作的轻歌剧而著称；他还写过赞美诗《基督精兵前进》。

• 519 •

"那是一个非常寒冷的早晨，"阿瑟爵士说，"下着大雪，吉尔伯特来到我家，穿了一件厚重的皮草大衣。他来把《陪审团开庭》的手稿读给我听［这是两人的第一次重要合作］。他完整地读了一遍，在我看来，他似乎心烦意乱，渐渐变得愤怒，好像他对自己写的台本很失望。他读完最后一个词，气呼呼地合上手稿，明显没有注意到一个事实——他已经达到了他想要的效果，因为我从头到尾一直在大笑。"

• 520 •

**苏利文自己说了一个反面故事——**

他整晚都站在特等席的后部，开始深沉地哼唱舞台上刚刚演过的一首歌曲。"喂，"一位敏感的老先生突然朝作曲家转过身去，"我花钱是来听苏利文的音乐，不是你的。"

## 爱德华·格里格

(Edvard GRIEG, 1843—1907)

挪威作曲家,他青年时获得的成功大大提振了民族士气,挪威政府在1874年(他29岁那年)就给他发了国家养老金。

· 521 ·

埃塞尔·史密斯赞扬了格里格的一部作品,但暗示其中一个乐章的尾声不如其他乐章的质量高。"啊,是的,"格里格耸了耸肩膀,"那时候刚好灵感用完了,我就只好写了一个没有灵感的结尾。"

· 522 ·

在[勃拉姆斯]排练时,我[1]听到门铃响,知道是柴科夫斯基来了,就冲过去开门。他对音乐声很迷惑,问是谁在那儿,弹的是什么曲子。我把他带进隔壁房间,轻声告诉他勃拉姆斯来了。我们说话的时候,音乐声停顿了一会儿;我请他进去,但他觉得太紧张,于是我轻轻打开房门,叫来我的丈夫。他带着柴科夫斯基进去,我跟在后面。

柴科夫斯基和勃拉姆斯之前素未谋面。很难再找到两个如此不同的人了。柴科夫斯基出身贵族家庭,举止优雅得体,极有礼貌。勃拉姆斯身材矮小,四四方方,脑袋硕大,看起来精力旺盛;他公开宣称仇视一切所谓的"礼貌",言语间常常冷嘲热讽。当阿道

---

[1] 安娜·布罗茨基(Anna Brodsky),俄国小提琴家阿道夫·布罗茨基(Adolf Brodsky)的妻子。

夫介绍他们认识时,柴科夫斯基用柔软而动听的声音问勃拉姆斯:"我没有打扰到您吧?"

"一点儿也没有,"勃拉姆斯回答,声音一如既往地沙哑刺耳,"但你为什么要听这个呢?一点儿意思也没有。"

柴科夫斯基坐下,仔细地听着。后来他告诉我们,勃拉姆斯的性格给他留下了很好的印象,但他并不喜欢那音乐。当三重奏结束时,我注意到柴科夫斯基看起来很不安。按道理他得说些什么,但他又不是那种会假意逢迎的人。正当气氛尴尬时,门猛然被推开,我们亲爱的朋友格里格和他的妻子来了。像往常一样,他们也带来了阳光。他们认识勃拉姆斯,但没见过柴科夫斯基。而柴科夫斯基喜欢格里格的音乐,立刻就被这对妙人儿迷住了,他们在一起充满了活力、激情、超凡脱俗,而他们的淳朴又使得所有人感到自在。天生敏感的柴科夫斯基与他们一见如故。在介绍、寒暄结束后,我们来到餐厅。尼娜·格里格坐在勃拉姆斯和柴科夫斯基中间,但几分钟之后她就从座位上站起身,叫道:"我没法坐在这两个人中间。会让我紧张死的。"

格里格跳起来说:"但我有这个勇气。"然后和她换了座位。于是三位作曲家坐在一起,大家兴致都很高。我看到勃拉姆斯拿了一盆草莓酱,说他要全部吃完,别人休想分到。这更像儿童派对而不是伟大作曲家的聚会。我丈夫也极有同感,于是当晚餐结束后客人们仍旧留在餐桌旁抽雪茄、喝咖啡时,他拿来了魔术师的盒子(给我的小侄子的圣诞礼物),开始表演魔术。所有的客人都被逗乐了,特别是勃拉姆斯,他要求阿道夫向他解释每个魔术的机关。

*Book of Musical Anecdotes*

### 523

一天在卑尔根，格里格和朋友弗朗茨·拜耶去钓鱼。不久一个音乐主题来到他的脑海中。他从口袋里拿出纸，匆匆记下后就把小纸条放在身边的凳子上。过了一会儿，一阵风把它吹走了。拜耶趁格里格不注意，把小纸条悄悄收好。过了一会儿他开始用口哨吹这个旋律。

"这是什么曲子？"格里格问道。

"我刚想出来的。"拜耶满不在乎地说。

"见鬼！跟我刚才脑子想到的一模一样。"

## 阿德利娜·帕蒂
（Adelina PATTI, 1843—1919）

当时薪酬最高的女高音。她出生于马德里，孩提时在纽约登台首演，曾在科文特花园皇家歌剧院唱了二十五个音乐季。

### 524

著名的艺人管理者 J.H. 哈弗里曾经一度野心勃勃，想成为一名经理人。是哈弗里夫人鼓励他走这条路，有一天她说：

"约翰，你为什么不去找帕蒂？"

"我会的。"这位艺人之王说道。他立刻约见了首席女伶，不经意地问她一般会开什么条件。

"歌剧还是音乐会？"帕蒂问道。

"音乐会。"哈弗里说。

"一晚四千美元，五十场二十万美元。"帕蒂回答。

那一瞬，不屈不挠的哈弗里有点儿不知所措。"唔，夫人，这是我们付给美国总统年薪的四倍呀！"

"好啊，"帕蒂说，"您怎么不请总统来为您唱歌儿呢？"

· 525 ·

公众很好奇帕蒂夫人和斯卡齐夫人同台演出会是什么样子。下午5点左右，学院门口已经挤满了人，我们直到7点钟才打开门。巨大的人流冲了进来，这时惨剧发生了。有一位女士事先就买好了票，当她走到楼梯顶部的时候，因为过于兴奋心脏病发作死去了。由于人群过于密集，她在到达顶层楼座之前都没有倒下。工作人员害怕这事件会引起恐慌，又怕被我知道，就把这女人放在最顶上一个私人小包厢里。第二天早晨她的尸体才被朋友领走。

· 526 ·

在《阿依达》的最后一幕，她和男高音被关在一个石墓里。帕蒂为了让自己舒服些，指示舞美事先放一个沙发靠垫，这样当二重唱临近结束时，帕蒂可以随手调整靠垫，并用她的巴黎式高跟拖鞋踢一下拖曳的裙裾，然后在男高音的帮助下找到一个舒服的姿势躺下——然后死去。

· 527 ·

我[1]问她为什么从来没唱过任何瓦格纳歌剧，她用美丽的双眼盯着我，只问了一句话："我向来可伤害过你吗？"

· 528 ·

帕蒂大概是最后一位抵制留声机诱惑的伟大歌唱家。1903年，她终于松动了，允许那笨重的录音器材进入了她的"夜之石"城堡。

---

[1] 费利克斯·西蒙爵士（Sir Felix Semon, 1849—1921），英国喉科专家。

几天后，她同意唱莫扎特的"你们可知道"（Voi che sapete），接着她要求马上听一遍，这导致唱片无法量产。"我永远不会忘记那一幕，"制作人兰登·罗纳德（Landon Ronald）写道，"她从没有听过自己的声音，当小喇叭放出那美妙的歌声时她简直欣喜若狂！她朝喇叭抛着飞吻，不停地说：'老天啊，现在我终于明白我为什么是帕蒂了！多美的声音啊！这是怎样的艺术家！我全明白啦！'她的激动是那样单纯那样真挚，尽管她赞美的是自己的声音，在我们看来也没什么不妥。"

## 汉斯·里希特
（Hans RICHTER, 1843—1916）

匈牙利出生的音乐家，瓦格纳的助手，瓦格纳让他指挥了《指环》的第一次完整演出。

· 529 ·

他们住在英格兰期间，里希特夫人得了病，经常昏倒（德语叫 schwindeln），必须卧床。当有人向指挥问候他夫人的病情时，里希特回答："我妻子，她可糟糕了；她不躺着 / 说谎的时候就昏倒 / 骗人。"[1]

· 530 ·

一次在演奏《特里斯坦》序曲中的激情主题时，他叫停了大提琴声部，"大提琴声部的先生们，你们拉得都像结了婚的男人一

---

[1] 这里的 lie 是双关，有躺着或骗人两个意思；德语的 schwindeln（昏倒）听上去很像英语的 swindle（骗人、欺诈）。——译注

样死气沉沉!"

## 尼古拉·里姆斯基-柯萨科夫
（Nikolay RIMSKY-KORSAKOV, 1844—1908）

《舍赫拉查德》的作曲者，格拉祖诺夫和斯特拉文斯基的老师。

· 531 ·

**里姆斯基-柯萨科夫——**

1871年，我和穆索尔斯基决定住在一起。我们租了一间公寓，或者说只是一个有家具的房间。两个作曲家同住，我们大概是独一无二的例子。怎么才能避免打扰到对方呢？我们这样决定：从早晨到中午，穆索尔斯基用钢琴，而我抄写乐谱或者把已经深思熟虑过的乐曲写下来。中午的时候他出去上班，我用钢琴。晚上的时间由两人协商分配。

· 532 ·

1907年，乐评人卡沃科雷西在巴黎遇见了里姆斯基-柯萨科夫，他鼓起勇气对作曲家说，他更喜欢穆索尔斯基的《鲍里斯·戈杜诺夫》的原始版本。这位改编者并没有生气。他只是微笑着，摇摇头说："你们法国年轻人挑选出的穆索尔斯基的音乐只是一点灰尘，然后你们还要把它放在祭坛上顶礼膜拜。"

· 533 ·

亚历山大·葛雷查尼诺夫[1]带着一部少作来找他，说自己觉得不是特别满意。"为什么不满意呢？"里姆斯基-柯萨科夫问道。

---

[1] Alexander Gretchaninov（1864—1956），俄国作曲家。

"因为有点太像鲍罗丁的音乐了。"

"如果你的音乐像其他人,别害怕,"里姆斯基-柯萨科夫说道,"倒是要小心它什么都不像!"

## 巴勃罗·德·萨拉萨蒂
(Pablo de SARASATE,1844—1908)

西班牙小提琴大师。

· *534* ·

除了他演奏的美妙……我[1]还一直很欣赏他对那位请他"带上小提琴"一起来吃饭的女士表现出的傲骨。

"亲爱的夫人,"他回答道,"我很荣幸前来用餐,但我的小提琴可不吃饭。"[2]

## 加布里埃尔·福雷
(Gabriel FAURE,1845—1924)

法国作曲家,在任巴黎音乐学院总监时进行了一系列改革,他的学生中有拉威尔、埃内斯库和娜迪娅·布朗热等。

· *535* ·

拉威尔被取消罗马大奖参赛资格后,音乐界一片哗然,不久

---

[1] 海伦·亨舍尔(Helen Henschel),指挥、男中音乔治·亨舍尔爵士的女儿。
[2] 不过这个故事有自己的生命力:著名的双簧管演奏家约翰·菲舍尔(Johann Fischer,1733—1800)以举止怪异著称。一次他在都柏林的圆形大厅演奏协奏曲,一位贵族老爷为他罕见的才华倾倒,于是去找他,在赞扬了他的技艺后,这位老爷邀请他第二天晚上一起吃饭,并说:"请带上您的双簧管!"菲舍尔对这类邀请有些恼火,立刻回答道:"老爷,我的双簧管从来不吃晚饭!"

福雷被任命为音乐学院院长。即将离职的院长西奥多·迪布瓦严肃地提醒继任者应肩负起责任："先生，音乐学院正如它的名称所表示的那样，是为了保存传统而存在的。"福雷的上任导致了许多人辞职，于是这位没架子的音乐家得了个外号"罗伯斯庇尔"，巴黎人谈起他就说"每日一车受害者"。

· 536 ·

他很清楚自己职位的尊严。他每天乘地铁到学校前面一站，然后再乘出租车去学校。

· 537 ·

一次拉威尔带了几首歌给福雷看，但福雷把它们推到了一边。第二次上课时他又要求看一看。"我没带来，"拉威尔说，"你已经否决了它们。""可能我错了。"福雷回答道。后来有人问拉威尔怎么处理了那些歌儿，他说："我把它们烧了。福雷是对的。"

# 托马斯·阿尔瓦·爱迪生
(Thomas Alva EDISON, 1847—1931)

留声机的发明者，他说"复制音乐"只是其十大可能的用处之一。

· 538 ·

爱迪生回忆，二十年前"会说话的机器"尚前途未卜之时，有人会送新录的唱片让我批准。我听过以后就会标上"好""不错"或者"差"来分类。结果那些"差"的唱片总是能卖得好。现在我只要略微谴责一下音乐和那些超时工作以满足市场需要的工厂就行了。

## 让·德·雷什克

（Jean de RESZKE, 1850—1925）

波兰歌唱家，是"歌剧黄金年代"的杰出男高音。

· 539 ·

**内莉·梅尔芭回忆——**

以前的芝加哥相对于波士顿和纽约的差距比今天还要大。事实上，我早年记忆中的芝加哥是很动荡的。我永远不会忘记一天晚上跟让·德·雷什克演《罗密欧与朱丽叶》，当时我觉得演出并没有像平时那样吸引观众，而正厅后部似乎在蠢蠢欲动。接着是一阵骚动、许多人站起身、几声吃惊的尖叫、乐队不知所措，我看到一个人踏过脚灯爬上台来，瞪着眼睛满脸疯狂，朝我冲过来。

这人的确是个疯子，不知怎么从精神病院逃了出来，并进了这间剧院。一时间所有人都惊呆了。这时雷什克冲过来救我。他跑上前，从剑鞘里拔出了道具剑，在那人眼前奋力挥舞。那人看起来像要大打出手——如果他这样做了我真的不知道结果会怎样，因为他是个强壮的家伙，而一把道具剑可不是什么对抗疯子的好武器。

· 540 ·

让·德·雷什克想演马斯内的《维特》中的同名男主角，哈里斯[1]认为英国观众不会喜欢这部作品，而让·德·雷什克发誓他们肯定会喜欢，于是经理同意一试。

---

[1] 奥古斯都·哈里斯爵士（Sir Augustus Harris, 1852—1896），英国演出经理。

可悲的是，马斯内优美的音乐以及那肝肠寸断、极度多愁善感的主人公都没有得到歌剧迷的青眼。演出结束后，奥古斯都爵士对雷什克说："好了，你已经遂了愿了。演过《维特》了，但鉴于目前的情况，演一次就够了。"

而雷什克坚持要再演一场，奥古斯都爵士再次屈服了。第二场演出的当天下午，经理伤心地发现位子根本没有卖掉。只要花上 30 英镑就能独享这 1200 座的大剧院。

突然雷什克派人送来了一封信，信上说"如果还有余座的话，请留几个正厅前排的座位。"

"跟我来。"奥古斯都爵士对信差说，然后把他带到了票房。奥古斯都爵士对票房经理说："先生，给我 80 个正厅前排座位、20 个包厢、100 个阶梯座位。请把票包好。"

接着，他把包裹给了雷什克的信差，并请他告诉雷什克先生，如果他还想要更多的票也可以。半小时后奥古斯都爵士收到了一封电报，通知他这位杰出的男高音生病了，当晚无法进行演出。

维特再也不用自杀了。维特早就死了。

## 恩格尔贝特·洪佩尔丁克
(*Engelbert HUMPERDINCK*, 1854—1921)

创作了最著名的儿童歌剧《韩塞尔与葛雷特》[1]。

· 541 ·

奥古斯都·哈里斯亲自去美国是为了和大指挥安东·塞德尔

---

[1] *Hanseland Gretel*，一译《糖果屋》。——译注

制作洪佩尔丁克的《韩塞尔与葛雷特》。但该歌剧受到了无比冷遇，而雪上加霜的正是哈里斯在首演之夜致辞最后的冷幽默，他说"希望美国有足够的艺术精神来欣赏这位伟大作曲家'裸麦面包'（Pumpernickel）的美妙作品"。

## 莱奥什·雅纳切克
（Leoš JANCEK，1854—1928）

捷克作曲家，一直等到50岁才以歌剧《耶努发》获得成功，接着又创作了一系列歌剧杰作。

· 542 ·

他是第一位从日常会话中重现音乐图式的人，他一直在倾听对话中流动的音乐。一次他外出购物时碰到了斯美塔那的女儿，立刻掏出笔记本，画上五线谱，用音符记下了她的家常话。

· 543 ·

哪怕彩排的时候，他还在不停修改《马克罗普洛斯案件》的乐谱，直到指挥大发雷霆，朝他吼道："别再改了！"雅纳切克默默地离开。演出当晚，歌剧进行到一半时，大提琴首席和指挥交换了一个惊讶的表情，因为他们发现自己在演奏从未见过的音乐。很显然，雅纳切克在彩排之后进了图书室，偷偷为大提琴加了一段新的独奏。

## 约翰·菲利普·苏萨
（John Philip SOUSA，1854—1932）

《星条旗永不落》《华盛顿邮报》的作者，还写了一百多首昂扬的进行曲。他是华盛顿人,指挥过美国海军陆战队乐团,之后组建了自己的乐团进行全球巡演。

· 544 ·

**约翰·菲利普·苏萨回忆——**

我的音乐会在汉诺威结束后,美国领事驾临,满脸喜悦。我们沉浸在胜利中,一起去他的住所喝上一杯莱茵白葡萄酒。他讨论了演出中的每首曲目,说一首好过一首,而且首首精彩。他把手放在我的肩上,激动地说:

"这是我一生中最高兴的晚上。苏萨,我们是美国人!让我们来庆祝这伟大的美国胜利!我有一瓶肯塔基威士忌,我们带去咖啡吧,找一个包房,喝酒庆祝你的成功!"

第二天,蓬头垢面、愁眉苦脸的领事在宾馆里等我从日场演出中归来。他的第一句话是:"你今天做什么了?"

"做我该做的事呀。"我回答。

"你去了日场演出没有?"他问。

"我可不是来疗养的,"我笑起来,"我当然去演出了,你干吗这么问?"

"伙计,你没有意识到我们昨晚干了什么吗?"

"当然啦。我们坐在楼下喝了几杯,庆祝音乐会胜利嘛,就这些。"

"就这些!"他重复着,捂着自己的头。"就这些!我们喝掉了一整瓶肯塔基威士忌。我今天一天都躺在床上用毛巾包着头。我彻底喝晕了,连重要文件都没法签了。"

"亲爱的领事,"我感触良多,"您已经在这儿待了12年,变得柔弱了。回美国去吧，我亲爱的先生，重新变成一个男人！"

## 阿图尔·尼基什
（Artur NIKISCH，1855—1922）

匈牙利指挥，执掌过柏林爱乐乐团和莱比锡布商大厦管弦乐团。乐手们称他为"魔术师"，仿佛拥有超自然能力。

· 545 ·

在去度假之前，我[1]把音乐会的每个细节都想好了，然后把所有排练计划等等都交给合伙人。根据安排，当时23岁的阿图尔·尼基什将指挥《汤豪舍》的演出。

不一会儿来了一份电报："乐队拒绝在尼基什的指挥下演奏。他太年轻了！"

就在我打算动身回莱比锡时，突然想到了一个点子，于是发电报说："任何情况都不要推迟演出《汤豪舍》。原计划不变，尼基什明天指挥排练。召集乐手开会，向他们解释权利和限度，如果他们还固执己见，就让他们明天排练的时候辞职好了。序曲排练结束后再问他们一次有无改变看法。万一乐手们都辞职了，我马上就回莱比锡。"

这位年轻的指挥在序曲排练中获得了非凡的成功，乐手们用暴风雨般的欢呼和祝贺请求他立刻继续排练。而《汤豪舍》的演出使阿图尔·尼基什踏入了德国顶尖指挥的行列。

---

[1] 安杰洛·纽曼（Angelo Neumann，1838—1910），奥地利剧院经理。

### · 546 ·

有传言说尼基什对于新作品不像对传世作品那么用心,于是马克斯·雷格尔决定测试一下他的准备程度。在首演前的最后一次排练中,作曲家要求过一遍结尾处的赋格。尼基什站在指挥台上,来回翻着乐谱,最后不得不尴尬地承认他找不到那首赋格。雷格尔低吼道:"根本就没有赋格!"

## 爱德华·埃尔加爵士
(Sir Edward ELGAR,1857—1934)

出生于伍斯特郡的作曲家,他以《谜语变奏曲》赢得了国际对于英国音乐的认可,这首作品刻画了多位人物,至今仍有未解的谜团。威风凛凛进行曲中的《希望与荣耀之土》成了大不列颠帝国晚期的国歌。

### · 547 ·

我[1]喜欢《谜语》,而且有一副傻小子的厚脸皮。一天晚上,我听到埃尔加在和我父亲回想那些变奏曲,就直接问他:"《谜语》写的是什么?"埃尔加说:"你不应该问我,应该去问特罗伊特·格里菲思。"我知道格里菲思,他是第七变奏的主角;但他是个建筑师,根本不是音乐家。于是我又问:"格里菲思能告诉我什么?"埃尔加笑了,说了下面的故事:

一天我知道特罗伊特要来,就在钢琴的某些琴键上粘了一些

---

[1] 伍尔斯坦·阿特金斯(E.Wulstan Atkins,1904—2003),1897—1950年伍斯特郡大教堂管风琴师艾弗·阿特金斯爵士(Sir Ivor Atkins,1869—1953)之子。

小纸条，每个纸条上写了数字表示顺序。接着我让特罗伊特按照号码的顺序弹一遍。他弹完后，我就拿走了小纸条然后告诉他："特罗伊特，你现在也知道《谜语》了！"我知道我很安全，因为他肯定记不住刚刚弹了什么。

这就是埃尔加在开玩笑（他经常这样不是？）说老实话，我一个字儿也不信。

· 548 ·

［《谜语变奏曲》第十变奏的主题人物"朵拉美人儿"（Dorabella）写道，］现在想起45年前人们指望我去揭开《谜语》的秘密，真有些奇怪。特罗伊特·格里菲思在日期是1937年9月21日的一封信里重提了1923年与我的一次对话：

"我去肯普西拜访埃尔加时问他：'我能猜一下吗？是不是《上帝保佑国王》？'

'不，当然不是了；但它非常非常有名却没有人发现。'

'它。'是的，我们总是把那些隐藏的东西叫作'它'，从来不叫调或主题。

1899年11月，埃尔加逗我：

'你还没猜出来吗？再试试呀。'

'你真的确定我知道吗？''当然啦。'还有一次，他说：'唉，我很吃惊。我以为你肯定能猜出来的。'

'为什么是我呢？'

'这样问就是作弊了！'"

· 549 ·

一天晚上……埃尔加几乎工作了一整天，我们坐在一起讨论下一步的结构细节和配器安排,他突然说道:"你知道,比利[1]"——那时候我叫比利——"我妻子是个好女人。我经常弹些片段和曲调给她听,因为她总想知道我会怎么写下去。她会点点头但不说话,或者只说:'噢,爱德华!'——但我知道她是喜欢还是不喜欢,而且我总觉得如果她不喜欢的话就一定是哪儿出了问题。她从不表达异议,因为她觉得自己没有能力评论一个音乐家的作品;你来的几天前,我们在赫里福德郡的普拉斯格温,我弹了一段当天创作的音乐,她赞许地点着头,但其中有一段时她端坐起身子,我觉得她看起来有点凶。然而,我什么也没改就上床睡觉了。第二天天蒙蒙亮我就爬起来浏览我前一天写的东西,结果发现那段出问题的五线谱上订了一张小纸条,上面写着:'所有的都很美,除了这结尾。亲爱的爱德华,你不觉得结尾有点……?'嗯,比利,我扔了那结尾,再也没提起过。不过我重新写了一个,后来没有再听到什么意见,我知道这算是通过了。"

· 550 ·

爱德华爵士说过一个关于他父亲的有趣故事。老先生当时在伍斯特郡开了个乐器店,有一次在向一位顾客展示钢琴。这位老太太问:"你这么优秀的宝贝孩子是哪儿来的?""我亲自去伦敦精选出来的。"老埃尔加说。他以为别人问的是乐器。

· 551 ·

埃尔加年轻时曾在波威克精神病院指挥病友乐团。他最喜

---

[1] 威廉·亨利·里德(William Henry Reed,1876—1942),小提琴家,伦敦交响乐团首席。

说的是爱丁堡精神病院的检察员来拜访的故事。当时波威克精神病院正在装修,装修工人得到的命令是任何情况下都不许跟病人谈话。

"你在那门上刷了几层漆?"检察员问道。工人很自觉地不理他。

"伙计,你听到我说话了吗?"检察员又问道,还是没有回答。

"你是聋了,还是蠢?"最后他叫起来,"你知不知道我是检察员?我在跟你说话?"

工人吓坏了,转过身来,"走开,你这精神错乱的魔鬼!"一边尖叫一边逃走了。

于是"精神错乱"一词成了埃尔加的最爱,每当音乐达到最高潮时,他就要在乐谱上插进这个词。

· 552 ·

我们[1]慢慢地朝音乐厅走着,决定先去朗豪坊逛一圈打发时间。在快到艺术家入口时,我们看到了一个来打零工的小提琴手,他的《爱的致意》拉得相当不错。欣慰的作曲家停下来,从口袋里掏出半个克朗[2],递给一脸迷惑的艺术家说:"你知道拉的是什么吗?""当然,是埃尔加的《爱的致意》嘛。"他回答道。"收下吧,这可比埃尔加靠这曲子赚的钱要多。"施主说。

· 553 ·

1934年2月,埃尔加在病床上奄奄一息,他要求见评论家朋友欧内斯特·纽曼。纽曼回忆道,"他给自己做了一个简短的评价。

---

[1] 叙述者是弗雷德·盖斯堡(Fred Gaisberg),唱片制作人。
[2] 英国旧币制的五先令硬币。——译注

我从未告诉过任何人,也没打算告诉任何人,因为那太容易引起最粗鄙的误解……我确信他的两首'谜语'别有意味,还有隐藏在小提琴协奏曲中的'灵魂/人物'。"

四年后纽曼把这秘密带进了坟墓。"埃尔加那痛苦的评语只有五个词,"他曾经向杰拉尔德·亚伯拉罕解释,"但……若暴民听到就太过悲剧了。"

## 鲁杰罗·莱翁卡瓦洛
(Ruggero LEONCAVALLO,1857—1919)

《丑角》的作者,这出歌剧和马斯卡尼的《乡村骑士》是歌剧院最常搭档演出的两出歌剧。

・554・

莱翁卡瓦洛是个温和的胖子,很喜欢吃,不过就一个意大利人来说有点儿太胖了。我[1]在19世纪90年代认识了他,当时他的歌剧《丑角》轰动一时。几年后我再次碰到他,当时他告诉了我在意大利小镇福尔利上发生的故事,这个小镇以丝绸厂著称。当然他少不了要吹嘘一下当地的歌剧院,尽管那里的人口还不到四万人。他在那儿偶然看到晚上有《丑角》的演出,没人知道他在那儿,于是他决定偷偷去听一听。演出时他坐在一位热情的年轻姑娘旁边,她注意到他从来不鼓掌,而且还表现出厌烦的情绪。"您为什么不鼓掌?您难道不喜欢吗?"她问道。作曲家觉得很开心,但故意回答道:"一点儿也不喜欢。我发现这简直是一团垃圾,

---

[1] 兰登·罗纳德爵士(Sir Landon Ronald,1873—1938),英国指挥。

毫无新意。只是个门外汉写的罢了。""那您一定对音乐一无所知。"她愤愤不平地说。"恰恰相反,"莱翁卡瓦洛说,"因为我知道我在说什么,而且完全肯定我的观点是对的。"接着他试图说服她,告诉她某个咏叹调是从比才那儿偷来的,哪段动机来自瓦格纳,哪些来自威尔第,如此这般。她满含遗憾地看着他,直到结束都一言不发。"您告诉我的所有这些就是你对《丑角》的真实看法吗?"她起身离开的时候问道。"句句实话。"作曲家回答。"好吧,有一天你会后悔的。"她说道。他向她深深鞠了一躬,然后告别。第二天早晨,他翻开当地的大报,一行大字映入眼帘:"莱翁卡瓦洛本人对《丑角》的评价。"

……他向我发誓,从那以后他再也没有对自己的音乐说过任何大不敬的话。

## 莉莲·诺迪卡
(Lillian NORDICA,1857—1914)

第一位在拜罗伊特演唱的美国人。

· 555 ·

诺迪卡夫人嫁给了一位匈牙利歌手。在她前一年去美国之前,他已与这位首席女伶订了婚。据说他一直通过女仆关注她的一举一动,不久女仆就告诉他有人对诺迪卡表示了好感。于是他立刻起程去纽约,一下船就径直奔去诺迪卡下榻的宾馆。当这位美丽的艺术家出来迎接他时,他从口袋里拔出一把手枪,威胁说如果不和他立即结婚的话就打死她。美丽的莉莲半为惧怕、半为钦佩这位爱人的勇气,和他一起找到附近的牧师为他们主持婚礼。牧师的妻子是见证人，后来她说女高音当时泪如泉涌，无法回答牧师在婚礼仪式上问的问题，而新郎目光灼灼，要求牧师："继续啊！首席女伶结婚都是这样的。"

## 埃塞尔·史密斯女爵
（Dame Ethel SMYTH，1858—1944）

英国作曲家，她的歌剧《救援队》的成功转瞬即逝；她还是一位激进的女权主义者。

· 556 ·
**托马斯·比彻姆爵士广播了她的狱中反省——**

她把自己在艺术事业中的活力和激情投入到支持女子参政运动中。她领导游行、公开演讲、四处鸣放，终于因为朝某位内阁大臣的餐厅或客厅窗户扔砖头而鹤立鸡群。过了一段时间（被容忍了一段时间）她变本加厉，终于被捕，接着被审判、定罪，最后被送进霍洛韦监狱反省，进而改过自新。她的牢友都是妇女参政论者，埃塞尔为她们写了一首煽动性的自由之歌进行曲。一次我去探望她时，和蔼的典狱长正在咯咯发笑。他说："快到牢房来看看！"在那儿，女人们正迈着整齐的步伐，卖力地唱着。他指着窗户，埃塞尔正探着身子用一把牙刷奋力指挥——并全身心加入到她自创的合唱中去。

## 贾科莫·普契尼
（Giacomo PUCCINI，1858—1924）

歌剧作曲家，他偏于写实的情节偶尔会触及可怜人。

· 557 ·

普契尼去维也纳时,总是住在一间上好的酒店,崇拜者、女士们、记者们常来叨扰,于是他找来一个聪明伶俐的印度阿三替他把门,这样他才能穿着睡衣抽上几根香烟,安安静静地在漂亮的房间里小憩一会儿。这时电话铃响了,门房告知他有位小姐急切地想见他。"她长什么样?"普契尼问。门房告诉他这是一位年轻漂亮的小姐,于是他说:"请她上来。"过了一会儿一阵羞涩的敲门声传来,一对姐弟出现在门口,女孩的确貌若天仙。不过看到男孩手里拿着一卷乐谱,普契尼立刻兴致全无。女孩马上向普契尼解释她的弟弟要去上音乐课,如果大师同意的话,她愿意单独同大师待在一起,等弟弟上完课再来接她。能同这么一个美人儿聊天,普契尼当然不反对。弟弟走了后,他提出要去换一套正装,并请女孩在客厅里等他。她立即同意了;几分钟后,当他穿着一套得体的会客装从更衣室里走出来的时候,却被眼前的情景惊呆了——这位年轻小姐一丝不挂地站在他面前。"这可怜的疯女人!"他这样想道,然后犹豫着要不要按铃把她交给仆人。不过他转念一想,违背疯子的意愿也是一件很危险的事情,于是决定还是顺着她来为妙。

· 558 ·

在维也纳的《托斯卡》排练中出的一次意外,给普契尼带来了最戏剧性的一刻。当玛丽亚·耶里察对冷酷无情的警察局局长唱着"为艺术"朝沙发走去时,不小心滑倒了,于是只能侧躺着唱那段咏叹调。"最后!"普契尼叫起来,"就应该这么唱。托斯卡和斯卡皮亚扭打着,摔倒在地,接着她的咏叹调是对天堂唱的,而不是对着暴君。"

· 559 ·

普契尼在托瑞德尔拉戈怀着前所未有的巨大热情创作歌剧，他每晚都请一帮朋友来自己的别墅，这群人会用他新歌剧的名字来命名该俱乐部……

一天晚上，波西米亚人俱乐部像以前一样开张了，但结束得不同寻常……

那是1895年11月的一天晚上，朋友们玩着扑克，大师坐在弗尔斯特立式钢琴前敲着一个个和弦。没有一个俱乐部成员去打扰他，他也不管他们。那边时不时传来一声轻呼，"方块！""我大！"这边钢琴旁的自言自语"F—e—f—g—，不，这样不行；降B小调才对。"那边牌桌上传来："当心，塞戈。""帕格诺，你打牌要严肃点！"这边钢琴旁："当然不。""当然必须是升C小调。"那边"我大！"这边的作曲家正沉浸在咪咪之死的情景中，哼着"医生怎么说？他会来的"。突然他转身对朋友们说："你们请安静！我写完了！"所有人立刻扔下手里的牌，围到他身边；他唱了最后一幕咪咪平静地死去，那音乐悄然结束，充满了压抑的泪水和年轻人心底的悲哀。所有人都哭了，普契尼也潸然泪下。他们默默地拥抱了他，一个人对他说："这些乐章将令你不朽。"

· 560 ·

卡鲁索拖着调子唱一首咏叹调，"我是谁？"他唱得极其缓慢。"你是个蠢蛋。"普契尼应声回答。众人大笑。

· 561 ·

《图兰朵》的首演在普契尼去世17个月之后。虽然弗朗哥·阿尔法诺（Franco Alfano）加了最后一幕，托斯卡尼尼还是选择用柳儿之死来结束这部歌剧，因为普契尼写到这里便去世了。在鼓掌之前，托斯卡尼尼放下指挥棒，转过身去发表了他平生唯一一次对观众的讲话。"这里，死亡战胜了艺术。"说完之后就离开了指挥台。灯亮了，观众默默离场。

## 尤金·伊萨伊
（Eugène YSAYE，1858—1931）

比利时小提琴家、指挥、作曲家；他介绍了许多新作品，包括弗朗克的奏鸣曲。

· 562 ·

在这个小车站没有人来接我们[1]，大概是我们的电报被送错地方了。于是我们只能带着行李在泥泞的路上艰难跋涉，到伊萨伊家的时候，我们得知他出去钓鱼了，别人告诉我们在哪儿最可能找到他。

他坐在炙热的骄阳下，头戴一顶硕大的墨西哥宽边帽，好像半睡着了。我们观察了他很久，他一条鱼也没钓到，但会时不时地拽拽某根鱼线。他在拽的并不是鱼，而是啤酒瓶，原来他把啤酒瓶放在河底降温。

· 563 ·

我们[2]走进他的房间时，发现他不但醒着，而且穿着宽大的

---

[1] 小提琴家弗里茨·克莱斯勒和妻子哈丽叶特，也是这里的叙述者。
[2] 两位年轻的小提琴家阿瑟·哈特曼（Arthur Hartmann，1881—1956）和勒内·奥尔特曼（René Ortmans）。

睡袍坐在椅子里，嘴里叼着烟斗，消磨宝贵的生命。他让我们别理他，因为他第二天晚上要在格拉斯哥（他总是说成"戈罗斯锅"）演奏一首很久没练的协奏曲，需要做些准备。当我发现那是极少能听到的拉罗《F大调小提琴协奏曲》时，简直高兴坏了，我很熟悉这曲子，尽管以前从未听别人拉过。

我斜倚在一件家具上，这时他闭上双眼，那大烟斗悬在他的嘴巴右侧，接着一串辉煌的旋律涌动而出，他对琴弓的掌控和左手的灵巧自如令我惊叹。然而还有一件事让我目瞪口呆，在他演奏的华彩段落中，没有哪两个连续小节的音符是和乐谱上写的一模一样的！作曲家无疑曾是伊萨伊的密友，他也许对那些段落做了修改，和出版的乐谱不一样。伊萨伊拉到乐队主导的地方就停下来休息，他放低提琴，睁开眼，朝我使眼色。接着，他重新点燃烟斗，尖声细气地学了一声猫叫，对我说："喵……不坏吧，小猪，嗯？"他见我被喜悦冲昏了头脑，呆立在那儿没有回答，大笑着说："说话呀！拉得还不错，对吧？你觉得怎样？"我非常迷惑，以致找不到合适的词语，又害怕得罪他。结果我脱口而出的话正应了那结果！我回答道："噢，棒极了，只是好像不太对。不太……不太准确！"

"什么！"他像被刺中的公牛一样怒吼着，放下了提琴和烟斗，用两手抓着头发叫道："勒内，勒内，你听到了？这头猪竟然厚颜无耻地说我拉得不对！"他站在那儿，两只手里各攥着一把头发。我央求他的朋友奥尔特曼向他解释，正因为他没有按照拉罗出版的华彩段落那样逐字逐句地演奏，所以才这样精彩绝伦、惊心动魄，令人无法抵抗。我还试图告诉他我之前的评论的确很无礼，因为我的法语太差，无法找到正确的词汇去表达惊讶，他演奏的华彩如此技艺高超、又如此具有拉罗的特点，有种既熟悉又陌生之感，足以令我迷惑，诸如此类，可任何解释都是徒劳。他吃惊而且狂怒，仍旧拽着自己的头发，根本不听奥尔特曼和我的解释，他气势汹汹地站在我面前，不停地说："你懂这作品——你懂？勒内，你听到了？这头猪懂拉罗，我拉拉罗的时候他还没生出来呢！"……

他看着被羞得满脸通红、可怜巴巴的我，突然变得高兴了，他大叫道："勒内！准备好！这头猪得为我拉拉罗的《F大调协奏曲》！"他眨巴着眼睛，拍着大腿，一边骂一边抓起琴和弓猛塞给我，命令我演奏那段有问题的华彩！

这是我从未想到过的遭遇，当这位愤怒的巨人哥利亚朝我压过来时，我都快吓瘫了，我不停地讨饶，事实上是颤抖着讨饶，请求离开。这些都无济于事，他坚持把弓和琴塞给我，用恐怖的诅咒命令我开始。他拖过一把椅子，倒坐在上面，抽着烟，手臂搭在椅背上，光着的大腿从睡袍里露出来一览无遗。我只好在毫无准备的情况下开始演奏。他叼着烟斗，沉着地望着我，当我拉到有问题的那段时，他闭上眼睛，用力挤着，好像要把什么东西印进脑子里一样。不久他睁开眼睛，举起手让我停下，用正常、安静的声音说："把那段再拉一遍——慢一点。"然后他再次闭上眼，又开始用力挤，还点着头。"现在继续，"他说，接着又重复着那些动作。当我拉完第一乐章时，他转过身去认真地对奥尔特曼说："嗯，他是对的。我在午餐后得把乐谱再看一遍。"然后他走过来，拍了拍我的背说："唔……这是一个战士！还挺有才的。

我们一起吃中饭吧,怎么样,猪?……"

他从头顶上脱下了睡衣,让我在他换衣服的时候继续拉后面两个乐章。他的衣服堆得到处都是,我现在还能记得他坐在那儿的情景,时不时在穿袜子或裤子的时候停下来,闭上眼睛用脑子记录某段音乐。我说这段经历不是为了表现自己如何在毫无准备、备受凌辱的情境之中,在一位伟大小提琴家注视我的每个手指、每次运弓下演奏了一部协奏曲,我想说的是,伊萨伊在和乐队公开演出的前一天仍在构思音乐(而且丝毫不比拉罗写的逊色),他以乐谱里的音乐、和声为背景,然后根据自己的习惯在单音或乐句中加入和弦。

## 古斯塔夫·马勒
(*Gustav MAHLER*,1860—1911)

马勒是个犹太酿酒师的儿子,他的身世、他那些自我暴露的交响曲以及他在维也纳国家歌剧院担任总监时的改革引起了种种敌意。他的最后四年指挥生涯在纽约度过。

· *564* ·

我[1]只想知道音乐是怎么写出来的。"天,纳塔莉,你怎么能问这样的事?〔他大叫着。〕你知道小号是怎么造出来的吗?弄一个洞然后包上锡,作曲也差不多。"

---

[1] 娜塔莉·鲍尔-莱赫纳(Natalie Bauer-Lechner,1858—1921),室内乐音乐家,在马勒1902年结婚之前一直是他最亲密的朋友。

· 565 ·

他小时候,有人问他长大了想干什么,他回答:"当一个殉道者。"

· 566 ·

**1896年7月9日,古斯塔夫·马勒给纳塔莉·鲍尔-莱赫纳的信——**

"我的父亲……和我母亲结了婚……可是她并不爱他,结婚前几乎不认识他,而且更想嫁给别的人。但是她的父母和我父亲最后逼她顺从大家的意愿。他们俩的差别简直像水和火一样,他很顽固,而她温柔宽厚。不过如果没有这结合,就不会有我,也不会有我的《第三交响曲》——我觉着这真是非同寻常。"

· 567 ·

**马勒和弗洛伊德的对话——**

在1910年的一次谈话中,马勒突然说他现在理解了为什么他的音乐未能达到最高境界,尽管有一些受到最深沉的情感启发而成的最崇高段落,但还是被一些庸俗的旋律给破坏了。他父亲显然是个粗人,对妻子很坏,当马勒还是个孩子的时候,看到了两个人之间特别苦痛的一幕。这对孩子来说难以承受,于是他冲出了屋子。当时街上有个手摇风琴正放着一首流行的维也纳小曲《你爱奥古斯丁》。马勒认为,从那一刻起,深痛悲剧和轻浮娱乐之间的联系无可避免地固定在他的脑海中,其中一种情绪出现时必然会带出另一种。

· 568 ·

马勒11岁那年,寄宿在布拉格一位富有的皮草商人莫里茨·格吕费尔德家中,他的两个孩子日后成了著名钢琴家。马勒告诉他的妻子，他在格吕费尔德家中吃不饱穿不暖，但是"他最糟糕的经历是当了不情愿的目击者：一次他坐在黑暗的房间里目睹了少爷和女仆的性爱场景，他永远忘不了自己当时感到的震惊和恶心。他冲出来去帮助那姑娘，但她却一点儿也不感激这份苦心。他被两人痛骂了一顿，还被迫发誓不说出去……古斯塔夫一直没有原谅这个给他带来如此惊吓的年轻钢琴家[1]。"

· *569* ·

路德维希·卡帕斯[2]发现马勒满脸悲伤地坐在一个维也纳咖啡馆里发呆。他问马勒怎么了，马勒说刚得知父亲生了病。第二天早晨，卡帕斯看见一个人边哭边在马路上跑。当他费力地辨认出那人正是马勒时，就问是不是他父亲遭遇了不幸。"比那更糟，更糟，简直糟糕透顶，"马勒号啕大哭，"这世上最坏的事情发生了。大师去世了。"这天是1883年2月13日，从威尼斯传来了瓦格纳的死讯。

· *570* ·

马勒和他的妹妹贾丝蒂回忆了在布达佩斯城市公园的一个两层楼咖啡馆里的冒险，这里是上流社会聚会的最佳地点。他俩坐在二层的露台上，背对着阳台喝茶。每次在外面吃饭时，马勒总是把每把刀叉和碗具都擦干净再用。即使在这里，他喝水前也用水冲了冲玻璃杯，想也没想就把洗杯水朝底楼倒去——这时楼下几位打扮入时的女士惊叫起来。"真对不起。"马勒倒吸一口气，立即意识到自己做了什么……作为一个习惯性心不在焉已是尽人

---

[1] 阿尔弗雷德·格林费尔德（Alfred Grünfeld，1852—1924）。
[2] Ludwig Karpath（1866—1936），维也纳乐评人，以前是位歌唱家。

*Book of Musical Anecdotes*

皆知的歌剧院总监,他得到了谅解,一切恢复平静。五分钟后,当贾丝蒂要来一杯水,马勒又把杯子洗了一遍,并且再次把水泼到一楼。这次引起了一阵骚动,人人都在大笑大叫;一个侍者及时放下了满载的托盘,然后歇斯底里地大笑起来。马勒和贾丝蒂很久都没去城市公园。

· 571 ·

1890年,勃拉姆斯很不情愿地被带到布达佩斯歌剧院听马勒指挥《唐·乔万尼》。他其实更喜欢啤酒馆,但别人许诺为他在歌剧院包厢里预备一个舒适的沙发可以躺着,他只好前去。在序曲时,他的朋友们听到沙发里发出了赞许的咕哝声,慢慢地发展成敬佩的大喊。第一幕结束后,勃拉姆斯冲到后台,拥抱了这位他所听过的最棒的《唐·乔万尼》的演绎者。"他立刻成了我最狂热的支持者和恩主。"马勒说道。

· 572 ·

柴科夫斯基从汉堡给他的侄子写信说:"这里的指挥不仅有能力指挥《叶甫盖尼·奥涅金》,而且极有天分和热切的愿望……歌手、管弦乐团、经理波利尼和指挥——他的名字叫马勒——都爱上了《奥涅金》,但我很怀疑汉堡的观众是否会有同样的热情。"

· 573 ·

马勒在受到指挥前辈的赞扬后,说服了汉斯·冯·彪罗听一听他的《第二交响曲》中的"死之祭典"乐章。马勒开始在钢琴上演奏其中的片段,当他抬起头,发现彪罗站在窗户旁用手捂着耳朵。马勒站起身,但彪罗示意他继续弹下去。他弹完该曲后,房内很长一段时间寂静无声。然后彪罗说道:"如果这也叫音乐,那我真是对音乐一无所知了。"

· 574 ·

1895年12月13日，马勒的《第二交响曲》"仍旧像南极一样无人发现"，于是他自费邀请柏林爱乐乐团及歌唱学院合唱团首演了这部交响曲。布鲁诺·瓦尔特写道，正是从那天起，作为作曲家的马勒冉冉升起了。"但事情本该多么糟呀！马勒一直受到头痛病的困扰，那种剧烈程度和他炽烈的天性不相上下。他的力量完全丧失了。这种情况下他什么也做不了，只能像在昏迷中那样躺着……此时此刻在柏林，他已经把自己的作曲家的命运孤注一掷；音乐会当天下午，他得了有生以来最严重的头疼，无法移动，什么也不能做……我能看到他站在我前面的指挥台上……面如死灰，以一种超人的意志力掌控着他的痛苦、乐手、歌手和观众。"

贾丝蒂·马勒向纳塔莉·鲍尔-莱赫纳汇报说："一个乐章比一个乐章更成功，这种迷狂大概一生只能见到一次。我看到年长者落泪、年轻人互相依偎。当死亡之鸟在坟墓上发出最后的长鸣时（马勒曾担心让观众在长长的寂静中屏住呼吸不太可能），在那种死寂中，音乐厅里的观众连眼皮都没眨一下。当合唱进入时，每个人胸中都如释重负地发出了颤抖的叹息。简直无法形容！"

· 575 ·

评论家马克斯·格拉夫问他为什么只创作交响曲。马勒说："我只有夏天才有空作曲，这么短的假期里，如果要写点能传诵后世的东西，只能是大作品。"

· 576 ·

1893年，他在上奥地利州阿特湖的边缘斯坦巴赫村租了房子，这里时常遭遇洪灾。尽管已经很宁静,但他要求绝对的寂静。他的同伴花钱让小孩和农民尽量保持距离,还把宽大的浴袍挂在野地里吓走鸟雀。但这么多措施还不够,第二年马勒在湖边造了一间作曲小屋。造房子的弗朗茨·勒施回忆道:"他总是说湖水有自己的语言,湖在对他说话。他在旅馆里听不见湖的声音,只有在湖边作曲才更容易。"

· 577 ·

那是1896年7月的美妙的一天,蒸汽船把我[1]带到了斯坦巴赫。马勒在船靠岸处迎接我,不顾我的抗议,亲手把我的行李从舷梯上提下来。在我们去他家的路上,我注意到霍兰格伯格那险峻的山岩所衬托出的迷人景色。马勒说:"用不着再看那儿了,我已经把它们都写进音乐里去了。"接着他立刻开始说《第三交响曲》的第一乐章,其引子暂定题为:岩石和山脉告诉我的一切。

· 578 ·

**女高音莉莉·莱曼——**

听马勒的交响曲,我立刻就被那种朴素的旋律造成的效果打动了,当然他也知道如何用复杂的手段去表达同样的效果。这时我脑中灵光一现,也许他就是那个愿意重新回归简单道路的人,于是我向他提出了这个问题。他回以轻蔑的大笑:"你在想什么?一百年内我的交响曲将在两三千人的大厅内演出,会成为最受欢迎的节目!"我无语,但又不禁想,越缺乏私密感的音乐就越缺少真正的才华。

---

[1] 指挥布鲁诺·瓦尔特(1876—1962)。

· *579* ·

"我是三重的无家可归者,"他会这样说,"在奥地利我是波西米亚人,在德国人里我又是奥地利人,而在全世界我是犹太人。"

· *580* ·

1897年8月,马勒在维也纳第一次指挥《指环》系列,他"简直等不及到7点钟,就像马上要过圣诞节的小孩一样兴奋"。在《莱茵的黄金》最后一幕,他给了定音鼓一个至关重要的手势——结果什么声音也没有。他抬起头发现鼓手不见了。演出结束后他发现那人住在远郊,提前离场为了赶末班火车。午夜时分,马勒给那人发了一封电报,命令他第二天一早到办公室来。他狠狠地训斥了可怜的鼓手一顿。鼓手解释说他的月薪只有63荷兰盾(不到7英镑),住不起维也纳市中心的房子,何况还要养活老婆孩子。马勒当场决定提高乐手的薪水,即便这意味着要削减布景和服装的开销。

· *581* ·

他经常用指挥棒突然向前指,就像毒蛇吐信一样。他的右手将音乐从乐队中牵出来,好像从抽屉底部拿东西。马勒很清楚他给剧院带来的极度的张力,有一次他告诉我[1]……"相信我,我死了以后人们才会意识到这点。"

· *582* ·

皮卡尔将军回忆自己因德雷福斯案含冤入狱时,发誓重归自由之日一定要完成两个任务:参观贝多芬的故居;听马勒指挥《特里斯坦》。后来他去维也纳旅行,在歌剧演出的当晚,他在演出前

---

[1] 马克斯·格拉夫(1873—1958),评论家。

一个小时便已经端坐在座位上。正在乐队调音时，女迎宾进了他的包厢，送来一封法国总理乔治·克列孟梭的电报，上面写道："请通知皮卡尔将军，我已任命他为陆军大臣。即刻返回。"皮卡尔看到这消息，气得脸发白，他大吼道："你的责任就是别让我看到这个，明早再说也来得及！"

· 583 ·

当他手拿礼帽、咬着嘴唇或是脸颊内侧穿过马路时，连马车夫也会朝他行注目礼，满怀敬畏地互相低语："那是马勒先生！"

· 584 ·

钢琴家费鲁乔·布索尼要和维也纳爱乐合作演出贝多芬的《降E大调钢琴协奏曲》，他从柏林乘了一夜的火车到达维也纳后，收到一则消息，让他入住宾馆后尽快去马勒那儿报到。他既没洗脸也没吃早餐就赶去了歌剧院。马勒让他等了一个小时，然后冲出办公室，握着他的手说："布索尼先生，最后一个乐章别弹得太快——好吗？"然后便吹着协奏曲主题的口哨消失了。

· 585 ·

娜塔莉妩媚地要求他重新蓄上年轻时留过的胡子。"你在想什么？"马勒叫道，"你以为我剃干净胡子是为了个人虚荣心吗？这是有原因的。我指挥的时候，不光靠手和眼睛同歌手和乐队交流，还得靠面部表情，靠嘴巴和嘴唇。要是我的脸被胡子遮住就不行了，我可不能受约束。"

· 586 ·

在马勒生命中的最后一个夏天，他目睹了一桩怪异可怖的事件,令他很消沉。他告诉我[1],当他在托布拉赫的作曲小屋里工作时,突然被一阵不明的噪音吓了一跳。陡然间"一个非常黑的东西"从窗户飞进来,他惊恐地跳起来,发现那是一只老鹰,在小屋里乱扑腾。这可怕的会面很快就结束了,老鹰像来时一样猛冲出去消失了。当马勒在恐惧中疲惫地坐下时,一只乌鸦从沙发底下扑腾出来,飞走了。原本为了专注于音乐而建的平静小屋变成了战场,上演了"所有人对所有人的战争"中的一场。

· 587 ·

1910年,马勒带着爱乐乐团去纽约州巡回演出,当到达尼亚加拉瀑布时,他大喊道:"终于有了真正的极强音!"

· 588 ·

1911年夏初,托马斯·曼在布里奥尼群岛,每天都能从报纸上读到马勒不断恶化的健康状况。他曾于《第八交响曲》的慕尼黑首演后见过马勒,马勒"强烈的个性给我留下了极深刻的印象"。他正准备动笔写《威尼斯之死》,于是借用了马勒的基督教教名,并将他的外貌赋予了小说中饱受心灵折磨的主人公艾申巴赫。

· 589 ·

**1912年2月阿诺德·勋伯格的日记——**

一位出版商向我打听马勒,而当我表示出热情时,他就问我是否应该(也许不该)销毁马勒《第五交响曲》的印刷图板。我回答道:"老天呀,千万别。今天的年轻人把马勒当神一样崇拜。最多五到十年,他的时代就会来临!"

---

[1] 布鲁诺·瓦尔特。

## 伊格纳西·扬·帕德雷夫斯基
(Ignacy Jan PADEREWSKI, 1860—1941)

波兰独立后第一位总理,同时也是钢琴家、作曲家、国际名人。

· *590* ·

1919年1月,帕德雷夫斯基在凡尔赛会议前夕抵达巴黎,他得知同盟国正在重新考虑是否将之前已经许诺的但泽、西里西亚和东普鲁士的部分归入新的波兰版图。他急忙去法国外交部要求立刻与总理克列孟梭见面。法国外长史蒂芬·毕勋请他等着。十五分钟后门开了,克列孟梭走了进来。

"您想见我,"他对帕德雷夫斯基说,"我来了。您是一位著名钢琴家的堂兄弟吗?"

"我就是著名钢琴家。"帕德雷夫斯基回答。

克列孟梭带着一脸嘲笑的惊奇,遗憾地摇摇头。"而您,一位明星艺术家,居然当了总理?多么落魄啊!"

· *591* ·

他刚到美国时英语很不好,但即便这样,他也能用一种准确无误的方式表达自己。一天晚上,他、我妻子和我[1]在我们共同的朋友约翰·考丁夫妇府上用餐。考丁一生热爱打马球,饭后,我和帕德雷夫斯基对客厅里展示的那些他赢来的银奖杯赞不绝口。我说:"你看,你和约翰的区别在于他打马球(Polo)拿奖,而你弹独奏(Solo)拿奖。"

---

[1] 瓦尔特·达姆罗什(Walter Damrosch, 1862—1950),指挥。

"根本不四（是）那区别！"带着波兰口音的帕德雷夫斯基立刻反驳道，"我是个弹独奏的波兰可怜虫儿，而约翰是个打马球的可爱人儿。（I am a poor Pole playing solo, but Johnny is a dear soul playing polo.）"

· 592 ·

安东·鲁宾斯坦动身去欧洲前不久，写了许多"扬基歌"（*Yankee Doodle*）的变奏曲。他和我[1]见面时告诉了我这件事，还加了一句："我把你的名字放在了扉页上，稿子现在已经在出版社了。"……

第二年帕德雷夫斯基来了，欢迎晚宴时我坐在他旁边。谈话中他突然说："梅森先生，我刚为'扬基歌'写了一首幻想曲，而且是题献给您的。"他看着我，发现我脸上有一种好奇的表情（虽然我并没有意识到），于是说："您不喜欢！"我立刻说："噢，我很喜欢，我认为题献给我是一种莫大的荣幸。""我看出来您不喜欢，"他说。"这，"我只好说，"鲁宾斯坦已经写了一部'扬基歌'送给我，您又写了一首给我，我只是好奇这巧合罢了，没有别的意思。请让我解释一下，'扬基歌'在美国并不像'天佑女王'在英国、'天佑吾皇'在奥地利、'马赛曲'在法国那样的地位，'扬基歌'其实是一个英国人写来嘲笑我们的。"恐怕我的评论令他泄气，因为他再也没有写完这首曲子。他有了进展就弹给我听，那的确是我听过的对这个主题最好的发挥。

---

[1] 威廉·梅森（William Mason, 1829—1908），美国钢琴家、作曲家。

· 593 ·

大约是 1937 年的一天，我[1]沿着德纳姆电影公司的长廊走着，这时看到一个留着长长白发的小老头朝我们走来。我认出这是帕德雷夫斯基，著名钢琴家、波兰前总理，他正在为电影《月光奏鸣曲》录制音轨。突然一个矮胖的人从转角处走进了长廊，"丘吉尔！"帕德雷夫斯基兴奋地叫着，他们使劲地握手大笑。当时温斯顿·丘吉尔正在为德纳姆公司写一部关于他的祖先马尔伯勒公爵生平的电影剧本。这两位都是政坛失意人，这一定是自凡尔赛会议以来他们第一次碰面。

## 雨果·沃尔夫
（Hugo WOLF, 1860—1903）

奥地利艺术歌曲作曲家。

· 594 ·

**1875 年 12 月，15 岁的沃尔夫刚到维也纳时给他的父母写的信——**

我刚和一位大师在一起——你们猜是谁——理查德·瓦格纳先生。12 月 11 日，星期六，10 点半，我在帝国大饭店第二次见瓦格纳，为此我在楼梯间等了半个小时。终于等到大师从二楼走了下来，我远远地向他招手，他也很亲切地回礼。他走到门口时，我一个箭步上前为他开门，这时他盯了我一会儿，然后就前去歌剧院排练《罗恩格林》了。我拼命跑，在瓦格纳的马车到达之前赶到歌剧院。然后我再次朝他鞠躬，想为他开门，但是我够不到

---

[1] 米克洛什·罗扎（Miklós Rózsa, 1907—1995），电影音乐作曲家。

车门，车夫只好跳下来打开门。瓦格纳对车夫说了点什么，我猜是关于我的。我还想跟着他去后台，但是剧院没让我进去。

由于我经常去帝国大饭店等瓦格纳，时间长了就结识了酒店经理，他保证一定会让瓦格纳注意到我。当他告诉我第二天要为我介绍科西玛夫人的贴身女仆和大师的贴身男仆时，还有谁能比我更幸福呢？第二天我跟着女仆去了大师的房间。终于，瓦格纳和科西玛、卡尔·戈尔德马克一起回来了。他没看见我，正准备走进房间时，女仆恳求道："啊，瓦格纳先生，一位年轻的艺术家已经等了您很久，他想和您说话。"他出来看了看我，说："我觉得我见过你，你是……"（也许他想说"你是个傻瓜"。）接着他走进房间打开了会客室的门，那房间装饰真是帝王气派。我走进去，他问我想要什么。

下一封信我会继续写……

我说："尊敬的大师，我一直期待有人能给我的作品提意见，那就是——"他打断我说："孩子，我不能评判你的作品。我没时间，连写信的工夫都没有。我对音乐一无所知。"于是我问大师我是否应该在音乐上有所发展，他说："我像你这么大的时候也作曲，没人知道我会不会成功……"当我告诉他我将经典作为范本时，他说："当然，当然，没有人生来就有新想法。"他又笑着说："亲爱的朋友，我希望你的事业一路顺风。努力工作吧，如果我下次再来维也纳，很愿意听听你的作品。"

于是，我向大师告辞，同时被深深地打动了。

· 595 ·

有间绰号叫"自大狂"的咖啡馆吸引了许多有名的音乐家和

作家，其中有勃拉姆斯、汉斯利克、雨果·冯·霍夫曼斯塔尔、阿瑟·施尼茨勒、弗兰克·韦德金德、赫尔曼·巴尔等。据弗里茨·克莱斯勒回忆，如果身着棕色丝绒夹克、系着艺术家的黑领结的雨果·沃尔夫路过，他一定要确认勃拉姆斯不在，然后才入座。沃尔夫及其艺术歌曲是咖啡馆顾客们的嘲笑对象，直到一天有人问："如果它们那么好，为什么你不为我们演奏一下呢？"沃尔夫坐到钢琴边，立刻就迷住了听众。接着又有人问："为什么你不把这些歌弹给勃拉姆斯先生听？""五年前我给他寄去一首歌，请他在他觉得不对的地方画个十字，"沃尔夫回答，"可是勃拉姆斯看也没看就还给我说：'我不想把你的作品变成公墓。'"

· 596 ·

他的同班同学马勒在1880年得到了一份暑期工作，去上奥地利州的巴特哈尔指挥歌剧。沃尔夫说他不会这样随随便便地接受工作，"我会等着，等到他们把我奉为南半球的上帝。"

· 597 ·

他开始产生错觉，以为自己（而不是马勒）是歌剧院的总监，还大踏步地走到剧院外面的拱门下大声宣布现在由他来管理一切。他甚至去马勒在奥恩布鲁格大街2号的公寓按门铃，要求佣人让他进去，因为他才是这屋子的主人。在多位友人家中犯病发疯后，别人说服他坐上一辆马车去找列支敦士登亲王，亲王会确认他在歌剧院的职务。事实上，马车送他去了斯维特林医生的私人精神病院，护士正在那儿等着他。

· 598 ·

一天，他的病情又加重了，他叹息着说："如果我是雨果·沃尔夫就好了。"

## 内莉·梅尔芭
（Nellie MELBA, 1861—1931）

澳大利亚女高音，原名海伦·波特·米切尔，她的艺名取自出生的城市墨尔本。后来许多产品都以她命名，包括一种冰激凌和一种烧烤小食。

· *599* ·

她习惯嚼口香糖，特别喜欢一种金合欢味儿的澳大利亚口香糖，这能在歌剧演出或音乐会的夜晚帮助喉咙保湿。她来到科文特花园歌剧院，从嘴里拿出口香糖，放在一个专门准备的小玻璃架上。当她从舞台上下来，走到架子旁，把她以为是口香糖的东西放进嘴里。然后她立刻吐了出来，骂了两三句粗口。一个舞台工人用一块烟草代替了口香糖。梅尔芭要求解雇所有的舞台工人，不过她对这些人的怒气还比不上她对卡鲁索的憎恨，卡鲁索觉得这是科文特花园年度最佳笑话。

· *600* ·

伦敦萨沃伊饭店鼎鼎大名的大厨艾斯科菲因为没有买到她的演出票而闷闷不乐。梅尔芭听说后为他留了两个位子。第二天午餐时，她的餐桌上多了一份首次面世的超级甜点，旁边附着大厨的小纸条，说他命名这份甜点为：梅尔芭蜜桃。

· *601* ·

虽然我一点儿不反对"梅尔芭蜜桃"，但我很反感我的名字被那些商人堂而皇之地用在货品上——从香水到发簪。在美国这种盗版尤其猖獗。一天我在纽约闲逛,突然在一个大药店门口停住,我透过窗户看见了大幅的梅尔芭香水广告。"啊哈!"我对自己说,"我觉得应该买一瓶。"于是我进了店。

"我可以闻一下梅尔芭香水吗?"

"当然可以。"店员说着就在我的手腕上喷了一些。

闻一下就够了。我讨厌这味道。

接着我客气地问是谁授权他们管这"玩意儿"叫梅尔芭的。

"噢没事的,"店员懒洋洋地说,"我们发现她的名字其实是阿姆斯特朗夫人,所以我们和她一样有权叫这玩意儿梅尔芭。"

## (阿希尔-)克劳德·德彪西
[(Achille-)Claude DEBUSSY, 1862—1918]

法国作曲家,因其风格富于油画意境和精巧的色彩,被称为"印象派"。被他抛弃的妻子和情人都曾企图自杀,于是他成了巴黎臭名昭著的人物。

· 602 ·

在德彪西的《佩利亚斯与梅丽桑德》对媒体公开的排练中,我[1]听到一位著名的音乐学院教授在中场休息时对一群学生气愤地说:"谁第一个把这肮脏的乐谱带进我的教室,谁第一个在和声上犯这样的低级错误,我就把他赶出班级、赶出音乐学院的大门!"无疑,他只是在泄愤罢了。后来我知道他慢慢开始真心喜欢

---

[1] 米歇尔·迪米特里·卡伏考莱西(Michel Dimitri Calvocoressi, 1877—1944),评论家、学者。

《佩利亚斯与梅丽桑德》了，但他当天的态度正好代表了音乐学院的官方立场。不久，真的有一个学生埃米尔·维耶尔莫（Emile Vuillermoz，后来成了著名评论家）被开除了，因为另一个老师在课堂上发现他带了那违禁的乐谱。

· 603 ·

《佩利亚斯与梅丽桑德》彩排时，冲突到达了顶点。一份搞破坏的节目单在音乐厅里流传，玛丽·加登[1]的苏格兰口音遭到了嘲笑，一位老先生痛心疾首地问乐团什么时候才能调好音。德彪西组织了一队支持者保护首演，不过支持者人数很快就被自封的佩利亚斯迷们压倒了。这是一种新宗教："英俊少年的飘逸长发刻意掠过前额，表情傲娇，眼神冷峻。他们穿着丝绸领、灯笼袖的衣服……领结松松垮垮地荡着……他们的小手指上戴着埃及或拜占庭式的戒指（因为他们都有一双修长美手）……在咒语的笼罩下，他们在彼此耳边窃窃私语，那耳语声直降至心灵深处。"

不久，德彪西就抱怨"这些所谓的德彪西迷们到头来会用我的音乐来恶心我"。

· 604 ·

科隆乐团拒绝严肃对待《大海》，指挥卡米耶·舍维拉尔只好哀求乐手们不要对每个小节都争论不休。第一中提琴手皮埃尔·蒙特说乐手们对自己弄出来的声音很不满，所以他们得转移注意力。"一个爱开玩笑的家伙用乐谱叠了一艘小船。轻轻推一下，它就能在木地板的海洋里航行，从低音提琴到大提琴到中提琴，穿越整

---

[1] Mary Garden（1874—1967），苏格兰女高音，第一位梅丽桑德。

个乐池。这个幼稚的点子大获成功,很快一支纸制小船组成的舰队诞生了,像德彪西的海神那般轰隆隆地移动。"

· 605 ·

福雷听了"从黎明到中午的大海"这一乐章的排练,别人问他是否喜欢这音乐。"喜欢啊,"他回答,"尤其是12点差13分那一小会儿。"

· 606 ·

我[1]已经把女王音乐厅管弦乐队训练得尽善尽美,德彪西完全不用操心。排练进行得很顺利,但演出时却出了意外。我从未见过这样的场景。在第二支夜曲(这个乐章叫"节日")中,速度突然全变了,令我们所有人大为吃惊的是,德彪西(说老实话,他实在不是个好指挥,连自己的作品都指挥不好)突然不知所措,节拍也不打了!他意识到发生了什么后,显然觉得最好停下来,从头来过。他敲了一下指挥台,然后又敲了一次。

最不可思议的事情发生了——乐队拒绝停下,这可真是有趣的场面。一位著名的作曲家在指挥自己的作品,结果碰到困难要求乐队停下却遭到了拒绝。他们明显不想停:他们知道观众会以为是他们的错。而且这作品(他们非常喜欢)进行得很顺畅,他们打算全力以赴演出一流水平;于是他们继续演奏并且做到了。我从未见过他们如此齐心协力。

观众当然意识到现场出了问题,因为很明显德彪西想让乐队停下来。最后,观众用真正的英国风度起立鼓掌表达赞赏之情,

---

[1] 亨利·伍德爵士(Sir Henry Wood, 1869—1944),英国指挥家。

以至于德彪西不得不将那乐章安可了一遍。这次没出错，掌声比之前还要热烈。德彪西很迷惑，他肯定不懂英国人的心理；但那天下午我为我的乐队感到自豪。

· 607 ·

我们的会面相当正式。我[1]弹了曲子，他表达了满意。一件小事打破了这种一本正经的局面。在我弹完最后一曲"木偶的步态舞"后，他说：

"今天您好像并不反对我对瓦格纳的态度。"

我一头雾水，于是请他解释。他指出"步态舞"中间有一段无情地讽刺了《特里斯坦和伊索尔德》的开头几小节。我完全没注意到这点，于是开心地笑着，恭维他的智慧。

音乐会大获成功，音乐厅里座无虚席。令我懊恼的是，德彪西没有出现。我弹完组曲后就来到音乐厅（这老房子的舞厅被改成了观众席）的院子里，发现作曲家苦着脸走来走去。他对我说："还好吧！他们觉得怎么样？"

我立刻对他充满了同情。这位伟大的人，他为了让大家接受一种新的艺术风格斗争了这么久，而当他写了一些幽默小品后便如此紧张，吓得要死，生怕名声毁于一旦。

我直盯着他的眼睛。

"他们笑了。"我简单地说。

我看到他松了一口气。接着他爆发出一阵欢愉而响亮的大吼，热烈地握住我的手说：

---

[1] 哈罗德·鲍尔（Harold Bauer, 1873—1951），英裔美籍钢琴家。

"你这么觉得吗？真是太感激你了！"

### · 608 ·

一位钢琴家弹过他的几部作品，坚持认为某一段的速度应该是"自由的"。

德彪西后来说："有些人写音乐，有些人编音乐，而那位先生为所欲为。"别人问他是怎么回答那位钢琴家的，他说："什么也没说。我只是看着地毯——他永远别想踩在上面了。"

拉威尔让玛格丽特·隆一遍又一遍地给他说这个故事。

### · 609 ·

**萨蒂讥讽德彪西及其崇拜者——**

音乐学院教义问答戒律集：

一、世间仅德彪西一神，汝等应敬仰之，模仿之。

二、汝等应杜绝悦耳之旋律。

三、汝等若求作曲顺利，应远离一切计划。

四、汝等应刻意打破陈规教条。

五、汝等应禁绝说五度及连续八度。

六、汝等万万不可完全解决一不和谐音。

七、一切作品皆不应以和谐音结束。

八、汝等尽管在九和弦上加九和弦。

九、汝等应痛恨完美和谐——神圣婚姻除外。

荣光普照<br>到此为止[1]

---

[1] 署名栏的"到此为止"原文为拉丁文 EritSatis，与 EricSatie 接近。——译注

# 弗里德里克·戴留斯
（Frederick DELIUS，1862—1934）

戴留斯出生于约克郡，一生中大部分时光在佛罗里达、挪威和法国度过。他从1922年开始失明、瘫痪，最后的作品由一位年轻的志愿者艾瑞克·芬比"听写"而成。

· 610 ·

**戴留斯回忆——**

斯特林堡对招魂术的兴趣令我和勒克莱尔[1]想跟他开个玩笑。一天晚上我请他们俩到我家来，晚饭后我们搞了一场敲桌子的通灵会。灯光渐暗，我们围坐在一个小桌边手拉着手。在十分钟不祥的寂静后，桌子有动静，勒克莱尔问魂灵给了我们什么信息。第一个敲出来的字母是"M"，每敲出一个字母，斯特林堡就愈加兴奋，直到拼出了那重大词汇"MERDE"（屎）。他好像一直没有原谅我们。

· 611 ·

1918年戴留斯从法国回到英国，并为亨利·伍德爵士的逍遥音乐会带来了一部管弦乐新作。伍德见到戴留斯时，"他满脸愁苦，疲倦而悲伤"，他们一到伍德家，戴留斯夫人就坚持让丈夫去休息。伍德回忆说，戴留斯解开马甲、衬衫和裤子上部的纽扣，我惊讶地看到他从衣服里拽出一张又一张的手稿，那就是他的新作《从前》。"总算把它安全带到伦敦了。"他跌坐在椅子上嘟囔着说。"我

---

[1] 朱利安·勒克莱尔（Julien Leclerq，1865—1901），法国诗人。

也是，总算放心了，"戴留斯夫人小声说，"我就怕他们会搜他的身，然后没收手稿。"整个旅途中他们都在担心被逮捕，因为有流言说一位美国指挥在乐谱上用音符作为密码向德国传送军事机密。

## 彼得罗·马斯卡尼
（Pietro MASCAGNI，1863—1945）

常演不衰的《乡村骑士》的作曲者，但他其他的作品就不值一提了。

· 612 ·

马斯卡尼被《乡村骑士》的成功冲昏了头，对《友人弗里兹》的失败以及其他几出戏没有得到相同的成功而感到很懊恼。大家对"他将很快会写出另一部《乡村骑士》"的厚望又进一步加深了他的气恼，这可是我[1]原封不动从报纸评论上引用的原话。他在剧院、俱乐部、媒体、社交界到处听到："和《骑士》差得太远了""一点都不像《骑士》""再也不会红了"，等等等等。马斯卡尼被深深地刺伤了，以至于奥古斯都·哈里斯爵士在府邸为他举行欢迎宴会时，剧院经理要求他指挥冷溪卫队乐团演奏几首精选作品也遭到了断然拒绝。但最后他还是在哈里斯夫人的温柔劝说下同意了……

几天后，奥古斯都爵士带作曲家去温莎指挥《友人弗里兹》，但即使在那儿，他也躲不过关于《骑士》的老一套调侃……

他去参见了女王陛下，大家依照礼节寒暄一番；最后女王给

---

[1] 詹姆斯·格洛弗（James Glover，1861—1931），爱尔兰指挥。

作曲家的离别寄语是："马斯卡尼先生，我希望您很快能再写出一部《乡村骑士》。"

· 613 ·

他把戈黛娃夫人的故事写成了歌剧《伊萨贝奥》，但很惊讶地发现女高音们拒绝赤身裸体骑在马背上，因为"很容易感冒"。不论如何，这出歌剧1911年在布宜诺斯艾利斯首演时盛况空前，五万阿根廷人在码头欢迎马斯卡尼，七十五场宴会为他而办。"如果我的《伊萨贝奥》成功的话，"他哀号道，"我就是一死人——死于消化不良。"

# 尤金·达尔伯特
（Eugen d'ALBERT, 1864—1932）

出生于苏格兰的作曲家、钢琴家，他的无数次婚姻和他的表演同样出名。

· 614 ·

他的六任太太中最出名的一位是委内瑞拉钢琴家特雷莎·卡雷尼奥。他们结婚后不久，她的一场音乐会的广告是数字构成的："尤金·达尔伯特的《第一钢琴协奏曲》将于3月2日由他的第三任妻子演奏。"

· 615 ·

"我的音乐还是有生命力的，"他告诉大提琴家格雷戈尔·皮亚蒂戈尔斯基，"但总是早早夭折。""别睬他，"一个同事说，"他可能又要离婚然后再结婚了。这总是让他忧郁。"

## 理查·施特劳斯

（Richard STRAUSS, 1864—1949）

巴伐利亚作曲家，创作了许多音诗以及十五部歌剧，他喜欢以尼采的《查拉图斯特拉如是说》、奥斯卡·王尔德的《莎乐美》等刺激主题为题材，靠《玫瑰骑士》发了财。

· 616 ·

当彪罗指挥《特里斯坦》和《名歌手》的首演时，理查·施特劳斯的父亲是慕尼黑皇家管弦乐团著名的圆号手。彪罗的迈宁根乐团在慕尼黑巡回演出了十九场音乐会（其中理查·施特劳斯指挥了他为十三件木管乐器创作的小夜曲），在各地都大获成功。老施特劳斯来到音乐厅的休息室，感谢彪罗为他的儿子所做的一切。彪罗听完他说的话，回答道："……施特劳斯，你是我在慕尼黑乐团里最刻薄的敌人，在1865年和1868年《特里斯坦》和《名歌手》的首演中，你可是竭尽所能伤害我。但是，"他指着小施特劳斯说，"这就是汉斯·冯·彪罗的报复。"于是施特劳斯父子灰溜溜地出了房间，一句话也没说。

· 617 ·

施特劳斯应彪罗的邀请指挥柏林爱乐演出他的早期音诗《麦克白》。他发现自己已经忘记了此曲的大部分内容，得不停地看谱才行。彪罗对他的斥责也很有名："应该是乐谱在你的脑子里，而不是你的脑袋埋在乐谱里——哪怕是你自己写的曲子。"

· 618 ·

[乱发脾气的歌手宝琳·德·阿娜（Pauline de Ahna）]让施特

劳斯心烦意乱，他放下指挥棒，打断了已经被严重扰乱了的排练，没敲门就进了宝琳的休息室。在门外等着的人透过门听到愤怒的尖叫声、片断的辱骂——接着是一片死寂。每个人都面面相觑，脸色发白，究竟谁杀了谁？这时施特劳斯打开门，容光焕发地站在门口。乐团派来的代表结结巴巴地发表声明："鉴于宝琳·德·阿娜夫人的任性行为，本团将拒绝参演任何一场有她出场的歌剧演出……"施特劳斯朝乐手笑笑，接着说："那样我就太受伤了，因为我刚刚同阿娜夫人订了婚。"

· 619 ·

位于靠近46街的第五大道上的莲花俱乐部（Lotos Club）为施特劳斯准备了晚宴，我[1]坐在他旁边，尽管周围充斥着谈话声和半吊子流行音乐，他还是为我写下了他最难的一首作品的几小节。在谈到怎样赋予音乐声响的意义时，他说："我能把任何事翻译成音乐。我能用音乐让你感到我从盘子的一边拿起叉子、调羹，再把它们放到另一边。"

· 620 ·

我[2]指挥《堂吉诃德》起因于一晚和施特劳斯在格罗夫纳街46号的会面。他知道我将指挥他的史诗大作，就在饭后主动要求为我在钢琴上过一遍该作品的总谱。我永远忘不了他是如何一边弹琴、一边表演、一边演唱变奏曲中描写的每种情绪。当桑丘·潘扎通过中提琴独奏说话时，施特劳斯为乐句加上了词："再给我点

---

[1] 戴维·比斯法姆（David Bispham，1827—1921），美国男中音。
[2] 叙述者是指挥家亨利·伍德爵士。

钱，钱，多点钱！"而且跟乐句吻合得天衣无缝。

· *6 2 1* ·

在演奏音诗《唐璜》开头的上行乐句之前，他朝弦乐手们叫道："先生们，我请你们中那些已经结了婚的演奏这一句时要好像刚订婚一样。"

· *6 2 2* ·

他对德国纸牌游戏斯卡特（Skat）很着迷，从不放过任何打牌的机会。他的儿子抱怨说："每个写我父亲的人都觉得他好像一辈子除了玩斯卡特什么也没干。"在歌剧《间奏曲》中，主人公说斯卡特"是音乐后唯一的放松"。施特劳斯有一次承认，至少在打牌的时候，他不会去想愚蠢的音乐。他和一个新乐队合作的第一句话就是："我要找人玩斯卡特，谁会？"克劳斯·腾施泰特的父亲就是布雷斯劳乐团中的一位志愿者，几年下来输了不少钱，同时也对施特劳斯的音乐有了难以置信的深刻理解。阿图尔·施纳贝尔在一次大输特输之后丧失了对施特劳斯的好感，许久才恢复过来。

拜罗伊特音乐节的薇妮弗雷德·瓦格纳为了留住他和演员们，总是把歌手和乐手们每晚输给这位纸牌高手的钱偷偷还给他们。

但他最喜欢的牌友还要数那些维也纳银行家们，他们会开开心心输给他，然后再帮他把赢来的钱做投资；1929年的大萧条中他失去了这笔财富。

· *6 2 3* ·

在被问到当时为什么不离开纳粹德国时，施特劳斯说德国有五十六间歌剧院，美国只有两间。"那会减少我的收入的。"

*Book of Musical Anecdotes*

· 624 ·

他在临终前的痛苦中说:"到瓦格纳时,音乐已经达到了顶点。我不过是个落伍的家伙罢了。"

· 625 ·

他弥留之际对儿媳说:"死亡就像我[六十年前]在《死与净化》中写的一样。"

# 亚历山大·格拉祖诺夫
(Alexander GLAZUNOV, 1865—1936)

俄罗斯作曲家,圣彼得堡音乐学院总监,肖斯塔科维奇的老师。

· 626 ·

1922年,一场纪念格拉祖诺夫的周年音乐会在莫斯科举行,他本人也参加了。在庆祝晚会后,人民教育委员卢纳察尔斯基发表了演讲。他宣布政府决定根据格拉祖诺夫取得的成就给他配套的居住条件,以利于他的创作。在这种殊荣下,其他人会怎么做呢?他们会感谢政府代表,因为当时的条件很艰苦。格拉祖诺夫曾经健硕英俊,但现在瘦得不忍卒睹,他的旧衣服在身上松松垮垮,他本人好似衣架一般。他面容憔悴,被扭曲地拉长了。我们都知道他连记录灵感的五线谱都没有。但格拉祖诺夫表现出了一种惊人的自尊和荣誉感,他说他什么都不需要,也不希望跟其他市民有任何区别。如果政府开始关注音乐生活的话,那么就改善一下音乐学院的条件吧,那儿冷极了,没有柴火,没有任何取暖设备。这导致了一场小小的骚动,但最终音乐学院得到了柴火。

## 卡尔·尼尔森

(Carl NIELSEN, 1865—1931)

丹麦作曲家,出生于农民家的货仓里。直到近年来他的交响曲才在丹麦以外的世界引起关注。

· 627 ·

**尼尔森在回忆录里写道——**

有一样记忆肯定来自我的孩提时代,这就是我母亲裸露的乳房。我们小孩吃奶要吃到两岁,我清楚地记得她皮肤的质感,而且每当我的肉鼻子挡路时就会不开心。后来我就不能吃独食了,因为弟弟妹妹挤了进来。我经常观察他们,和他们分享一切。我母亲的乳头是淡粉色的,镶嵌在雪白的皮肤上。当我们开始吮吸时,模模糊糊地感到小小的裂口和涓涓细流。当我们要断奶的时候,乳房就会被抹上酵母或者艾菊汁,我好像还记得那透彻全身的震颤;但也许是看到弟弟妹妹让我发抖,因为他们哭得可凶了。当我母亲把最小的孩子放在胸脯上时,她总是那样高兴、喜悦。接着她会移开孩子,捏一捏乳房,然后把它送进大孩子的嘴里,说:"小乖乖,你要不要来一口?"于是我穿着小木鞋站起来,分享了这一盛宴。

## 让·西贝柳斯

(Jean SIBELIUS, 1865—1957)

芬兰交响曲作家,他在19世纪90年代以一系列爱国作品获得了声望,其中1899年创作的《芬兰颂》成为准国歌。

### · 628 ·

1907年11月马勒在芬兰指挥演出，他与西贝柳斯就交响曲的本质展开了一次决定性的讨论。"马勒严重的心脏病迫使他过清心寡欲的生活，他不喜欢大餐和宴会。我们在散步时建立了联系。"西贝柳斯回忆道。"当谈及交响曲的精髓时，我说我尊重它的精准、格调以及使各动机之间产生内在联系的深刻逻辑……马勒的观点却正好相反：'不，交响曲必须像整个世界。它必须包罗万象。'"

### · 629 ·

"永远别关心评论家怎么说，"他警告一个学生，"记住，雕像永远不会为一个评论家而塑！"

### · 630 ·

1890年第一次去维也纳，他带着一封布索尼的引荐信去拜访勃拉姆斯。勃拉姆斯却拒绝见他。西贝柳斯后来得知，勃拉姆斯用舒伯特著名的评判标准"他能干吗？"问了要求见面的人，结果没人能给他满意的回答。

### · 631 ·

指挥罗伯特·卡亚努斯[1]是西贝柳斯最亲密的朋友之一，一次晚餐后他请求离开，因为第二天他要去彼得格勒指挥一场音乐会。其他宾客抗议说，一个人不能因为这么利欲熏心的考虑而离席，并要求卡亚努斯给彼得格勒打电话取消演出。卡亚努斯假装遵从了大家的建议离开桌子，却直奔火车站，去彼得格勒指挥了音乐会。等他回到赫尔辛基，再次走进餐馆，发现同样一伙人还坐在

---

[1] Robert Kajanus（1856—1933），西贝柳斯最欣赏的诠释者。

同一张桌子边，进行着同样的讨论。看见他走进来，西贝柳斯温和地抗议："卡亚努斯，这通电话可真长啊！"

· 632 ·

**托马斯·比彻姆爵士——**

我一生中录了很多唱片，每次试听效果时我总喜欢把音量开到很大，这让我周围的人很烦。显然就我而言，这是必需的。我要听到每个音符。尽管对平凡的耳朵来说这种效果很痛苦，但我的耳朵觉得这极有启发意义，因为我就是制造出这声音的人。我录唱片不是为了娱乐自己，而是为了拿去市场上卖，所以我的职责所在就是检查我花了大力气和乐队、歌手、合唱队录出来的唱片是不是最清晰。

去年我看到西贝柳斯的时候很高兴，我正好带了自己指挥他的作品的唱片，他急不可耐地抓住唱片，把它们放在唱机上，声音调到比我平时听的最大的声音还要大一倍。当时他的大客厅里有十二到十五个人，大约三分钟后我感受到了空旷，回头一看，所有人都走进花园里去了，哪怕在外面他们还得用手捂着耳朵。但西贝柳斯继续放着，想从里面听出越来越多的旋律。我说："你和我对这东西有同样的感觉。"他说："噢，是的，我想听到每个音。我想听到每个小音符、每个十六分音符。"

· 633 ·

一次，卡亚努斯在排练《第二交响曲》时只有两把小号，第三个人患了流感，西贝柳斯打断了他并且毅然离开了。他解释说："我脑子里只有那个缺席的小号的声音，所以我再也受不了了。"

*Book of Musical Anecdotes*

· 634 ·

他最亲近的同事觉得他是灵媒,就像他的秘书说的,"他有不止五种感官。"他的妻子相信,世界上任何地方只要广播了他的作品他就能感觉到。"他安静地坐在那儿看书或者报纸。突然他变得不安,走到收音机旁打开开关,电台里肯定正在播放他的某部交响曲或者音诗。"

· 635 ·

他很少邀请音乐家到家里来。"音乐家们除了钱和工作什么都不谈。我喜欢跟商人聊天,他们对音乐和艺术是真心感兴趣。"

# 费鲁奇奥·布索尼

(Ferruccio BUSONI, 1866—1924)

出生于意大利的作曲家、钢琴家、理论家。

· 636 ·

马勒和布索尼曾经满怀激情地合作演出贝多芬的《降E大调钢琴协奏曲》,要打破一切陈词滥调。在长期紧张的准备后,这两位至高准则的信徒希望能够复兴贝多芬的真正精神。

引子刚结束,一位坐在第一排的肥胖夫人站起身怒吼道:"这样永远行不通!"她那百万富翁式的扁鼻子上架着一副玳瑁框眼镜,边骂边挪动着尊贵的身躯愤然离场。

· 637 ·

博洛尼亚有个波兰歌手苦苦纠缠着他。一天她在午餐时黏上了他……[一个朋友]突然走了进来。布索尼立刻抓住机会跳上前去同他握手。

"噢，我亲爱的医生！我为你准备了一瓶好酒！还有上等的雪茄！还有这位美女！请尽情享受吧！再见！"

· 638 ·

**布索尼给妻子的信——**

我必须告诉你昨晚的梦！我在一个老镇上的一座哥特尖塔的顶部，必须沿着外面的楼梯才能下去。我从一扇窗户爬进了塔，走进一个小教堂，那里正在举行仪式（我觉得是"天主教的"）。接着，牧师做了个手势，三个人和三个魔鬼抬进一架钢琴，就像半空中的闪电一样，那就是"魔鬼的钢琴"（我想这个词的时候用的是法语），然后我被迫在教堂的仪式上演奏所有我能记起来的最大不敬的音乐。我弹了《魔弹射手》里的"卡斯帕之歌"和柏辽兹的"梅菲斯特小夜曲"，还有其他曲子。碰到有难度的段落，那钢琴就会自己弹。后来它又像闪电般被抬走了。我大叫着："停！我必须弹点有信仰的东西！"但已经太晚了。这都是李斯特的《梅菲斯特圆舞曲》的错，我为了弹好它都快走火入魔了。

# 埃里克·萨蒂

（Erik SATIE，1866—1925）

法国作曲家、讽刺家、怪人。

· 639 ·

萨蒂似乎是这样一种人：他在生活中最关心的就是开玩笑，而且明显是为了娱乐自己而非他人。

"一天，"萨蒂说道，"我在煤气炉上放了一个装满水的平底锅。

就在水要沸腾时，突然有人来叫我。二十分钟后我回来时，锅已经空了。当时门是锁着的，窗也关着，房间里空空如也只有一只猫。所以很明显是猫喝掉了水。"

· 640 ·

他觉得创作不是为了聆听的音乐也许会很有趣，这就是"墙纸音乐"（musique d'ameublement）。米约在"六人团"和斯特拉文斯基的音乐会中场休息时演奏了这些曲子，人们一听到萨蒂的音乐响起，就开始回到座位上。萨蒂哀求他们："继续谈话呀！出去走走！不要听音乐！"可惜没有人听他的。

## 恩里克·格拉纳多斯
（Enrique GRANADOS, 1867—1916）

西班牙作曲家、钢琴家，他受戈雅启发而作的《戈雅之画》广受称誉。

· 641 ·

伊格纳西奥·塔布尤（Ignacio Tabuyo）从前是位歌剧明星，如今是马德里音乐学院最顶尖的歌唱教授，他的朋友都是老一辈西班牙音乐大师，比如阿波斯、阿尔贝尼斯、格拉纳多斯、萨拉萨蒂等。塔布尤说起他们年轻时胡闹一说就是几个小时，其中格拉纳多斯明显是多数恶作剧的始作俑者。塔布尤给我看了一张泛黄的破损的老照片，上面是阿尔贝尼斯和格拉纳多斯滑稽地穿着夸张的全套登山旅游装备，帽子上插满羽毛，还有灯笼裤，周围堆着各种乐器：长笛、小号、吉他、小提琴、鼓等等。这张照片是在圣塞巴斯蒂安的某个夏天拍的，当时一群名人不时聚集在音乐商店讲八卦，举办非正式音乐会。格拉纳多斯想到了一个绝妙的主意，他们应该组建一支乐团，每个人演奏一样自己完全不会的乐器。比如塔布尤会在一位著名小提琴家的琴上疯狂乱拉；阿尔贝尼斯则痛苦地在木管乐器上口水乱飞地胡吹一气；格拉纳多斯用梳子和纸演奏，或者任性指挥一番。排练在商店后面的院子里进行，尽管他们很小心，可这奇怪乐队的名声仍旧快速散布开去，以至于传到国王耳中，国王还询问了他们的进展。

但住在院子周围的厨子和仆人则另有所图。一天，当格拉纳多斯让部下开始演奏一首古典交响曲时，突然"山洪"泛滥，尽管天空一丝云彩也没有，却飞来了烂水果、鸡蛋、蔬菜皮和各种玩意儿。乐队英勇地继续各种鬼哭狼嚎，狠狠地敲打托盘和厨具，直到格拉纳多斯给出最后一挥，乐手们才停下来，然后他极为严肃而郑重地转身、左右各鞠了一躬，神色颇为淡定，只是他的衣服早已被垃圾雨毁了。

· 642 ·

可怜的格拉纳多斯。他兴致勃勃地来纽约的大都会歌剧院看自己的歌剧《戈雅之画》上演，结果演得太差，将他的一腔喜悦化为痛苦的折磨。

因为要养孩子，他对报酬还是满意的。考虑到战乱，他不愿接受支票或纸钞，而把所有的收入都换成了黄金，然后把金子系在贴身腰带上。结果他乘的船在英吉利海峡遇袭，一些乘客最后获救，但格拉纳多斯却被沉重的金子拖到了海底。

# 阿图罗·托斯卡尼尼

（Arturo TOSCANINI，1867—1957）

意大利指挥家，他在斯卡拉歌剧院、纽约大都会歌剧院、纽约爱乐乐团的任期内都有杰出的表现。1937年美国国家广播公司专门为托斯卡尼尼组建了一支管弦乐团，之后17年进行了大量的广播和录音。

· 643 ·

**耶胡迪·梅纽因回忆——**

他住在时代广场的阿斯特酒店，因为业主是意大利人，肯定有地道的意大利面。我们在他的酒店公寓里排练，正当排到贝多芬《小提琴协奏曲》慢乐章中的第二次"齐奏"后，乐谱上标着"渐弱至消失"的那个音尚在弦上气若游丝，这时电话铃响了。我自然不能去接，我父亲谦卑地坐在角落里也没有去接；正在钢琴上摸索（因为他并不是一位伟大的钢琴家）的托斯卡尼尼也没去接。电话铃再次响起。我们继续演奏，但我至少能感觉到房间里的紧张已经达到了必须有人行动的地步。电话铃第三次响起，托斯卡尼尼停下来，他大踏步地走到——不是电话旁，而是墙上的设备前，把整个机器连根拔出，木头、塑料、灰尘、纠结的线路；然后他一言不发地走回来，从我们停下的地方开始，神色自若。第三乐章结束后，有人小心翼翼地敲门。托斯卡尼尼自如地、毫不尴尬地、亲切地叫了一声"进来！"——这是他自刚才的暴力举动以来说出的第一个词。门开了，门口站着三个可怜巴巴的人：他妻子、酒店业主和一个电工。

*Book of Musical Anecdotes*

### · 644 ·

在音乐会前，他在皮亚蒂戈尔斯基的休息室里烦躁地走来走去，嘴里自顾自嘟哝着咒骂着，并向正在热身的大提琴家抱怨道："你不行，我也不行。"皮亚蒂戈尔斯基停下练习，求他行行好，"大师请别这样了，我会演砸的。"托斯卡尼尼走上台开始了音乐会。在一支短小的序曲后，他到舞台侧翼等待独奏家一起上台演协奏曲，并反复说："我俩是不行——但其他人还要差。来吧，亲，我们上去。"

### · 645 ·

托斯卡尼尼曾经与女高音杰拉丁·法勒有一段情。一次在排练普契尼的咏叹调时，法勒唱走调了，还对托斯卡尼尼打断她、责备她表示抗议，她说："大师，请您记住，我是个明星。"

"天堂才是星星待的地方！"托斯卡尼尼朝她吼道。

## 列奥波德·戈多夫斯基
(Leopold GODOWSKY, 1870—1938)

波兰裔美籍钢琴家，他的琴艺让同辈人艳羡，他改编的钢琴作品技巧难到令人绝望。

### · 646 ·

"戈多夫斯基和一架自动钢琴有什么区别？"布索尼会这样问。

"戈多夫斯基可以比自动钢琴快十倍，但是自动钢琴比他多十倍的情感。"

## 弗朗茨·莱哈尔

(Franz LEHAR, 1870—1948)

奥匈帝国作曲家,创作了《风流寡妇》和许多轻歌剧。

· 647 ·

马勒和他年轻的妻子阿尔玛在维也纳看了《风流寡妇》,他们非常喜欢这出歌剧,一回家就开始跟着那曲调跳舞。马勒还凭记忆在钢琴上弹了那段圆舞曲,但其中有一小段却想不起来了。第二天他们去了杜布林格的音乐商店,但又不好意思向店员承认他们喜欢一部浅薄的轻歌剧。于是当马勒向店员询问自己作品的销售情况时,阿尔玛急急翻了一遍《风流寡妇》的钢琴谱。等一出门,她就向他完整地唱出了这段圆舞曲,那旋律深深地印在两人的脑海里。

## 亚历山大·斯克里亚宾

(Alexander SCRIABIN, 1872—1915)

俄国作曲家,他的神秘主义世界观体现在音乐中,比如他创造了一个"神秘的"钢琴和弦,还有《神圣之诗》《狂喜之诗》以及《普罗米修斯》交响曲。

· 648 ·

**拉赫玛尼诺夫写道——**

我记得我和里姆斯基-柯萨科夫、斯克里亚宾有过一次讨论,当时我们坐在和平咖啡馆的一张小桌子旁。斯克里亚宾新近发现了某个和声或调性与太阳光谱之间的关系。如果我没搞错的话,他正要把这种关系写进一首伟大的交响曲里去,其中不但有音乐的变化，还要表现光和色彩。他从没有反省过这个想法的可操作性，而且他对那种问题也没什么兴趣。他说他将只用光和色彩的特殊系统来创作《普罗米修斯》。

让我吃惊的是，里姆斯基-柯萨科夫同意斯克里亚宾关于调性和色彩之间有联系的说法。我没看出其中的相似性，于是激烈地反驳他们。里姆斯基-柯萨科夫和斯克里亚宾在音响—色彩—音阶之间接触点的问题上有分歧，这似乎证明了我是对的。比如，里姆斯基-柯萨科夫认为降F大调是蓝色的，而斯克里亚宾觉得那是红紫色的。至于其他调性，他们居然都达成了一致，比如说D大调是金棕色的。

"看呀！"里姆斯基-柯萨科夫突然朝我叫道，"我要引用你的作品来向你证明我们是对的。比如《吝啬的骑士》里那段，老男爵打开箱子，里面的金银珠宝在火炬的照耀下闪闪发光……对不？"

我得承认那一段是用D大调写的。"你看，"斯克里亚宾说，"你的直觉已经无意中遵守了这一法则,你想否认它的存在是没有用的。"

我有个更简单的解释理由。在我写那一段时，肯定无意间想到了里姆斯基-柯萨科夫的歌剧《萨特阔》里的一幕，人们在萨特阔的指挥下从伊尔门湖里拖出了大金鱼，他们欢呼道："金子！金子！"这叫声就是用D大调写的。但我没法阻止那两位同行带着胜利者的姿态离开咖啡馆。

· 649 ·

**鲁宾斯坦回忆——**

"谁是你最喜欢的作曲家？"斯克里亚宾带着已经知道了答案的那种纡尊降贵的笑容。当我毫不犹豫地回答"勃拉姆斯"时，他砰地用拳头捶着桌子。"什么?什么?"他尖叫着,"你怎么可以同时喜欢我和这种可怕的作曲家?我像你这么大的时候是肖邦迷,然后是瓦格纳迷,但现在我只能是斯克里亚宾迷!"然后,他在盛怒中拿起帽子,离开了咖啡馆,留下被这一幕惊呆了的我和没付钱的账单。

· 650 ·

纽约的一次晚餐中,指挥瓦西里·萨弗诺夫说了瓦格纳的八卦。瓦格纳曾经应一位富有的美妇人之邀去她的乡村别墅度周末。晚上瓦格纳对她耳语当晚要去她房间,结果声音太大被她丈夫听见了。于是这位丈夫命令一个仆人整晚在走廊上打蜡,每次当瓦格纳穿着红色丝绸睡衣从房间里走出来,一看见这个仆人就只能折回去。第二天清早,这位丈夫就下了逐客令。

萨弗诺夫说完这故事后便哈哈大笑。斯克里亚宾却脸色苍白。"你说的那女人是个傻瓜,"他叫道,"瓦格纳能注意到她是她的荣幸。"接着,他愤怒地掀翻了桌布,把食物撒得一地都是,气呼呼地离席而去。

## 拉尔夫·沃恩·威廉斯
(Ralph VAUGHAN WILLIAMS, 1872—1958)

英国作曲家、民歌收藏家,他为"绿袖子"写的管弦乐版享誉全球。

· 651 ·

他的外婆用她教过弟弟查尔斯·达尔文的同一本书教他识字。当达尔文的《物种起源》出版时,他的家里像其他地方一样产生了极大的骚乱。拉尔夫当时大约七岁,就问妈妈怎么回事。他妈妈非常明智地说:"《圣经》告诉我们上帝花了六天创造世界,但你的舅公查尔斯认为实际时间要长得多。不过我们不用担心,因为两种办法都一样好。"

### · 652 ·

1903年12月,沃恩·威廉斯第一次出远门收集英国民歌,他问一个退休的农场工人珀提弗先生他唱的曲子是从哪儿来的。"只要你有了词,"这个埃塞克斯村夫说,"全能的主会赐一首曲调给你的。"

### · 653 ·

沃恩·威廉斯在指挥完一部自己的作品后走下指挥台,有人听到他咕哝着说:"如果那是现代音乐——我可不喜欢!"

### · 654 ·

20世纪30年代沃恩·威廉斯在家乡萨里郡很活跃,照顾从希特勒铁蹄下的欧洲逃到英国的难民。他的委员会在多尔金买了一幢大宅安置无家可归者,而且他本人也经常收留难民。有一次在委员会上,一个难民代表抱怨分给他们的房子阴冷潮湿。他还咕哝着说德国比这儿好多了,大部分人家都有暖气。他一走,其他人就开始说他是"忘恩负义的烂人"等等。沃恩·威廉斯只说了一句:"他能记得德国的好处不也很好吗?……"

## 恩里科·卡鲁索
(Enrico CARUSO,1873—1921)

意大利男高音,用录音为留声机唱片宣传的第一人。

· 655 ·

**内莉·梅尔芭夫人——**

我永远忘不了蒙特卡罗那一晚,王公贵族纷纷驾临,还有无数观众。在一幕死亡戏当中我突然吃了一惊,卡鲁索弯腰朝我凑过来时发出了一种奇怪的嘎吱嘎吱声。我继续唱着,但又禁不住想万一卡鲁索生病了怎么办,他的脸严肃且有些扭曲,每次他弯腰都会有同样的噪音。然后我发现他手里捏着一个橡皮玩具,每次演到最悲惨的部分就会拿到我耳边捏一捏;我一口气没接上,差点忘词。你知道,在这种严肃的时候想忍住大笑已经很困难,更何况当你马上就要死去了,那大笑的诱惑就更难以克制。

· 656 ·

1902年,唱片制作人弗雷德·盖斯堡在米兰第一次听到卡鲁索演唱,那是弗朗切蒂的歌剧《日耳曼尼亚》的首演。他听完音乐会立刻去后台跟卡鲁索商谈,请他在第二天下午录制十首歌曲,费用是一百英镑。盖斯堡给伦敦方面发电报请求许可,得到的指示是:"费用太高,不许录。"他决定置之不理。结果十张唱片的纯利达到一万五千英镑。接下来的二十年里,卡鲁索靠唱片销售赚了将近一百万英镑。

· 657 ·

卡鲁索的胃口大得惊人。在歌剧季时,他经常和斯科蒂、萨马尔科去帕格尼餐厅吃饭。这消息渐渐传了出去,他的"粉丝"也一窝蜂地拥到那里去吃饭,只为了近距离看一看这位伟大的男高音。只可惜那场面并不养眼。

卡鲁索完全不顾观众,他用叉子把意大利面绕啊绕,直到盘子空了为止；然后他会用那极能吸金的嗓子一口气把所有面条都吸进去。接着再来一盘，重复同样的动作……

有一天，卡鲁索令旁观的"粉丝"震惊不已。当时他正专心跟萨马尔科谈话，他最爱的意大利面已经吃完了，于是经理建议来一盆上好的桃子。很显然，卡鲁索根本没注意，继续谈话，但他把每个桃子都仔细摸了一遍。令旁观者们无比惊诧的是，一个巨大的桃子突然整个儿消失在男高音的嘴里。接着是突如其来的寂静，只有桃核掉在盘子里的清脆响声。

· 658 ·

卡鲁索对自己作为卡通画家的技巧很是自豪……而马克·吐温在纽约宴请著名卡通画家时没有请他，令他极为失望。"也许，"他哀怨地说，"他只知道我是个男高音。"

## 费奥多尔·夏里亚宾
（Feodor CHALIAPIN，1873—1938）

俄罗斯男低音，杰出地诠释了鲍里斯·戈杜诺夫、伊凡雷帝、梅菲斯特以及其他相近的超人角色。

· 659 ·

P.G. 伍德豪斯（Wodehouse，"梅子"）和盖伊·博尔顿（Guy Bolton）碰见了这位伟大的男低音："费奥多尔！费奥多尔，我的妙人儿！"——

这真是壮观的一幕，伟大的夏里亚宾像一位亲切的自由摔跤手。盖伊和梅子都很崇拜他，但从未像现在这般强烈。因为他的第一个动作就是用铁锤般的大手把他们推回到椅子上，兴致勃勃地要求他们继续正经事[1]。

"当（汤）就是当（汤）。"他说英语的口音好像有一把勺子站在嘴里，让大家觉得他没办法发出更清楚的音。

"正在和我用餐的是两位剧作家。"玛格丽特开始迟到的介绍。

"我们写音乐喜剧。"盖伊一边说一边努力地喝汤。

"当然，是一种低等的艺术。"梅子也努力地喝汤。

夏里亚宾可不会这样妄自菲薄。

"绝不是低等艺术，"他激烈地坚持，"我还是文科中学的学生时也写过音乐喜剧。博尔顿先生，我要把其中的一幕当作礼物送给你。一出很'骗人'的'差劲'戏（It is a bum scene and very phoney）。"

梅子似乎觉得这个伟人太过谦虚了。

"噢，我敢肯定没有那么糟。"他礼貌地说。

这时玛格丽特解释道："他说的是，'爆炸戏，很有趣'（Bomb scene. Very funny）。"

"噢，是的，非常'骗人'（有趣），你们会笑掉大头的，"夏里亚宾说，"你们想象我是个残暴的总督，而你们俩是革命者，想用'差劲'（炸弹）炸死我。但是我把你们抓到了，我的手下把你们绑在长凳上，把'差劲'（炸弹）放在长凳下面。这是一个定时'差劲'（炸弹），一直在滴答滴答地响。我大笑。它就像个马毛汗衫一样挠得我发笑。因为对你们来说听到那滴答滴答声可折磨了。"

"就像临开会才看会议纪要一样。"盖伊聪明地说，"后来怎

---

[1] 指吃饭。——译注

么样?"

"我来告诉你。那个'差劲'(炸弹)一直在滴答滴答响,这时外面的吵闹分散了我的注意力,我转过身去。你们有一只手是自由的,于是就把'差劲'(炸弹)偷偷地放进了我短外套的口袋。外面越来越吵闹,我走出去问,'搞什么鬼?'然后'差劲'(炸弹)就一直跟着我。"

为了说明这个动作,他站起身,挤过旁边一桌正要落座的两位年老女士和一位耳聋的老先生。

"但是等一下,"夏里亚宾在几码开外咆哮,他管风琴般的嗓音传遍了整个餐厅,"你们还没能看到我最厉害的一手呢。我现在回来幸灾乐祸,看你们受罪。"

他蹑手蹑脚地往回走,脸上带着一种可怕的邪恶表情。隔壁桌的两位女士看上去很不安。

"记得那'差劲'(炸弹)还在我口袋里,"他拍着口袋,"我回来是为了嘲笑你们、幸灾乐祸。它还在滴答响,随时可能爆炸——我在幸灾乐祸。猪!猪崽子!过不了一会儿你们就要变成香肠肉啦。你们会被炸得满墙都是,一想到这我就要大笑。哈哈哈哈!"

好一阵骇笑,把那两个老女人吓得赶紧朝门跑去,留下耳聋的老头听天由命。人们都站起来,想搞清楚发生了什么骚乱。等夏里亚宾回到桌边坐好,给自己的茶杯里倒上酒,满脸堆笑。人们松了口气,但也有些失望。

"'骗人'(好玩)吗?"他问。

"很'骗人'。"盖伊虚弱地附和。

夏里亚宾看看他,又仔细地看看桌子,好像很迷惑。

"还有一位先生呢？刚才有两位写音乐戏剧的先生在喝'当'（汤），现在只有一个了。"

"伍德豪斯先生得先走一步，"盖伊解释道，"他突然犯病了。他经常这样。我明白，他听到了嗡嗡的声音——"

"就像滴答滴答的'差劲'？"

"正是。还不时地有牛铃伴奏。"

## 谢尔盖·拉赫玛尼诺夫
(Sergei RACHMANINOV, 1873—1943)

拉赫玛尼诺夫在最初的成功后发现自己无法再作曲，于是求助于催眠治疗；治疗结果就是著名的《第二钢琴协奏曲》的诞生。这位俄国作曲家最后在瑞士、美国定居，他的钢琴演奏同作曲一样出名。

· 660 ·

**拉赫玛尼诺夫写道——**

绿色桌子边坐着一群教授，还有柴科夫斯基。最高分是五分，在特别突出的情况下还可以得加号。我已经知道我得了五分加。等到我弹完后，阿连斯基告诉柴科夫斯基我是唯一一个在课堂上写了两部"无词歌"的学生，问他是否愿意听一听。柴科夫斯基点头表示同意，这曲子我早已烂熟于胸，于是坐下开始演奏。我弹完后柴科夫斯基站起身，开始忙他的考试记录。过了两个星期我才知道，他在我的成绩旁边又加了三个加分记号，一个在上，一个在下，一个在后。我的五分和四个加号成了音乐学院那年独一无二的事件，自然引起了不少注意，不久就在整个莫斯科传为美谈。

## 661

**费奥多尔·夏里亚宾——**

我第一次去拜访列夫·托尔斯泰……是1900年1月9日在莫斯科。当时托尔斯泰和家人住在莫斯科的卡莫夫尼基区。我和拉赫玛尼诺夫接到了他的邀请。托尔斯泰的宅子相当可爱，部分用木头修建，既朴素又亲切，我们爬上毫不起眼的木头楼梯，来到二楼……

茶来了，不过我太过激动，以致根本没有喝茶的心情。想想吧——我生平头一回要见到一位活生生的大文豪，他的文字影响了全世界！以前我只见过托尔斯泰的画像，现在他本人就要出现了……

在这重大时刻，我过度敏感的听力告诉我，托尔斯泰声音略带颤抖，碰到某些字母时口齿不清，无疑是因为他少了几颗牙，说话有些漏风。我注意到这点已十分动情，当他靠近我、轻轻握了握我的手时，我的心潮愈发汹涌。我还能记得的是，他问我唱歌多久了，因为我看起来如此年轻，而我几乎在用颤抖的声音回答……

谢尔盖·拉赫玛尼诺夫不像我那样害羞，但他也深受感动，双手冰凉。"如果有人让我弹琴，"他偷偷对我说，"我不知道该怎么办，我的手指都麻了。"这时托尔斯泰请求他演奏一曲。我已经记不起来他弹了什么，一想到也许接下来就轮到我献唱，简直吓坏了。当托尔斯泰直截了当地问拉赫玛尼诺夫："告诉我，那种音乐到底有什么有趣之处呢？"这让我更害怕了。

接下来轮到我了。我记得我唱了"命运"，这是拉赫玛尼诺夫最近根据贝多芬《第五交响曲》的主题动机而作的艺术歌曲，由阿普克坦填词。拉赫玛尼诺夫为我伴奏。我们俩都竭尽全力表现这首歌曲的全部价值，但不确定托尔斯泰是否喜欢。他什么也没说。接着他又像之前一样问道："人类最需要什么样的音乐呢？经典音乐还是流行音乐？"

· 662 ·

**拉赫玛尼诺夫回忆了同一次会面——**

要描述费奥多尔的歌声是不可能的，他唱歌就好像托尔斯泰写字一样。当时我俩都是 26 岁。我们表演了我写的艺术歌曲"命运"。演完后，我们感觉所有人都很高兴。突然有人用嘘声止住了激动的掌声，一片寂静。托尔斯泰坐在一把摇椅里，和众人有些距离，他看上去闷闷不乐。接下来我躲了他一个小时，但他突然来到我跟前，气冲冲地宣布："我必须告诉你。我必须告诉你我有多么不喜欢那音乐！"然后他不停地说，"贝多芬什么也不是。普希金和莱蒙托夫也一样。"真是糟透了。索菲娅·安德耶芙娜站在我身后，她碰碰我肩膀小声说："别在意，没关系的。千万别跟他表示不同意见，他不能太激动，这对他不好。"过了一会儿，托尔斯泰又走过来跟我说："对不起。我是个老人了，我不是要故意伤害你。"我回答："我怎么会受伤呢？除非是替贝多芬受过。"从此以后我再也没去过那儿。索菲娅·安德耶芙娜每年都邀请我去亚斯纳亚-波良纳庄园，但我总是婉言谢绝。想想吧，我第一次去见他的时候，曾怀着朝圣一样的心情啊。

· 663 ·

托尔斯泰的反对使拉赫玛尼诺夫的情绪跌到了崩溃的边缘。

他到朋友契诃夫那里求安慰，这位剧作家说："托尔斯泰就像是胃病，除了不去想它之外别无他法。"

· 664 ·

在纽约的一次小提琴和钢琴演奏会中，克莱斯勒突然忘了谱。他侧着身子贴近钢琴，急急忙忙对拉赫玛尼诺夫小声说："我们到哪儿了？"这位钢琴家一个音符也没落下，回答道："卡内基音乐厅。"

· 665 ·

1940年拉赫玛尼诺夫定居美国好莱坞，他在霍洛维茨家中遇见了卓别林。在场的还有旺达·霍洛维茨、约翰·巴比罗利爵士。有的人开始谈论宗教，卓别林声明自己不信教。"没有宗教您的艺术是从哪儿来的呢？"拉赫玛尼诺夫不解地问。

"我觉得我们说的不是一回事儿，"卓别林说，"艺术更是一种感觉，而不是信仰。"

"宗教也一样嘛。"作曲家结束了对话。

· 666 ·

拉赫玛尼诺夫和斯特拉文斯基总是互相贬低，所以当其中一人邀请鲁宾斯坦来和另外一人吃饭时，鲁宾斯坦感到非常惊讶。拉赫玛尼诺夫解释道，这是因为他俩的妻子见面后成了好朋友。起先对话很困难，拉赫玛尼诺夫总是不接斯特拉文斯基的腔。几杯酒下肚后，拉赫玛尼诺夫开始取笑斯特拉文斯基的经济问题。"你的《彼得鲁什卡》、你的《火鸟》，哈哈，从没为你赚到一个子儿的版税。"斯特拉文斯基的脸由红转白。"那你在俄国出版的那些协奏曲和《升C小调前奏曲》又怎么样呢？"他回击道，"你还不是得靠弹琴来维生"。一场唇枪舌战看来不可避免，可就在这时，两位作曲家友善地坐下来，开始计算每个人可能赚取的财富——前提是如果20世纪的历史能朝另一方向发展的话。

## 马克斯·雷格尔
（Max REGER，1873—1916）

德国作曲家，精通复调音乐，名声主要限于国内；他还是一位技巧高超的管风琴演奏家。

· 667 ·

雷格尔胃口大得出奇，这肯定导致了他的英年早逝。他会让侍者端上够吃"两个小时"的牛排，而且他的饮料消费量也在同等水平。伦敦的亨利·伍德爵士是位周到的主人，在邀请雷格尔午餐前已经向德国俱乐部打听过了客人的喜好。结果他得知，至少得准备两打啤酒。

"尽管雷格尔不费吹灰之力就喝掉了几乎所有啤酒，证明了大家所言非虚，"伍德回忆道，"但我觉得这可怜的家伙可能会口渴，于是给了他威士忌和苏打水。他很高兴，于是又要了三杯。但是，他没能留到喝茶的时间……"

· 668 ·

在雷格尔精彩地弹完舒伯特《"鳟鱼"五重奏》中的钢琴部分后，一位女崇拜者送给他一条刚抓到的新鲜鳟鱼。雷格尔在感谢信的结尾处特意提到他的下一场音乐会以及曲目：海顿的"公牛"小步舞曲。

· 669 ·

在看到慕尼黑报纸上那些恶意评论后,雷格尔对评论人的回应是:

我现在坐在家中最小的房间[1]里。

你的评论文章正放在我面前。过一会儿它就会在我后面。

## 查尔斯·艾夫斯
(Charles IVES,1874—1954)

美国作曲家,也是保险业巨头。艾夫斯主要创作无调性、二重调性、四分之一音、多重节奏的音乐。他是个小镇乐队长的儿子,在耶鲁学习音乐,却选择了人寿保险行当,成立了美国最成功的保险经纪公司之一(Ives & Myrick,互助人寿保险公司的一部分)。

· 670 ·

艾夫斯对生意和音乐有严格区分。他对人寿保险业务拓展的贡献相当大,他建立了第一门培训经纪人的课程,打造了"财产规划"的概念,但同事里很少有人知道他是位音乐家。他很乐于讲述自己在公司电梯里碰见某个同事时的冷静,那同事说:"艾夫斯,我昨天去歌剧院听了《帕西法尔》,很不错。你也应该经常去听听歌剧嘛。"

· 671 ·

"一战"后的政治余波、美国社会中的理想主义被物质主义取代的事实令他深深地幻灭。他不再看纽约的时事新闻报纸,只订

---

[1] 最小的房间指卫生间。——译注

伦敦的《泰晤士报》，这样等报纸到他手里时就已经是旧闻了。一次他的兄弟来看他时带了一份《纽约时报》，他恐惧地叫道："噢，天啊，新闻来了。"

· 672 ·

尽管指挥尼古拉斯·斯洛尼姆斯基已尽了全力，波士顿室内乐团还是无法在演奏《新英格兰三地》时取得完美的合奏效果。但艾夫斯对演出挺满意，他向斯洛尼姆斯基表示祝贺时说："真像小镇集会一样，每个人都自说自话。这是多么好啊！"

· 673 ·

**艾夫斯回忆——**

我爸爸有别人经常说的那种辨别"绝对音高"的能力。但这似乎令他很烦恼，甚至有些难为情。"所有东西都是相对的，"他说，"只有傻子和税收才是绝对的。"

一位"货真价实"（毕业于波士顿的新英格兰音乐学院）的音乐家朋友问他为什么拥有如此敏感的耳朵却要在钢琴上弹不和谐音。"嗯，"他回答，"我也许能听出绝对音高，但感谢上帝，钢琴可不行。"一天下午下了一场倾盆大雨，我们看见他在后院里站着，既没戴帽子也没穿外套，这时隔壁的教堂开始敲钟。他冲进房间的钢琴边，然后再冲出去。"我听到了一个以前从没听过的和声，它一遍一遍地响，但我在钢琴上怎么也找不到它。"接着他整晚都坐在钢琴边找这个音。不久他就开始倒腾"四分音"机器。

· 674 ·

在听了海顿的《"惊愕"交响曲》后，他挖苦地唱着："可——爱的小——话梅——听起来……"并称之为"娘娘腔的轻音乐"。

### · 675 ·

1947年，他的《第三交响曲》在诞生42年后获得了普利策奖。他告诉评奖委员会："这奖是给幼年的我的——我现在已经长大了！"并放弃了五百美元奖金。

### · 676 ·

1951年勋伯格去世，他的遗孀给艾夫斯夫妇送去一张在勋伯格的乐谱里发现的纸条，上面写着：

一位伟人住在这个国度中——他是一位作曲家。

他解决了如何保存自我、如何学习的问题。

他用藐视回应怠慢。

他宠辱不惊。

他的名字是艾夫斯。

### · 677 ·

他花了几年时间写一部"宇宙"交响曲，但从没想过要完成它。他告诉一位抄写员，任何人都可以为之添砖加瓦。不过他梦想着有一天这部交响曲能由不同的管弦乐团在几座山的山顶上演奏，山谷里还有大型合唱队伴唱。

## 阿诺德·勋伯格
（Arnold SCHOENBERG, 1874—1951）

具有远见卓识的维也纳作曲家。他抛弃了调性，创造了十二音作曲法，该作曲法广泛应用于20世纪音乐中。

### · 678 ·

［1907年勋伯格的《室内乐交响曲》首演］成了现代音乐史

上的里程碑。它导致了一场可怕的骚乱。观众席里有人喝倒彩。马勒（他本人正卖力地鼓掌）的包厢隔壁站着一位年轻人在大声喝倒彩。马勒开始指责他："年轻人，你不觉得丢人吗？""不，一点儿也不，而且我可以保证，我对你的下一部交响曲会做同样的事。"演出结束后我[1]问马勒对这部作品的看法。他说他也跟不上这位年轻作曲家（当时勋伯格32岁）的想法，但无论如何这是一条新路，这就是为什么他要支持创新者。（我以前也听过马勒这么说过。）这人以及他走的道路上，必将有不凡之事发生。

· 679 ·

勋伯格起初把画画当消遣，但不久就在帆布上表现出相当的天赋，以至于开始考虑画画当副业。然而，他举办个人画展的努力屡屡受挫。1910年，当勋伯格的油画终于公开展出时，一个评论家说："勋伯格的音乐和勋伯格的画，它们叫你的耳朵和眼睛一起崩溃。"

· 680 ·

**勋伯格给一位不知名通信人的信——**

1914年4月22日，柏林

尊敬的先生：

我很遗憾无法接受您的邀请为理查·施特劳斯的五十大寿写点什么。

在一封给马勒夫人的信中……施特劳斯先生这样写我：

---

[1] 克劳斯·普林斯海姆（Klaus Pringsheim, 1883—1972），作曲家，马勒的学生，托马斯·曼的大舅子。

"现在唯一能帮助可怜的勋伯格的人就是一位精神病医生……"

"我觉得他去铲雪也比在乐谱上乱涂要好……"

我认为我自己或任何一位听说这话的人都会对施特劳斯先生的人品（这里他忌妒一个"对手"）及艺术（因为他的遣词造句跟流行小调一样庸俗）有些看法，而这些看法肯定不适合在他的五十大寿上发表。

我并不打算从"道德上"抨击施特劳斯先生……我对他早已没有丝毫兴趣，不管我曾经以为从他那里学到过什么，现在都很庆幸我误会了。

· 681 ·

"一战"已近尾声，他在43岁生日那周被征入奥匈帝国军队服役。穿着军装时，勋伯格很小心地掩藏自己的恶名，但战友们还是不停地问他："你是不是那个引起争议的现代派作曲家？"最后他回答道，"我必须承认我就是那人，总得有人站出来；既然没有其他人站出来，那么我就只能自己上了。"

· 682 ·

1912年勋伯格在阿姆斯特丹指挥乐队，荷兰作曲家赫尔曼·穆尔德回忆道："你只要看他一眼，就知道他经历了战后奥地利的剧变。别人递给他香烟，我看到他拿出小刀把没抽完的烟剪断，这样可以留着下午再抽。图昆斯特合唱团要送他东西表示感谢，于是他要了一条裤子；他连像样的衣物都没有。"

· 683 ·

1925年9月勋伯格在威尼斯的国际音协当代音乐节上指挥了

他的小夜曲（Op.24），这是第一首系统运用了十二音作曲法的乐队作品。勋伯格排练超了时，音协主席爱德华·登特打断了他，请他让下一位演出者排练。勋伯格没理他。

"勋伯格先生，"登特坚持道，"您不是这儿唯一的作曲家。"

"我觉得是。"勋伯格说。

· 684 ·

一位笔迹学家看了勋伯格的墨宝后说："这人觉得自己至少是位中国皇帝。"勋伯格听了这评论后说："那么他认为我有没有道理呢？"

· 685 ·

我[1]在柏林时和施纳贝尔的儿子很要好，经常上门拜访父子俩。一天施纳贝尔宣布："勋伯格先生在这儿。他带了一部新管弦乐作品的手稿，问我敢不敢在钢琴上视奏。"接着施纳贝尔英勇地接受了挑战，但又突然迷惑地停下了。"我搞不懂，这里是A还是降B？"勋伯格走过来看着自己的手稿，抬起眼镜、再放回鼻梁上，最后不得不承认："我也不知道。"然后他说"等一下"，就冲到外面，从门廊处拿来一个破破烂烂的手提箱。从手提箱里他抽出了一个小本子，像是那种用来记家庭账目的。他快速地翻阅，直到找到某页纸上记着那著名的十二音"行"，接着他快速研究了一下，下了结论："应该是降B。"

· 686 ·

勋伯格的独幕歌剧《从今天到明天》在法兰克福首演后，他

---

[1] 彼得·迪亚芒（Peter Diamand, 1913—1998），音乐经理人。

对乐队说:"先生们,你们今晚演奏的音乐和我写在乐谱上的音乐的差距简直可以写一部新歌剧了。"

· 687 ·

**勋伯格的女儿努丽娅·勋伯格-诺诺——**

在柏林,出版商为《从今天到明天》(我妈妈写了脚本)开出了高价。当时他们一贫如洗,连公寓也住不起,出版商开价十万德国马克,这简直是个惊人的数目,比他们之前的任何收入都要高。但出版商说:"我明天就要走了,你们得在十分钟内决定。"于是爸爸妈妈就到隔壁房间去商量。

妈妈说:"我不喜欢他给我们施压逼我们做决定,我们应该说'不'。任何人对十万马克都会说'好的',但有多少人能说'不'?"于是他们拒绝了这人。

后来妈妈总说这个决定救了他们一命。"如果我们拿了这钱,就会买一栋大房子,装满漂亮的家具,就像许多其他人一样,在希特勒上台后没有办法立刻离开。"

· 688 ·

当勋伯格到加利福尼亚时,他的朋友们很希望他能写电影音乐赚些钱。他应邀观看了一次大片首映,结束后制片人拦住他问他对配乐的看法。勋伯格回答说自己没有注意到音乐,这恰好证明了平庸制片人对于好配乐的理论。

但是他的朋友们还是继续宣传……

正好哥伦比亚广播公司为勋伯格作了一档广播节目,播出的主要作品是他早年的《升华之夜》,其浪漫的氛围和诗意的性格深深打动了萨尔伯格(Irving Thalberg)。尽管勋伯格现在写的作品早已和《升华之夜》有着天壤之别，萨尔伯格还是派了一位使者去见勋伯格。使者发现作曲家对提议毫无兴趣，于是开始详细解释为电影《大地》配乐的可能性，甚至戏剧性地展现了其中的"大场面"。

"想想吧！"他充满了激情，"一场可怕的暴风雨即将降临，麦田在风中摇荡，突然大地开始震颤。阿兰在地震中生下了一个孩子。这要是能配上音乐该多好啊！"

"已经有这么多事凑一起了，"勋伯格缓缓说，"还要音乐做什么呢？"

· 689 ·

不屈不挠的萨尔伯格请勋伯格面晤谈条件。作曲家叫价五万美元，附加条件是绝不允许对自己的音乐进行任何修改；于是他被礼貌地打发走了。他宽慰地向妻子汇报了这次失败的会面，以及他向萨尔伯格狮子大开口的原因是："如果我要自杀的话，那么可以在死后过得好一点。"

· 690 ·

为了在加州谋生，他得教各阶段的课程，其中包括上和声基础课。一次他碰上了一个班的幼儿园音乐老师，于是忍不住好奇地问："你们居然也是老师？也就是说还有人比你们对音乐所知更少？"

· 691 ·

勋伯格得知贝尔格的死讯后，从好莱坞给韦伯恩写了封信。"太可怕了。我们中的一个（我们一共才三个）已经去了，现在只剩我俩独自承受艺术上的孤立了。最悲哀的是，我们中的一个必须得成功，那么至少还能享受一下。"

· 692 ·

1948年托马斯·曼的《浮士德博士》导致两人公开大吵并分道扬镳（书中那位暧昧的主人公阿德里安·莱韦尔金被刻画成一位创造了十二音作曲法的作曲家），这令勋伯格很痛苦。尽管这两位著名的流亡者在社交场合时常见面，但曼从未向勋伯格提起过这部小说。

此书出版之际，勋伯格给出版社写了一封义愤填膺的信，指责曼是知识窃贼。而曼慢条斯理地回答，这小说是向勋伯格在音乐上的巨大影响致敬。作曲家和小说家之间的龃龉持续了两年之久。

勋伯格告诉家人，他害怕莱韦尔金那毫无原则的性格会给自己的音乐和灵感带来阴影。"如果曼告诉我他在写这本书，"他抱怨道，"我会在一个小时之内为他的小说专门创造一种新的作曲方法！"

· 693 ·

1949年他被授予维也纳城市自由奖，但没有参加颁奖礼。在写答复信时，他引用了自己1912年的一句评论："本世纪的下半叶将用过高评价过度弥补上半叶的过低评价。"

· 694 ·

**卡迪娅·曼写道——**

勋伯格有心脏病，而且非常迷信。他很害怕数字13，并坚信自己会在某月的13日死去。毕竟，他已经76岁了。每到13日时，他总是坐立不安；晚上格特鲁德·勋伯格（他的妻子）得坐在他身边，握着他的手。房间的另一边是一座钟，他会看着13日过去

1951年7月13日，同样的事情发生了。他们坐在那儿，钟在滴答响着；终于午夜来临。勋伯格走上楼去睡觉。格特鲁德像往常一样去厨房准备睡前饮料——勋伯格晚上喜欢喝上一杯肉汁。当她拿着杯子上楼时，发现他躺在房间里，死去了。格特鲁德恐惧地看了看钟，她也变得像他一样执迷，结果发现还没有到午夜；原来楼下的钟快了几分钟。[1]

## 莫里斯·拉威尔
(Maurice RAVEL，1875—1937)

旋律重复的《波莱罗》令他声名远播，但音乐没帮他赚到钱。

· 695 ·

[1924年的《泰晤士报》上写道，]听拉威尔的音乐会就像看小侏儒表演——他们眼界有限，可以很灵活但做不成大事。更甚者，人们怀疑拉威尔的音乐中有意识地加入了爬行动物的冷血感，因为当你大量听他的音乐时，会觉得厌恶，哪怕其中的美也会变得像蛇或蜥蜴身上的斑纹。

---

[1] 诺莉娅·勋伯格-诺诺：1951年7月13日的情况跟卡迪娅·曼说的故事很不一样。我父亲没有"上楼去睡觉"，很不幸的是他几个月来一直"在楼上"，但至少三年没有上过床，他坐着睡在床对面的躺椅上，因为他晚上会犯哮喘。那天晚上我妈妈躺在床上醒着，大钟在爸爸的脑后。后来妈妈说她在看着钟，希望爸爸能活过13日。在病痛带走他之时，离14日只有15分钟了。

根本没有什么睡前饮料，我连肉汁是什么都不知道；我父亲从来不喝这东西。卡迪娅·曼把事实和她看过的什么电影搞混了。妈妈可能对她说过：多么讽刺啊，欧洲时间已经是14日了。

勋伯格对13日很迷信是真的。我爸爸要过76岁生日时，一个占星家给他写了一封信，说由于他的年龄的数字相加起来是13（7+6=13），这一年对他来说很危险。

每月13日格特鲁德坐在阿诺德身边握着他的手，这只是荒唐的好莱坞式浪漫想象罢了。

· 696 ·

《高贵而感伤的圆舞曲》第一次演出是在一个圈内行家的鉴赏音乐会上匿名进行的，这场音乐会混合了不知名的在世作曲家和早已逝去的作曲家的作品。

一半听众听出这是拉威尔的作品，其他人认为可能是萨蒂、科达伊、布朗切·塞尔娃或是西奥多·桑托的作品。

一群拉威尔的铁杆乐迷通常在他的音乐发出第一个音时就心醉神迷，却相信这首圆舞曲是别人写的，于是他们拼命地取笑其他人来表现对拉威尔的忠诚。拉威尔面无表情。

· 697 ·

斯特拉文斯基身形矮小结实，但和其他矮个子一样，他对时尚情有独钟；拉威尔也差不多——有一次他花一小笔钱买了一件淡蓝色的燕尾服，穿去波利尼亚克公主的大型晚会"亮相"，令他无地自容的是，他听到某侯爵问某伯爵："那个连衣服都不肯好好穿的小个子是谁？"

· 698 ·

1920年他拒绝接受内阁提名的法国荣誉军团骑士头衔，成为一时新闻。以前从未有人拒绝过这样的抬举，但拉威尔坚持那种波德莱尔式的高傲态度，认为国家无权评价公民。"拉威尔拒绝了荣誉军团，"萨蒂咯咯笑道，"但他所有的音乐都接受了。"

· 699 ·

在《波莱罗》的首演中，听众席中一个女人叫道："他疯了！"拉威尔微笑着回答，她已经理解了这首曲子。

· 700 ·

乔治·格什温请拉威尔教他，但没结果。不久就流传出这样的故事,拉威尔问格什温:"你一年能靠作曲赚多少钱?""大约十万美元。"格什温回答。"如果这样的话,应该你给我上课。"拉威尔说。

还有类似的段子流传,不过主人公是格什温和斯特拉文斯基。"不错的段子,"斯特拉文斯基说,"不过我是在认识格什温一年前听到差不多的段子,说的是我和拉威尔。"

· 701 ·

一次他对乔治·奥里克[1]说想写一部关于管弦乐作曲法的专论,拿自己作品中的失败例子来做示范。

## 阿尔贝特·史怀哲
(Albert SCHWEITZER, 1875—1965)

史怀哲是巴赫管风琴作品的编辑者,也是一位杰出的管风琴家、神学家、医生、赤道非洲麻风病人的使者、1952年诺贝尔和平奖得主。

· 702 ·

史怀哲从1896年起在斯特拉斯堡、1906年起在巴黎组织了系列巴赫音乐会。1905年他出版了一部重要的巴赫传记,并且亲自翻译成德语。一天,他在午餐时向他的老师维多[2]宣布,他将去加蓬建一所医院。老管风琴家请求他放弃这个想法,因为这将会打断他的巴赫研究,但没能成功。"当一个人对你说'上帝在召

---

[1] Georges Auric, 1899—1983, 法国作曲家。
[2] 查尔斯·马利·维多(Charles Marie Widor, 1844—1937), 管风琴家、作曲家。

唤我'，"维多后来叹息着说，"你还能说什么呢？"

## 保（巴勃罗）·卡萨尔斯
[Pau（Pablo）CASALS，1876—1973]

卡萨尔斯为大提琴技巧带来了革命性的发展，并将巴赫的无伴奏大提琴组曲重新带回舞台。他生于西班牙，因反对佛朗哥独裁统治而终身流亡海外。

· 703 ·

一次在柏林，年轻的格雷戈尔·皮亚蒂戈尔斯基[1]为他演奏，由于害羞，他把贝多芬、舒伯特和巴赫拉得一团糟。然而卡萨尔斯很卖力地鼓掌，还拥抱了这位缺乏自信的年轻大提琴家。几年后，皮亚蒂戈尔斯基同卡萨尔斯一起演出二重奏，夜深时他吐露自己当时被那名不副实的表扬伤害了。"卡萨尔斯突然很生气，他冲向大提琴。'听好！'他拉了贝多芬奏鸣曲中的一句。'你是不是用了这种指法？这对我很新鲜……很好的指法……这里，你是不是用了上弓，就像这样？'他激动地说着，'至于其他的，只有无知的傻瓜才会只根据错误去评价别人。而我对哪怕一个音符、一个美妙的句子也会心存感激，你也应该这样。'"

## 卡尔·拉格尔斯
（Carl RUGGLES，1876—1971）

美国现代主义者。

---

[1] Gregor Piatigorsky，1903—1976，大提琴家。

· 704 ·

一部拉格尔斯的作品在纽约演出时,查尔斯·艾夫斯踢了一个捣乱的人一脚,"别像个讨厌的娘儿们一样!"他咆哮着说,"挺直身子……像个男子汉一样用你的耳朵听!"

· 705 ·

《人与山》(Men and Mountain)在巴黎的排练中,一个中提琴手对这音乐极为不满,于是他把乐谱上"Il"、"viola"(中提琴)、"la musique"(音乐)之间的部分都涂掉,暗示作曲家亵渎了音乐。[1]

## 托马斯·比彻姆爵士
(Sir Thomas BEECHAM,1879—1961)

英国指挥、经理人,才智过人。他把父亲留下的"比彻姆药品公司"的所有遗产都豪掷在歌剧探险上。他成立了比彻姆歌剧公司(1915—1920),执掌过科文特花园皇家歌剧院(1932—1939),创立了伦敦爱乐乐团(1932)和皇家爱乐乐团(1947)。

· 706 ·

有一次比彻姆和钢琴家阿尔弗雷德·科尔托[2]演出贝多芬《G大调钢琴协奏曲》,中间突然出现了极大的混乱。比彻姆事后这样解释:"科尔托先生开始弹贝多芬的时候,我就指挥贝多芬;他继续弹舒曼,我就指挥舒曼;后来他开始弹各种各样的协奏曲,总之我知道那是什么调子就指挥什么。但是,他开始弹一个我从来

---

[1] Viola 在乐谱上是中提琴的意思,但在拉丁文中也有"侵犯、亵渎、违反"的意思,Il viola la musique 在英文中等于 He violated the music。——译注
[2] Alfred Cortot,1877—1962。

没听过的协奏曲，我就只能撤了。"

### · 707 ·

在演唱马斯内的《堂吉诃德》时，一个女高音抱怨她错过了咏叹调的开头，"因为夏里亚宾先生总是死得太快了"。"夫人，您肯定犯了一个极大的错误，"比彻姆爵士说，"还没有一个歌剧明星死得比我期望的一半快。"

### · 708 ·

比彻姆透露，"一个圣诞节我爸爸来找我，说：'看，孩子，我在你的音乐教育上已经花了不少银子，现在我希望你帮帮忙。'（比彻姆药品公司每年都要发布一首圣诞歌。）爸爸继续说：'汤姆，现在我要你去看一遍以前的圣诞歌，然后写一首能为生意打广告的歌，明白？'"托马斯爵士告诉我，"于是我把学习任务放到一边，冥思苦想了一会儿，开始创作：

> 听！报信的天使在歌唱！
> 比彻姆的药丸儿不寻常，
> 女人两片儿孩子一片儿……
> 神恩和煦，平安降临！"

托马斯爵士继续说："这些句子，特别是那些省略号，对我来说贴切地表达了那种轻松完成任务的得意……"

### · 709 ·

比彻姆有一次去澳大利亚巡演，半夜在宾馆房间里大弹大唱齐格弗里德的铸剑之歌，直到隔壁房间的人开始捶墙。比彻姆立刻停止了强奏,"我是不是听到了敲门声?"然后从钢琴凳上站起来,把手背在睡袍后面,满脸好奇地走到门旁边。捶墙的声音又传了过来。

"来,"他对我[1]说,"我们去调查一番。"

于是他打开门,朝外望去。

"啊哈,"他说,"有人吗?老实人?"

然后他开始敲隔壁的门,于是我听到了以下对话:

澳大利亚口音:"这么晚了能不能消停点!还让不让人睡觉了?"

比彻姆说:"现在可不是睡觉的时间。12点睡觉还是太早啦,12点以后睡觉还差不多。"

那澳大利亚声音(一点儿没消气)说:"在这种天杀的声音中还指望别人睡觉?我明天还要早起干一天活呢!"

比彻姆说:"亲爱的,我也得早起去指挥布里斯班交响乐团排练呢,这比你的工作可糟糕多啦!来吧,来吧,快起来,你是个文明人,我们来吃喝点什么吧!"

于是几分钟后,一个疲惫的商人穿着睡衣出现在比彻姆的套房里,接着他喝了许多香槟,直到我和比彻姆把他扛回到他的床上去,当时他已经不省人事了。第二天他离开宾馆的时候给比彻姆留了张小纸条,发誓他这辈子从来没这么开心过,只可惜醉得太快了。比彻姆拿着小条子给我看,说道,"这澳大利亚人挺爱喝酒,不过不大能喝。"

---

[1] 内维尔·卡德斯(Neville Cardus, 1889—1975),英国评论家。

## 贝拉·巴托克

（Béla BARTÓK, 1881—1945）

狂热的匈牙利爱国主义者，他的音乐语言基于对民间音乐的大量研究；他因抗议法西斯主义甚嚣尘上而离开匈牙利，在流亡美国时去世。

### · 710 ·

**贝拉·巴托克在土耳其收集民歌——**

……我们来到了又一个游牧部落的营地。我们驾着马车渡过河流（大河、小河），道路变得崎岖而多石，马车只能在山坡上颠簸前行。这种旅行并不愉快。如果不用照看器材也许还行，可惜我们得把照片、唱片牢牢地放在大腿上。最后我们受够了那种罪，下车徒步前进，将脆弱的宝贝们背在背上或提在手里。日落时分我们终于抵达了台瑟利部落的营地。他们虽然也是游牧部落，但冬天住在泥土小屋而不是帐篷里。导游带我们去了他熟识的一个人的"家"，那人好像在部落中很有影响力。他非常热情地接待了我们。他教养良好、机智得体，没有问我们此行的目的，也没有询问我们携带的古怪设备。他立即叫人杀了一只羊款待我们，但我们说一只母鸡就足够了。他邀请我们去他家……

不久房间里就挤满了邻居，我们亲切地谈着，谈着。一直谈到 7 点钟，很明显我们的导游还没有提及我们来这里做什么。我坐在煤堆上。7 点时我听到导游似乎在说什么"土耳其音乐"等等等等。终于我听到他提到了民歌，于是希望能够打破僵局。接下来，一个 15 岁的男孩毫无害羞与犹豫，唱了第一首歌，那听起来很匈牙利的旋律再次出现了。我迅速准备起摆放在地板上的乐器，傍着柴堆的火光记下了这首歌。我想，好了，现在我们可以录音了。但事实证明这并不容易。我们优秀的小歌手担心对着这明显是魔鬼控制的机器唱歌会变成哑巴，他认为这机器不但能记录他的声音，还能夺走它。我花了很长时间驱散他的恐惧。接着他连续不断地唱，直到午夜。我觉得到时候问些微妙的问题了，特别是对女人。女人是否会唱些不同于男人唱的歌？哦不，他的回答简短而坚决。于是我继续问，但是她们肯定知道同样的歌曲，如果我们能听女人唱歌就太好了。经过一阵尴尬，他们告诉我们女人从来不在男人面前唱歌，哪怕丈夫也没有权利让妻子唱歌。我只能伤心地放弃所有的希望，因为显然我不能要求比那些丈夫更多的权利。多么遗憾啊！我们不可能用男人沙哑的嗓音录制摇篮曲，因为很明显他们从来不会哄孩子睡觉，不管唱不唱摇篮曲！

· 711 ·

我[1]清楚地记得 1921 年第一次听刚刚完成的《神奇的满大人》全曲的情景。那是布达佩斯 8 月的一天，炙热难耐，车水马龙的大街吵得令人无法忍受。巴托克为我演奏了钢琴版，可劣质的乐器没调好音一直在走调。即便是由管弦乐队演奏，这部作品也是对神经系统的严重考验，更别提什么美感了。不用费劲想象，你就能预料到我在这种恶劣的演出环境下的痛苦。我很少听音乐会感到如此受罪，甚至连作曲家本人也感到难以忍受。他弹了四分之三，突然停下来，说心情不好。我绞尽脑汁想找出一些

---

[1] 塞西尔·格雷（Cecil Gray，1895—1951），英国作曲家。

听起来不那么虚伪的恭维话,但怎么也找不到。我不知道该说什么。但之后,当我和科达伊[1]一起回家时(我当时住在他家里),我承认了自己的疑虑和幻灭,当得知他也有同感、并且完全理解我的感受时,我多少感到了安慰。科达伊说,"这种摒弃和声的风格是巴托克必经的阶段。他会走出来的,你看着吧。"

· 712 ·

1926年《神奇的满大人》在科隆首演,导致了一场可怕的骚乱。人们大叫着,舞台上到处扔满了臭气弹,音乐被淹没在吵闹声中。科隆市长康拉德·阿德诺尔要求指挥尤金·赞卡[2]辞职。在混乱的演出之后,巴托克来到指挥休息室。"尤金,"他温柔地说,"在34页,第二单簧管标记'中强'。但我完全听不见。请你改成'强'好吗?"

· 713 ·

**指挥安塔尔·多拉蒂——**

巴托克完成《乐队协奏曲》后,我在他那间狭小的纽约酒店公寓里待了一小时,其间他揭示了这部作品中的重大发现。当时他情绪饱满,我们的对话集中在这部作品上,巴托克表现出少有的健谈。"你知道我在'被打断的间奏曲'(协奏曲的第四乐章)里引用了什么音乐吗?"他问。

我以为我知道,但是却猜错了。

于是巴托克先让我郑重承诺不在他有生之年告诉任何人(我

---

[1] Zoltan Kodály,1882—1967,匈牙利作曲家。
[2] Eugen Szenkár,1891—1977,匈牙利指挥。

做到了),然后说这是肖斯塔科维奇的一个曲调,他将之作为干扰因素进行了戏仿。这告白仿佛冲开了一道闸门,因为他好像卸下了在灵魂中承受了许久的重担。这是他唯一一次直言自己的感受以及对伟人的深深失望,他觉得一些受人喜爱的音乐作品(其中有些是肖斯塔科维奇的)并不配得到那样的成功。他的表达克制且有尊严,但很明显他对自己的作品遭受冷遇很受伤。话题又回到"被打断的间奏曲"时,他若有所思地总结道,"好吧,这就是我发泄愤怒的方式。"

· 714 ·

[住在美国时,]他十分想念匈牙利的乡村生活。一天在曼哈顿散步,他宣布:"我闻到了马的味道。"

"在66大街当中?"他妻子叫道。

"是的,马。"巴托克说着,左右看看想穿过马路。他的妻子和一个朋友见他走进一幢没有门牌的建筑。他们跟着他,结果发现这是一所骑术学院。"多么宁静自然的味道啊,"巴托克在马厩里深深地呼吸,"安睡的马的味道。"

· 715 ·

战后匈牙利举行的第一次大型巴托克音乐节中,佐尔坦·科达伊被安排坐在第一排,旁边就是残忍的独裁者马特亚斯·拉科西。大家说了许多恭维话,一位发言者说:"如果巴托克能活到今天,一定会成为匈牙利共产党中杰出的一员。"科达伊立刻站起来,不顾个人安危大声宣布:"为纪念我亲爱的朋友,这世上没有一个政党能将贝拉·巴托克据为己有。"

*Book of Musical Anecdotes*

## 珀西·格兰杰

（Percy GRAINGER，1882—1961）

澳大利亚出生的钢琴家、作曲家，他把婚礼放在好莱坞露天剧场的音乐会上，有两万名观众观看；他还把自己的头骨捐给墨尔本大学"保存或者展出"。

· 716 ·

他是位非凡的运动健将，经常从一场音乐会跑步去下一场。他第一次去南非巡演，结果错误地估计了第二站的距离，观众已经入座，这时格兰杰的朋友用双筒望远镜在地平线尽头发现了一片飞尘。等看清楚时，原来是一队祖鲁战士在向城区挺进，而格兰杰在他们一旁小跑。他正好赶上了音乐会，并要求为那些祖鲁同伴们准备座位。然而，他被迫将他们留在门外，因为如果他们进场就会导致他马上被驱逐出境。

## 阿图尔·施纳贝尔

（Artur SCHNABEL，1882—1951）

出生于奥地利的钢琴家、备受尊敬的教师。

· 717 ·

他在洛杉矶和奥托·克伦佩勒排练贝多芬钢琴协奏曲时，坐在琴凳上开始用他自己喜欢的速度朝乐队打手势。指挥一发现他的动作，便停止了排练。"施纳贝尔，"克伦佩勒粗声说，"指挥在这儿！""我知道，"施纳贝尔回答，"独奏家在这儿。只是，贝多芬在哪儿？"

*Book of Musical Anecdotes*

### · 718 ·

1933年，为了纪念勃拉姆斯诞辰一百年，欣德米特和施纳贝尔、胡贝尔曼[1]、皮亚蒂戈尔斯基一起，在柏林和汉堡组织系列音乐会演奏勃拉姆斯的钢琴和弦乐作品，却无法就分红达成共识。"我们交给经理决定吧。"胡贝尔曼说，心里想自己肯定可以拿最多。施纳贝尔拒绝了，争执渐渐升温。最后，施纳贝尔提议："我们把报酬分成35份。"

"为什么要分35份？"其他人问。

"很简单，我们要演3首三重奏、3首四重奏、3首小提琴奏鸣曲、2首中提琴奏鸣曲、2首大提琴奏鸣曲——总共有35个部分。作为钢琴家我应该拿13/35，小提琴拿9/35，大提琴8/35，中提琴5/35。"即便是拿得最少的欣德米特，也对这种所罗门式的明智安排表示认可。"还好，施纳贝尔没有精明到按音符计算的地步，"皮亚蒂戈尔斯基仔细想了想说，"不然我就拿的更少了。"

## 利奥波德·斯托科夫斯基
（Leopold STOKOWSKI，1882—1977）

出生于英国，1912—1938年任费城管弦乐团的指挥，他用多种形式推广音乐，其中最著名的是迪士尼的动画片《幻想曲》。

### · 719 ·

在斯托科夫斯基的乐队里，有一名乐手很突出，他多年来从未迟到过哪怕五分钟，或是错过任何一次排练。不过这次，终于

---

[1] Bronislaw Hubermann，1882—1947，小提琴家，在巴勒斯坦建立了交响乐团。

所有费城管弦乐团的乐手们都认定他要迟到了,因为他即将第一次当爸爸,而他孩子的预产期是在早上的排练时间。

人人都知道如果他在这一人生重大时刻缺席,他妻子肯定会受不了。

然而,那天早上他像往常一样来排练了;而且,他一个音也没错过。

后来谜团揭开了(我[1]听说是这样的),原来他妻子生产的医院离音乐学院很近,那天早晨排练的曲子当中有五百个小节他不用演奏。这家伙于是放下乐器,一边数着小节一边往医院跑,吻了新生的宝贝(还在数着小节)、吻了他的妻子(还在数着),然后赶回音乐学院,拿起乐器,正好赶上演奏第501小节的第一拍。

我问斯托科夫斯基是否如此,他说:"千真万确。"

## 伊戈尔·斯特拉文斯基
(Igor STRAVINSKY, 1882—1971)

出生于圣彼得堡,斯特拉文斯基因受佳吉列夫之托所作的三部芭蕾作品而出名;其中第三部《春之祭》宣告了音乐的新纪元。但中年的斯特拉文斯基转向新古典主义风格,晚年又转向韦伯恩的序列主义。

· 720 ·

年轻的斯特拉文斯基带了一部新作给里姆斯基-柯萨科夫看。"先生,这曲子很恶心,"他的老师说,"不,先生,一个人不到

---

[1] 乔治·安塞尔(George Antheil, 1900—1959),美国作曲家。

60 岁是不允许写出这种胡言乱语的。"接下来一整天里姆斯基都闷闷不乐,晚上吃饭的时候他对妻子抱怨说:"我那群学生都不成器!他们一个都写不出早晨伊戈尔给我看的那首垃圾!"

· 721 ·

1913 年 5 月 29 日的香榭丽舍剧院,《春之祭》首演。佳吉列夫很迷信,选择这天因为是《牧神午后》的首演周年纪念。我[1]很好奇那些光鲜、兴奋的观众会如何反应。我听过音乐版,也在后台看过一些舞蹈彩排片段,我想到过观众可能会觉得不安,但我们所有人都没有预料到后来发生的事。序曲刚开始几小节就已经有了窃窃私语,很快观众就有了动作,一点儿也不像尊贵的巴黎人,倒像一群淘气、没教养的熊孩子。

一位见证人[2]记下了这难忘的一夜:"一部分观众在发抖,他们觉得这是企图毁灭音乐艺术的大不敬的尝试,在幕布升起后不久便愤愤然开始喝倒彩,并且大声建议应该如何表演。只有在短暂的安静时,才能勉强听见乐队的音乐。坐在我后面包厢的年轻人必须站着才能看得更清楚。他极为激动,难以自制,开始用拳头在我头上有节奏地敲打。我的情绪也极为高涨,所以有段时间并没有感觉到那敲打。"

噢,的确,那兴奋、那喊叫很极端。人们吹着口哨,羞辱舞者和作曲家,喊叫着,大笑着。蒙特绝望地朝佳吉列夫瞥了一眼,后者坐在阿斯特吕克的包厢里示意让他别停下。在这种无法形容

---

[1] 罗莫拉·尼金斯基(Romola Nijinsky)——《春之祭》的编舞和舞者瓦斯列夫·尼金斯基(Vaslev Nijinsky,1889—1950)的妻子。
[2] 卡尔·范·韦克滕(Carl van Vechten,1880—1964),美国音乐、舞蹈评论家。

的吵闹声中，阿斯特吕克命令开灯，于是争吵、反对不再限于声音领域；更升级到了肢体冲突。一位打扮入时的女士从乐队包厢里站起身，打了隔壁包厢里喝倒彩的年轻人一个耳光。她的男伴也站起身，两个男人互换了卡片，约定第二天决斗。还有一位社交名媛啐了一个示威者一脸。法国公主离开了包厢，说道："我活到60岁，这是第一次有人胆敢愚弄我。"这时佳吉列夫脸色铁青地站在包厢里大叫："请让他们演完！"

· 722 ·

**指挥皮埃尔·蒙特（1876—1964）回忆——**

也许你觉得奇怪，但我真的从来没看过那芭蕾。首演当晚我一直盯着乐谱，严格按照伊戈尔给我的节奏指挥，我得说那节奏我永远也忘不了。你们也知道了，观众的反应非常激烈。他们把新香榭丽舍剧院挤了个水泄不通，用最暴力的方式表达了对这出芭蕾的不满……

最后连宪兵都出动了。我听到了身后台下的躁动，于是决定不惜任何代价让乐队继续演奏，指望着喧闹能够平息。我做到了，我们一直演到了最后，正如在安静空旷的剧院中排练的那样。在首演后，我们又演了五场，观众五次用同样的方式回应……

我们还在伦敦演了几次《春之祭》，观众彬彬有礼。对于音乐和芭蕾，他们明显下决心要比巴黎人表现得更为有教养。接着就如老话所说，这部作品被"束之高阁"了。

我没看过芭蕾，但很多朋友向我描述过，我相信有一半的动作是用新式编舞来造反。一年后我向斯特拉文斯基建议把《春之祭》的音乐会版单独上演，斯特拉文斯基同意了我的建议。结果票子销售一空，全巴黎音乐圈的人都来了。我母亲有一间包厢，卡米尔·圣-桑坐在她旁边。她后来告诉我，这位伟大的法国作曲家什么也没做，只是不停地说："他疯了！他疯了！"在作品继续时，圣-桑变得非常生气，我相信既是对我也是对斯特拉文斯基，接着就在盛怒中拂袖而去。参加过首演的乐手们的反应却很不一样，许多人对我说："这音乐已经老掉牙啦！"

· 723 ·

1922年，斯特拉文斯基的母亲从苏联来看他，但拒绝承认儿子在西方的成功。他们当着乔治·安塞尔的面大吵起来，据安塞尔称，当母亲指责斯特拉文斯基没有像斯克里亚宾那样作曲时，他几乎哭了出来。斯特拉文斯基说他讨厌斯克里亚宾，然后他母亲说："你看，你看，伊戈尔，你一点儿都没变，总是拼命贬低比你强的人。"

· 724 ·

1922年《狐狸》首演之后，普鲁斯特在派对上问斯特拉文斯基："您喜欢贝多芬吗？"

"我厌恶他。"斯特拉文斯基说。

"那么他的晚期弦乐四重奏呢？"

"他写过的最差的玩意儿。"

后来他解释说："我本该和他分享一下对贝多芬的热爱，可惜当时的知识分子喜欢贝多芬的实在太多了。"

· 725 ·

这天是星期六，俄罗斯合唱团经历了一次最长、最吵的排练。每次到达最强音时，合唱队就会停下来，因为女高音部总犯同样的错误。她们在该升全音的地方总是只升半音。

斯特拉文斯基则一直在抱怨《诗篇交响曲》末乐章的尾声。"我就是写不好末乐章的结尾。每次我觉得差不多了，结果又不对了，只能忍痛删掉。"

突然我[1]听到他走进我的工作室，把手放在我的肩上。"这歌声是从哪儿来的？"

"噢，"我说，"伊戈尔你来听听。就这么一句他们已经唱了整整十五分钟，可是每次在第三次重复时，女高音部总是犯同样的错误……"

"嘘……嘘，"斯特拉文斯基打断我，在我耳边轻轻说，"别说话，让我听。"

"你看，那错误又来了。"

但斯特拉文斯基笑逐颜开，对我耳语道："可真妙呀……正好是我想要的。"然后他就赶回去工作了。

12点半，斯特拉文斯基推开我的房门，兴高采烈地宣布："尼卡，来呀，让我们庆祝一下，喝伏特加、吃鱼子酱。我终于写出了结尾。"

· 726 ·

他在拿到移民文件后松了一口气，"为了表达诚挚的感激之情"，他为《星条旗永不落》写了新管弦乐版，题献给"美国人民"。他知道国会的规定——任何修饰篡改国歌的行为都被定为藐视国家罪（最高罚款一百美元），但他实在觉得现有的达姆罗什版和声

---

[1] 尼古拉·纳博科夫（Nicolas Nabokov，1903—1978），出生于俄国的作曲家。

太"没性格"了。1944年1月13日,他的改编版在麻省剑桥首演,接着就有观众向波士顿警察局专员托马斯·F.苏利文投诉。两天后的第二场音乐会,警察局长托马斯·F.哈维和六名警察也到了演出现场,准备根据麻省法律第9部第264章的亵视罪逮捕斯特拉文斯基。警长说:"就让他改一次,这样我们就能抓他了。"斯特拉文斯基之前已经受到了警告,他一丝不苟地指挥了国歌的传统版本。警察没听完音乐会就走了。

· 727 ·

在好莱坞的头几年,斯特拉文斯基很缺钱。

他在沙皇俄国写作的早期作品不受版权保护,没法给他带来收入;而他在战时创作的作品又不经常演出。最后,有人说服路易斯·B.梅耶给他一份工作。

"我听说您是当世最伟大的作曲家。"梅耶说。斯特拉文斯基鞠了一躬。

"这里是当世最伟大的电影公司。"斯特拉文斯基又鞠了一躬。

为了证明自己的观点,梅耶演示了自己巨大的写字台上安装的一系列高科技产品。

"您一份乐谱通常收多少钱?"最后他问道。

"那要看有多长。"斯特拉文斯基说。

"比如说四十五分钟。"

斯特拉文斯基在脑海中计算了一下《彼得鲁什卡》和《春之祭》的工作量,于是说:"两万五千美元。"

"那可是一大笔钱,斯特拉文斯基先生,"梅耶说,"比我们平时付的多多了。但既然您是当世最伟大的作曲家,肯定值这个数。

那么，我什么时候能拿到乐谱？"

"一年吧。"斯特拉文斯基说。

梅耶瞪着他，不敢相信自己的耳朵。"祝好，斯特拉文斯基先生。"他说。

· 728 ·

比利·罗斯委托斯特拉文斯基写一出讽刺纽约时事的滑稽剧，1945年上演。在开幕之夜他给作曲家发了电报："您的音乐大获成功。但若允许罗伯特·罗素·班内特润饰一下配器会更加成功的。他可是为科尔·波特的作品写过管弦乐版的人呢。"

斯特拉文斯基回电说："到'大获成功'为止我很满意。"

· 729 ·

[在1952年荷兰音乐节的开幕音乐会上，]斯特拉文斯基被介绍给朱丽安娜女王。由于种种原因，他当时心情糟到极点。女王对音乐知之甚少，但客气地说很崇拜斯特拉文斯基。"哦，那么您最喜欢我的哪部作品呢？"斯特拉文斯基问道。女王不知所措，她的沉默似乎没有尽头。斯特拉文斯基开始恶作剧，说了一些哪怕是斯特拉文斯基专家都记不起他何时写过的作品。如果女王表现出她知道其中任何一部，就彻底中了他的招。我[1]站在斯特拉文斯基身后，每次他说一部作品我就拼命摇头。然后女王就会说："噢，我好像没听说过。""那么这部呢？"他继续坚持，举了另一部作品。我又开始疯狂地摇头，简直想要自杀。终于他发了慈悲，说出《彼得鲁什卡》，我总算可以点头了。于是女王说："对，就

---

[1] 彼得·迪亚芒（Peter Diamond, 1913—1998），荷兰音乐节的艺术总监。

是这部。"谈话终于结束，斯特拉文斯基和我疾步退出，他边走边肆无忌惮地咯咯大笑。

## 埃德加·瓦雷兹
（Edgard VARESE，1883—1965）

法裔美国作曲家、指挥，磁带和电子音乐先驱，非传统声音的探索者。他一次说："我拒绝臣服于那些已经听过的声音。"

· 730 ·

1915年他抵达纽约，对于在一家新电影院指挥乐队的邀请十分不屑。后来他被介绍给约翰·巴里摩尔，后者小心翼翼地问他打算如何谋生，"如果您需要钱，"他建议道，"我可以把您放进我在芝加哥拍的一部电影中。"瓦雷兹抗议说自己不是演员，"您不必当演员。"巴里摩尔说。于是英俊的瓦雷兹同意了。他成了第一位出现在荧幕上的严肃作曲家，尽管这部电影并不出名。

## 安东·冯·韦伯恩
（Anton von WEBERN，1883—1945）

勋伯格的弟子，韦伯恩那格言式的作品启发了战后的先锋派作曲家布列兹和施托克豪森。

· 731 ·

*1913年8月5日，韦伯恩向勋伯格汇报了自己的心理分析探险——*

维也纳只有两位医生能够向我提问，弗洛伊德和一个叫什么阿德勒[1]的。我跟后者通过一次电话，约好昨天晚上7点去见他。在我告诉了他所有的事情后，他立刻开始问各式各样的问题，真是各式各样。他声称能够治好我，但我必须坚持一个月内每天去他那儿。他的某些话的确惊世骇俗，好像一个人能够通过心理分析找到揭示病因的真正关联。当然我很有所保留，强烈反感这一套。我暂时还想去几次，看看有什么进展。也可以随时停止。

*8月6日——*

　　昨天是我第二次去见心理分析师。我完全不知道他打算做什么。昨天，他问了一千个问题，就为了证明我内心多么柔弱。哼，这有什么意义呢！……

　　我每天都去阿德勒医生那儿。我必须告诉他一切，真的是一切。对我的生活，现在已经没什么他不知道的事了。他总是得出同一个结论：我的病是真实世界中的战场向疾病世界的转移。

*8月21日——*

　　在我诉说了关于疾病的一切情况以及我从小到大的生活之后，他得出了以下结论：由于一种"在上"的欲望太强烈，我偏执地不让自己在任何情况下被别人引导。我在任何方面都会为自己设立高目标，无论是事业还是婚姻生活等等；然而另一方面，我又因为胆怯而不肯做决定——的确，我从小就很柔弱，并且极度敏感。

---

[1] 阿尔弗雷德·阿德勒（Alfred Adler, 1870—1937），奥地利精神病学家，1911年与弗洛伊德决裂。

为了延缓做出决定,我的身体产生生病的症状,这样就可以为自己的畏缩制造借口。那么现在,既然我不想让自己受任何人的引导,自然也就不想他〔阿德勒〕来引导我。这次治疗的顶点也就是其目标,既在于我终于超越之,也在于我说服自己他其实是对的。

· 732 ·

**勋伯格写给一位德国艺术赞助人的信——**

1923年7月9日,特豪克申

尊敬的布瓦塞万先生:

我本人已多次受您的友情恩惠,但现在请求您再一次施恩依然万分不安。请容我细细道来,此番请求是为我的学生和朋友安东·冯·韦伯恩博士。他急需经济上的帮助。他是四个孩子的父亲,每到夏天私人课程停止时,他就没有了任何收入,也没有赚钱的希望。早些年他还经常能收到海外的赞助,但如今生活费用不断增加,他收到的钱连支付四分之一的生活费都不够。由于我本人很少结交富人,只能不停地接济他(已经大大超出了我能承担的范围)。时至今日,我已无力再帮助他了,实际上我的资源也很有限。

您知道韦伯恩,您知道他是一位极有天赋的作曲家。他根本无须介绍。无疑您是一位伯乐,肯定很早以前就发现他是一匹千里马:那么请帮助他前进吧!

· 733 ·

在1945年4月10日维也纳被攻克的前夕,韦伯恩和妻子携女儿、外孙们逃到了萨尔茨堡附近的小村庄米特斯尔,在那儿他们和女婿碰头,此人以前是纳粹党卫军,但现在因为和美国42军的士兵做黑市交易而发了财。9月15日,他邀请丈人来参加节日晚宴,并答应给韦伯恩一支美国雪茄。"你知道今天是多么有历史意义的一天吗?"韦伯恩离开这命中注定的一餐时开玩笑说。

晚餐后一些军人开始高谈阔论,韦伯恩、妻子和女儿回到了孩子们睡觉的房间。

"晚9点45分整,"威廉明娜·冯·韦伯恩写道,"我丈夫说我们必须赶紧回家,因为要在10:30(宵禁时间)之前赶到。他想抽晚上女婿给他的雪茄,又说只想抽几口,而且为了不影响孩子会在门外抽。这是他第一次离开房间。他在外面才两三分钟我们就听到了三声枪响。我很害怕,但没想到这和我丈夫会扯上关系。接着房门被打开,他说'我中弹了'。我和女儿一起把他抬到床上,解开他的衣服。我丈夫说的最后一句话是'完了'。"〔韦伯恩被一名美国士兵意外击毙。〕

## 阿尔班·贝尔格
(Alban BERG, 1885—1935)

勋伯格的学生,维也纳作曲家,写了两部重要歌剧《沃采克》和《璐璐》。

**阿诺德·勋伯格——**

1904年阿尔班·贝尔格来找我,他是个高挑的青年,非常害羞。但当我看了他的艺术歌曲(风格介于雨果·沃尔夫和勃拉姆斯之间)后,立刻意识到他有真才华。于是我收他做学生,尽管当时他还付不起学费。后来他母亲继承了一大笔遗产,就告诉他现在家里有钱了,可以送他进音乐学院了。别人告诉我阿尔班对这一规划非常沮丧,他开始哭,怎么也止不住,直到母亲同意他继续跟我学习。

· 735 ·

《璐璐》的几个片段于 1935 年在维也纳首演,习惯性抗议加上纳粹的故意找碴儿,简直雪上加霜。一些观众大叫着:"柴科夫斯基万岁!"贝尔格怜悯地看着他们说:"可怜的孩子们!四十年前柴科夫斯基《第五交响曲》在这个音乐厅上演时,他们的祖父辈也如出一辙,只不过当时他们叫的是什么舒伯特万岁来着。"

· 736 ·

"我作曲的时候觉得自己像贝多芬,"他告诉学生阿多诺[1],"只有完成后才意识到我最多是个比才。"

· 737 ·

**阿多诺写道——**

尽管贝尔格非常英俊,很招女人喜爱(特别在成名之后),但他说自己一生中从未真正体会过想象中的性爱极乐境界。于是他从当淫媒中获得了某种乐趣。为了此种目的,他邀请我和一位迷人的女高音(明显比我大许多)一起,并把我们灌醉。他自己也有许多风流韵事,却总是不欢而散,从某种意义上说他们之间"注定"了不欢而散。我有种感觉,这些艳遇打一开始就成了他创造力的一部分,正如奥地利玩笑说的那样,心急情不真(desperate but not serious)。

---

[1] 西奥多·维森格隆特·阿多诺(Theodor Wiesengrund Adorno,1903—1969),德国马克思主义者,社会学家和音乐哲学家。

## 威廉·富特文格勒
（Wilhelm FURTWÄNGLER, 1886—1954）

1922年起任柏林爱乐乐团首席指挥，他在纳粹统治期间留在德国，尽自己所能保护乐手。

· 738 ·

1944年柏林爱乐的一场音乐会之后，富特文格勒邀请装备部部长阿尔伯特·斯佩尔去他的休息室。据斯佩尔称，指挥家以一种善意超脱的态度问他有没有可能打赢战争。斯佩尔说败局已定，建议他在下一场音乐会后留在瑞士，不然可能会被敌人清算。"那我的乐团怎么办？"他抗议。斯佩尔向他保证会保护乐团，富特文格勒才如释重负地离开了德国。

1945年4月12日，柏林爱乐在富特文格勒缺席的情况下演奏了《众神的黄昏》最后的咏叹调和终曲、贝多芬《小提琴协奏曲》，还有斯佩尔曾经提醒过朋友的那部象征战争结束的布鲁克纳《第四交响曲》。

· 739 ·

在纳粹时代，戈培尔和戈林曾各自扶植富特文格勒和卡拉扬竞争柏林的音乐至尊地位。这种敌对情绪延续到战后，直到富特文格勒去世。据伊丽莎白·施瓦茨科普夫回忆，一次她与丈夫沃尔特·莱格和富特文格勒一起吃午餐。话题谈到了萨尔茨堡音乐节，莱格偶然提到了卡拉扬的名字。"富特文格勒的脸色越来越沉，最后他说，'如果那个K'（他从不说卡拉扬的名字）——'如果那个K在那里，我就会演一场他们讨厌的曲目'。"

# 谢尔盖·普罗科菲耶夫
(Sergei PROKOFIEV,1891—1953)

年轻的普罗科菲耶夫凭借两部钢琴协奏曲(1911—1912)在圣彼得堡扬名,之后佳吉列夫雇他为巴黎写了三部芭蕾。1918年他离开俄国,20世纪30年代又回国;结果1948年他的音乐在斯大林的大清洗运动中受到了攻击。

· *740* ·

一天普罗科菲耶夫宣布,自比才以降法国一个一流作曲家都没出过。"我知道,"他打断了纳博科夫[1]的抗议,"你喜欢那个老怪物萨蒂。你觉得他的后继者很重要。其实根本不是,他们都是纯废物。法国唯一知道自己在做什么的就是拉威尔。"

"那德彪西又如何?"纳博科夫反对道。

"你知道德彪西是怎么回事!一块果冻罢了,没有骨气的音乐。除非——"他坏笑了一下,"它是很私人的'果冻',只有做果冻的人知道自己在干吗。"普罗科菲耶夫举起了右手食指,但没有细说。

· *741* ·

**内森·米尔斯坦回忆——**

我们在好莱坞的时候住在同一家宾馆里,有时一起吃早饭。从儿时起,我总是认为充满灵感、富于创造力的人不食人间烟火:他们不去厕所,也不吃东西。然后我看见普罗科菲耶夫早饭吃的是培根和鸡蛋,油脂溅在他的衣服上,嘴角泛着白沫。他的嘴唇

---

[1] 尼古拉·纳博科夫(Nicolas Nabokov,1903—1978),出生于俄国的作曲家。

充满了血色，这会让你有种感觉，如果挤一下的话血就会喷射出来。总之不算悦目。我看着他时想："不会吧。"但事实就是这样，也许贝多芬也一样。

· 742 ·

我[1]曾经看见普罗科菲耶夫几个星期坐在小房间里，那里只有一架立式钢琴、一张小桌子和几把椅子，他在那儿每天作曲十四个小时，屋里一片死寂，他也很少吃东西。只有把精心书写的五线谱交给秘书的时候，他才会走出工作室。或者是小孩太吵的时候，他会紧张兮兮地拿着画五线谱的绿尺子，随便敲打几下，于是正义得到了伸张，房间恢复宁静，这时他回到钢琴旁或者桌子旁，因为他既可以通过手指作曲也可以凭脑子作曲（他能在脑海中听到完全精准的音乐，尽管实践中他连两个连着的音都唱不好）。确切地说，由于制造了太多噪音而屡次被扫地出门，他不再用钢琴作曲，只在需要确认某个和弦的时候才弹一下。然而，即便是这种确认也要冒着危害邻里安宁的危险。一天他在作曲的时候，来了一个送法院传票的（又来了！）"你把同一个粗野的和弦连续弹了二百十八遍，"这位公务员很确定地说，"别想抵赖，我就在楼下的公寓里面数着。我命令你马上搬出去。"

· 743 ·

格雷戈尔·皮亚蒂戈尔斯基缠着普罗科菲耶夫给他写一首大提琴协奏曲。

"但是我根本不懂你那疯狂的乐器。"作曲家抗议。

---

[1] 谢尔盖·莫罗（Serge Moreaux），评论家。

皮亚蒂戈尔斯基锲而不舍，向他演示了一些最伟大的大提琴作品。

"你真不应该把这东西放在房间里，臭烘烘的。"普罗科菲耶夫说。

在皮亚蒂戈尔斯基的不断催促下，作曲家终于写了一首协奏曲的第一乐章，同时警告说："这什么也说明不了，我在俄国以外无法作曲。我要回家。"

回到祖国后，他完成了这部作品，由皮亚蒂戈尔斯基和库塞维茨基在波士顿首演，从此再也没有听到作曲家的推托或评论（他后来为罗斯特罗波维奇改写了这部作品）。

## 安德列斯·塞戈维亚
（Andrés SEGOVIA, 1893—1987）

西班牙演奏家，他使吉他登堂入室，在音乐会上演出。

· 744 ·

在柏林的一场独奏会将近尾声时，正当他要弹出最后那个极弱的尾音，吉他突然发出了一声响亮的断裂声。塞戈维亚匆匆走下舞台。格雷戈尔·皮亚蒂戈尔斯基去后台探望他，发现他一直在喃喃自语："我的吉他，我的吉他。"好像他只知道这个词。

几天后，塞戈维亚告诉皮亚蒂戈尔斯基，就在他的吉他在柏林断裂的那一刻，为他制作这把吉他的朋友在马德里去世了。

## 保罗·欣德米特
（Paul HINDEMITH, 1895—1963）

上了纳粹的黑名单后，欣德米特先去了土耳其，在那里建立了安卡拉音乐学校，然后去美国耶鲁大学教书。

· 745 ·

卡洛-马利亚·朱利尼观察欣德米特和一个著名的德国乐团排练巴赫，乐团的弦乐部一直在断奏，没有任何颤音或力度变化。几分钟后，他停下来，要求乐队发出一种更为柔美的音色。乐队长道了歉，但是坚持："我们继承的是巴赫的正统，巴赫就是这种风格。"欣德米特温和地反驳说："我不明白，如果没有颤抖（vibrato）的话，巴赫哪来这么多儿子。"

· 746 ·

一个美国先锋派作曲家说服欣德米特听一部新作品。经过半个小时的折磨后，他问："这是你的最后一部作品吗？"

"不是。"这人还很有抱负。

"真遗憾。"欣德米特咕哝着说。

## 埃里希·沃尔夫冈·科恩古德
（Erich Wolfgang KORNGOLD，1897—1957）

被誉为莫扎特再世的维也纳神童，后来成为好莱坞最古典的作曲家（《海鹰》《罗宾汉》等）。

· 747 ·

在好莱坞制作的《仲夏夜之梦》中，科恩古德改编了门德尔松的音乐。当他被介绍与詹姆斯·卡格尼见面时，他先退后一步说："卡格尼先生，站着别动。请保持一分钟。"然后他沉思地摸着下巴，开始哼唱。接着他走到另一边，继续观察、哼唱，同时心满意足地小声吹着口哨。

最后，当卡格尼的形象全部稳妥地转化为音乐语言时，科恩古德感谢了主题人物便离开了。卡格尼说他几乎觉得自己应该问一问何时能来试穿一下科恩古德为他度身定做的主题。

## 乔治·塞尔
(Georg SZELL, 1897—1970)

匈牙利指挥，他把克利夫兰管弦乐团打造成了世界一流的乐团。

· 748 ·

塞尔的举止冷漠、专制，少有朋友。1954年他离开纽约大都会歌剧院后，有人对剧院经理鲁道夫·宾评论说，乔治·塞尔最大的敌人就是他自己。"我活着就不是。"宾说。

## 乔治·格什温
(George GERSHWIN, 1898—1937)

纽约犹太移民后裔，受到黑人爵士乐、布鲁斯的影响，为百老汇和音乐厅作曲。

· 749 ·

只要有助于提高技巧，他会向任何人求教，包括拉威尔、斯特拉文斯基、小提琴家约瑟夫·阿赫龙等等许多人。在好莱坞时，他成了勋伯格的朋友和网球搭档，于是不失时机地请求这位前辈作曲家收自己当徒弟。勋伯格拒绝了，"我只会把你变成一个糟糕的勋伯格，但你已经是这么优秀的格什温了。"

· 750 ·

嘎勒黑人（Gullah Negro）对自己的"叫喊"很自豪。这是一种很复杂的黑人灵歌,要用脚和手打拍子伴奏,无疑是从非洲流传下来的。我[1]永远忘不了那个晚上,在一个遥远海岛的黑人聚会上,乔治开始跟着他们一起"叫喊"。结果他抢尽头牌"叫喊者"的风头,宾主尽欢。我觉得他是美国唯一一个会这样做的白人。

## 恩斯特·克热内克
(Ernst KŘENEK, 1900—1991)

创作了第一部以爵士为基础的歌剧《容尼奏乐》(Jonny Spielt Auf)。他出生于维也纳,1938年移民美国。

· 751 ·

当作曲家恩斯特·克热内克来到好莱坞时,本·赫克特和我[2]决定说服山姆·戈德温在下一部捷克背景的电影中请他谱曲。因为克热内克是捷克人,刚从欧洲(他在那儿被纳粹迫害)来到美国,也因为他是我的老朋友,最后,还因为他没有工作。于是我和本立刻去见山姆,向他叫喊着世界上最伟大的作曲家来了。

"是吗?"戈德温并没有从椅子上跌下去,"他叫什么?"

"克热内克,恩斯特·克热内克。"

"没听说过嘛!他写过什么?"

"他写过什么?他写过什么!"本尖叫着,"听听这话!"

"那么,他到底写过什么呢?我以前从来没有听说过他。"

"你来说,乔治。"本把话头抛给了我。

---

[1] 杜博斯·海沃德(Du Bose Heyward),《波吉和贝丝》(Porgy and Bess)就是根据他的小说改编的。
[2] 乔治·安塞尔(George Antheil, 1900—1959),美国作曲家。

"他写过世界上最成功的歌剧之一《容尼奏乐》。希特勒上台前在德国赚了超过一百万。"

"没听说过。"

"好吧,"我开始补充,"他写了《三分钱歌剧》(我知道这是库特·威尔写的,但好像克热内克所有的歌剧、交响曲在这里都不够分量)。"

"没听说过。"

"还有《玫瑰骑士》,"本插话,"他写了《玫瑰骑士》,去年净赚了两百万美元呢。"

戈德温有了点精神。他觉得自己可能听到过《玫瑰骑士》。

"还有《浮士德》,克热内克写的。"

"是嘛!"戈德温有些怀疑,不过能看出来克热内克离这份工作不远了。

"还有《茶花女》呢!"本想再添把柴。

"原来是他写了《茶花女》,是不是?"戈德温洋溢着笑容的脸突然变黑了。"把那家伙带来,我总算找到他了。哼,他的出版商几乎把我告破产,就因为我们用了那破歌剧的几个小节。为了那几个破小节我得把半部电影重拍一遍!"

他一发火我们就立刻退了出来,我和本悲伤地意识到我们推销得太过火了。

· 752 ·

1938年11月,新近开始流亡的克热内克在波士顿首演了他那勇敢的无调性《第二钢琴协奏曲》,观众们报以礼貌的掌声。之后他的出版商听到一个阔太太对另一个人评论道:"欧洲的条件肯定是惨透了。"

## 阿隆·科普兰
（Aaron COPLAND，1900—1990）

第一批在巴黎跟娜迪娅·布朗热学习的美国作曲家之一，他从爵士乐、新英格兰圣歌和民歌中吸取元素，创造了一种美国音乐风格。

• 753 •

他的《第一交响曲》于 1925 年 1 月 11 日在纽约首演，其中的管风琴部分是为娜迪亚·布朗热的首次美国巡演而作的。指挥沃尔特·达姆罗什在结尾处听到了嘘声，就转过身去对观众大声说："如果一个年轻人在 23 岁就能写出这样的交响曲，那么他五年之内就有本事杀人灭口。"[1]

• 754 •

1943 年，科普兰在好莱坞为山姆·戈德温的一部电影写了优美的配乐。一次他出席某场有他作品演出的当代音乐会，之后遇见了格劳乔·马克斯[2]。

"我有人格分裂。"科普兰解释道。

"没关系，"格劳乔说，"只要是和戈德温先生分就好。"[3]

---

[1] 威胁观众不要发出嘘声，否则不久的将来便可能有生命危险。——译注
[2] Groucho Marx，美国著名喜剧演员。——译注
[3] 科普兰说的 split personality 被格劳乔调侃为 split with——从米高梅老板之一戈德温那里分账的意思。——译注

## 雅沙·海菲茨
(Jascha HEIFETZ, 1901—1987)

出生于俄罗斯的小提琴家。

· 755 ·

海菲茨在欧洲大获成功的新闻一早就传到了美国,于是许多杰出的独奏家出席了1917年10月他在卡内基音乐厅的个人首演。在两首乐曲的休息间歇,小提琴家米沙·埃尔曼愁眉苦脸,转过身去对邻座机敏过人的钢琴家利奥波德·戈多夫斯基叫道:"哟,这里挺热的!""对钢琴家来说可不热,"戈多夫斯基回答道。[1]

## 弗拉基米尔·霍洛维茨
(Vladimir HOROWITZ, 1903—1989)

钢琴家。

· 756 ·

**内森·米尔斯坦回忆——**

医生嘱咐他每天下午4点到5点间出去散步。通常他会沿着第五大道和中央公园散步,回家的时候会路过我的公寓,然后坐到钢琴边,经常敲断琴弦。一天他弹琴的时候我女儿问:"他弹得好吗?"

"好?"我叫道,"简直不可思议!他是世界上最伟大的钢琴家!"我永远忘不了她的回答,她说:"那他知道吗?"

---

[1] 关于这句妙语还有一个版本:"只有小提琴家会觉得吧。"

### 757

**弗拉基米尔·霍洛维茨——**

"我问施纳贝尔他弹不弹肖邦和李斯特。'不,我不弹,'他回答,'但等我弹完所有莫扎特、舒伯特、贝多芬、舒曼和勃拉姆斯,也许我会弹的。'你知道我说什么吗?我说:'我恰好准备反过来。'"

## 德米特里·肖斯塔科维奇
(Dmitri SHOSTAKOVICH, 1906—1975)

肖斯塔科维奇出生于圣彼得堡,毕业作品《第一交响曲》一问世就大获成功。苏联文学将肖斯塔科维奇刻画成忠实的国家公仆,但1936年《真理报》攻击他的歌剧《姆钦斯克县的麦克白夫人》是"混乱而非音乐",于是他在1948年斯大林的大清洗中受到了批判。

### 758

**姆斯季斯拉夫·罗斯特罗波维奇回忆——**

肖斯塔科维奇比本(布里顿)内向得多,但方式不同。本饱受私人情感的折磨,但肖斯塔科维奇为他的整个国家、那些被处决的同事以及成千上万饥饿的人民而受折磨。(1958年)在列宁格勒他的乡间宅第中,我第一次为他演奏了大提琴协奏曲,然后他陪我到火车站赶去莫斯科的夜班车。在候车大厅里,许多人睡在地板上。我看着他的脸,那种巨大的痛苦之情令我热泪盈眶。我哭了,不是因为看到穷苦的人民,而是因为肖斯塔科维奇脸上的表情。

这就是布里顿和肖斯塔科维奇的不同,就好比柴科夫斯基和穆索尔斯基的音乐:一种是自我中心,另一种是来自人民的深刻体验。

· *759* ·

**肖斯塔科维奇回忆录——**

苏联的许多报纸都大幅报道了我的土耳其之行,他们提供优厚的条件让我进行客座演出。其中一次去阿尔汉格尔斯克,我和大提琴家维科特·库巴茨基(Viktor Kubatsky)同行,他演奏了我的大提琴奏鸣曲。在1936年1月28日,我们去火车站买《真理报》。我打开报纸,匆匆翻了一遍——看到一篇文章《混乱而非音乐》。我永远不会忘记那一天,也许这是我一生中最值得铭记的一天。

《真理报》第三版的这篇文章整个改变了我的生活。没有署名,好像是社论——也就是说,这代表了党的观点。其实它代表的是斯大林的观点,那简直就更加重要了……

这题目,《混乱而非音乐》就是斯大林式的。前一天的《真理报》发表了伟大领袖对新编历史教材的精彩评论,那里他也用到了"混乱"一词……

于是我的歌剧被叫停了。会议已经组织好了,要把"混乱"这个词敲进每个人的脑袋里去。我成了过街老鼠。这篇文章还有一句话说这一切"会有恶果",他们都在等着恶果来临……

从那一刻起,我成了"人民公敌",现在也不用解释这标签的含义,人人都记忆犹新。

不管是私下还是公开,我都被叫成人民公敌,一家报纸这样预报我的音乐会:"今天有一场人民公敌肖斯塔科维奇的音乐会。"

· *760* ·

**马克西姆·肖斯塔科维奇——**

我开始明白 1948 年苏联的问题了。早在 1936 年(那时我还没出生),我父亲就已经吃过斯大林的苦头,但在 1948 年——我现在还能清楚地记得人们朝我家窗户里扔石头。报纸上说肖斯塔科维奇是人民公敌。但是我父亲不能离开苏联。就像伟大的作家阿赫玛托娃和帕斯捷尔纳克那样,他需要和人民一起受苦受难。

· *761* ·

1948 年 2 月 10 日的决议中,党中央批判了几位领先的作曲家和他们的音乐。我[1]记得在莫洛托夫的招待会上碰到了赫连尼科夫,他开始谈论肖斯塔科维奇的《姆钦斯克县的麦克白夫人》,极为小肚鸡肠。"呃,"他说,"他给你提供了一种音乐的——呃!——床戏!"我说瓦格纳在《特里斯坦和伊索尔德》和《女武神》里也写过类似的内容,赫连尼科夫接着说:"呃,是呀,真可怕,不过肖斯塔科维奇更自然主义,也就更加可怕!"

· *762* ·

1948 年 2 月,党中央通过了批判作曲家决议的第二天,我[2]拜访了肖斯塔科维奇。他很紧张,紧张得都快发病了。他为我的到来不停地表示感谢,我和他待了几个小时,他喝了一瓶红酒,

---

[1] 叙述者是亚历山大·沃思(Alexander Werth),一位英国驻外记者;季洪·赫连尼科夫(Tikhon Khrennikov, 1913—2007),1948 年起任苏联作曲家协会秘书长,他不遗余力地充当着党批判作曲家的工具;维亚切斯拉夫·莫洛托夫(Vyacheslav M.Molotov, 1890—1986),1939—1956 年任苏联外交部长,他是斯克里亚宾的表亲。

[2] 指挥鲁道夫·巴夏(Rudolf Barshai, 1924—2010)。

抽了许多烟。他没谈到决议，只是说："我们必须保持沉默，要耐心。"

· 763 ·

**姆斯季斯拉夫·罗斯特罗波维奇——**

有时候肖斯塔科维奇根本就没法说话。他只想要一个他喜欢的人来，一句话也不说，坐在同一间屋子里就够了。在我们搬进一座公寓楼之前（莫斯科的作曲家之家），他住得很远。有时他会给我电话说："快来，快点。"

等我到了他家时，他会说："坐下，现在我们可以安静了。"我会坐上半个小时，一句话也不说。只是坐着，再轻松不过了。然后肖斯塔科维奇会站起来说："谢谢你。再见。"

这样和他一起坐着，很特别。当我离开时，好像经历了某种净化一般。放松就是一种变得纯粹的过程。后来，当有人开始说话时，我会觉得烦躁；如果他们问问题，我就会说："这很明显呀，别犯傻了！"

· 764 ·

**肖斯塔科维奇回忆录——**

自然，斯大林不关心西方怎么想，尤其是西方知识阶层怎么想。他通常会说："放心，他们会忍的。"但是西方一直存在，所以他必须做点什么。他们开始了和平运动，他们需要人。于是斯大林想到了我。这完全是他的风格。斯大林喜欢先让一个人和死亡面对面，然后让他自唱自跳。

我接到命令要做好去美国的准备。我必须参加在纽约举办的为了世界和平的科学与文化代表大会：一份有价值的事业。很明显和平比战争要好，所以为和平而斗争是一种崇高的努力。但我拒绝了，去参加那样的展示不啻是一种侮辱。我是形式主义者，代表着音乐中反国家的倾向。我的音乐被禁止了，现在他们却要我去告诉别人一切都好。

不，我说，我不去。我病了，我不能飞，我晕机。莫洛托夫找我谈话，但我还是拒绝了。

然后斯大林给我打电话。领袖导师用他那找碴儿的口气问我为什么不想去美国。我回答说不行。我的同志们的音乐无法演出，我的也不行。他们在美国会问到的，我该怎么说呢？

斯大林作惊奇状："你什么意思？不能演出吗？为什么不演呢？"

我告诉他审查委员们通过了一项决议，还有一份黑名单。斯大林说："谁下的命令？"我自然回答："肯定是某位领导同志。"

接下来的部分真有意思。斯大林宣布："我们没有下过那样的命令。"他总是用高贵的复数指代自己……

他开始高声宣布说他觉得审查委员们的反应太过了，行动错误……

这是另一回事，也是一种真正的让步。我想也许去美国是个好主意，如果能让普罗科菲耶夫、谢巴林、米亚斯科夫斯基、哈恰图良、波波夫和肖斯塔科维奇的音乐重见天日的话。

就在那时，斯大林不再讨论命令的问题，而是说："我们会处理这问题的，肖斯塔科维奇同志。你现在身体怎么样？"

于是我告诉斯大林我的真实情况："我病了。"

斯大林很吃惊，开始仔细考虑这种始料未及的新情况。"为什么生病了呢？什么病？我们会派一位医生来，他会检查您的病情。"诸如此类。

最终我同意了，去了一趟美国。那次旅行很辛苦。我必须回答愚蠢的问题，同时避免说得太多。就此他们也大做文章。而我所能想的就是：我还能活多久？

当我用钢琴演奏《第五交响曲》中的谐谑曲时，三万人挤在麦迪逊广场花园倾听。我想，这是，这是我最后一次为这么多观众演奏了。

· 765 ·

**姆斯季斯拉夫·罗斯特罗波维奇——**

1958年8月2日，他交给我第一大提琴协奏曲的手稿。6日，我凭记忆为他演奏了三次。第一次他很兴奋，当然我们喝了一点伏特加。第二次我拉得没那么完美，之后喝了更多的伏特加。第三次我想我拉了圣-桑的协奏曲，但他仍旧为他自己的协奏曲伴奏。那天我们快活极了。

· 766 ·

肖斯塔科维奇的音乐是人类第一次进入外太空时选择的音乐。1961年4月12日，第一位宇航员尤里·加加林为飞行控制中心的同事唱了一首肖斯塔科维奇的歌："我的祖国在倾听，祖国母亲知道她的爱子在太空中翱翔。"

# 赫伯特·冯·卡拉扬

(Herbert von KARAJAN, 1908—1989)

史上录音最多的指挥家之一，他指挥柏林爱乐超过三十年。

他也当过维也纳歌剧院和萨尔茨堡音乐节的总监。

· 767 ·

一次,他向一个德国记者解释为什么他喜欢柏林爱乐甚于维也纳爱乐。"如果我告诉柏林人往前走,他们会照做。如果我告诉维也纳人往前走,他们也会照做,但接着他们还要问为什么。"

## 奥利维尔·梅西安
(Olivier MESSIAEN, 1908—1992)

法国作曲家,他的音乐反映了对天主教的虔敬以及对自然的热爱。

· 768 ·

**梅西安——**

鸟儿的歌声是我的避难所。在那些黑暗的时刻,当我绝望地发现自己一无是处,世界上所有的音乐语言好像只是一种耐心的探索,而音符之后没有任何东西能够评判时——我走进森林,走进田野,走进山脉,在海边,在鸟儿们当中……只有在那儿音乐才是属于我的——自由、无名的音乐,为欢乐而唱。

我收集鸟鸣已经二十年了。我本能地去做,为了满足我个人的愉悦;然后我为自己盲目的工作而羞愧。于是我结识了鸟类学家,和他们一起去探险……

鸟儿本身就是伟大的艺术家。

## 约翰·凯奇
(John CAGE, 1912—1992)

美国先锋艺术家,1938年创造了"特调钢琴"(prepared

piano），此钢琴的琴弦之间加上了螺丝、硬币和其他东西。

· 769 ·

**约翰·凯奇写道——**

好像是1949年，我在纽约第八街的艺术家俱乐部做了一次"关于无的演讲"。这"关于无的演讲"是用我当时一部音乐作品的节奏音型写的。其中一项结构分隔就是重复，比如把一页写着"如果谁打瞌睡的话就去睡吧"的纸重复十四遍。我记得珍妮·雷纳尔（Jeanne Reynal）听到一半站起身，尖叫道："约翰，我很喜欢你，但我一分钟也待不下去了。"接着她就走了。后来在提问部分，我不管问题是什么，都用事先准备好的六个答案去回答。这就是我对禅的参悟。

# 本杰明·布里顿

*[Benjamin BRITTEN（又称奥尔德堡的布里顿勋爵），1913—1976]*

布里顿的歌剧《彼得·格赖姆斯》是珀塞尔时代之后第一部重要的英国歌剧。布里顿许多作品的灵感都来自他的终身伴侣、男高音彼得·皮尔斯，以及家乡萨福克郡的海滨。

· 770 ·

在《卢克莱修受辱记》的巡演途中，脚本作者罗纳德·邓肯发现布里顿（当时33岁）在爱丁堡的宾馆走廊里一瘸一拐地走路，好像跛子一样。"我要做的是，"布里顿解释道，"沿着走廊走过去再走回来，而不碰地毯上任何一条红线。"邓肯问他想证明什么。"如果我能不碰这条线走来走去，"布里顿说，"这就证明我是个作曲家。"

### 作曲家迈克尔·蒂皮特爵士回忆——

· 771 ·

我和本第一次见面是在战时,当时我们都是坚定的反战主义者。下面是当时的一则逸事。艺术家为皇家监狱中的牢友举行免费音乐会是当时的惯例,布里顿和皮尔斯在我进监狱[1]之前就已经打算这样做了。他们在苦艾丛(西伦敦监狱,1943年7月11日)举行了一场音乐会,我当时就在那儿。就我而言,我简直羞于提到那场不老实的口角,我让狱监相信只有让我去为钢琴家翻谱,音乐会才可能进行。直到最后一刻都没说定。但最终我从牢友中站起身,走上舞台坐在了他身边,那一刻对我俩来说都很怪异。

· 772 ·

布里顿访问俄罗斯时,和肖斯塔科维奇成了朋友。
"你觉得普契尼怎么样?"一次肖斯塔科维奇问道。
"他的歌剧真难听。"布里顿说。
"不,本,你错了,"肖斯塔科维奇说,"他写了精彩的歌剧,但音乐很难听。"

· 773 ·

他的火气很吓人:看你一眼相当于其他人责骂你二十分钟。在荷兰的一次排练后,乐手们告诉我[2]布里顿情绪极坏,脾气火爆。"他对你们说什么了?"我问道。没有人记得确切的话。一个人回忆道,"他只是放下指挥棒看着我们,然后说:'先生们,帮帮忙!'"

---

[1] 因主动反战而有失身份。
[2] 彼得·迪亚芒(Peter Diamand,1913—1998),音乐经理人。

# 伦纳德·伯恩斯坦
(Leonard BERNSTEIN, 1918—1990)

通过电视、广播、录音、音乐会和书籍，伯恩斯坦成为第一位在欧洲取得成功的美国指挥。他在纽约爱乐乐团当了十一年音乐总监，最著名的作品是《西区故事》。

· 774 ·

一次，伯恩斯坦在维也纳排练歌剧时，遇到了一个怎么都教不会的歌手，最后伯恩斯坦发怒了。"我知道历史上的男高音都有愚蠢的特权，"他大吼道，"但是先生你，已经滥用了这项特权！"

· 775 ·

**1943 年 11 月 16 日，在默默无闻的伯恩斯坦接替抱恙的布鲁诺·瓦尔特完成了一次完美的音乐会直播后，《纽约时报》的社论这样写道——**

世界六大佳话有许多种变体：年轻的下士在长官倒下后指挥全排；船长在元帅阵亡后继续指挥军舰；刚从科林斯或阿什塔布拉出道的年轻女演员一夜成名；小职员孤身一人在办公室里做出了力挽狂澜拯救公司的决定。当布鲁诺·瓦尔特生病时，25 岁的纽约爱乐助理指挥伦纳德·伯恩斯坦在星期日下午登上卡内基音乐厅的指挥台，也在这佳话名单之中……

· 776 ·

**作曲家内德·罗雷姆（Ned Rorem）回忆——**

莱尼·伯恩斯坦一次说……（大约是 1946 年）："内德，你我的麻烦在于我们希望世界上每个人都爱我们,当然这是不可能的:因为你不可能和世界上所有的人见面。"

## 玛丽亚·卡拉丝
*[Maria CALLAS(原名卡洛耶罗普洛斯)1923—1977]*

无与伦比的戏剧女高音,最后一位传奇的女主角,她的《托斯卡》和《诺尔玛》已经成了神话。

· *777* ·

一位美国记者问她:"卡拉丝夫人,您生于美国,在希腊成长,现居意大利,那么您用哪种语言思考?"卡拉丝回答:"我用英语数钱。"

· *778* ·

她在听了较为沉静的对手蕾纳塔·苔巴尔迪的唱片后叫道:"多么美妙的声音啊,但是谁在乎呢?"

· *779* ·

1958年1月2日,《诺尔玛》在罗马上演,卡拉丝在第一幕结束后拒绝上台,这触怒了来参加开幕庆典的意大利总统,也激起了观众的骚动。"滚回米兰去。"他们叫道。她的丈夫迈内基尼告诉媒体她患了一种"声带炎症和支气管并发症"。但是有人看见她在首演前的几小时还在一间私人会所内庆祝新年,这令事情进一步复杂化。报纸耸人听闻地用了"丢人现眼"一词,议会中有人质问,罗马歌剧院以"维护公共秩序"为由取得了法院禁令,禁止她继续演出《诺尔玛》,同时禁止她进入剧院。卡拉丝把歌剧院告上法庭,赢回了两百七十万里拉的演出费。

# 捷尔吉·利盖蒂

（György LIGETI，1923—2006）

生于匈牙利的作曲家，创作了错综复杂的乐队和声乐作品；他将自己的风格描述为"微型复调"。

· 780 ·

**利盖蒂回忆——**

我小时候，一次梦见自己没法走到我的避风港——婴儿床，因为整个房间密密麻麻地填满了一种结实的细丝，就像蚕宝宝变成蛹之前在盒子里吐出来的网一样。我和许多其他的生物、各种各样的物体被缠在这大网之中……巨大的肮脏枕头被悬空吊着，里面腐败的填塞物从撕裂的枕套缝中掉出来。这里有一坨坨新鲜黏液，还有干涸黏液的陈迹、冰冷的食物残渣和其他令人作呕的垃圾。每当甲虫或者飞蛾挣扎时，整个网就开始晃荡……在这变幻的形式和结构中，萦绕着一种无法形容的悲伤，一种时间流逝的无望，以及对无法改变的过去的忧伤。

· 781 ·

采访者：我对 1951 年的一部作品的题目很感兴趣，也就是你的作品 69 号"军队大交响曲"（*Grand symphonie militaire*）。

利盖蒂：噢，那是个玩笑。作品编号代表的当然是一种性爱体位。

# 皮埃尔·布列兹

（Pierre BOULEZ，1925—2016）

法国作曲家、指挥家、哲学家，建立了 IRCAM（Institut de

Recherche et Co-ordination Acoustique Musique），这是巴黎一家政府投资的音乐研究中心。他致力于创造一种新的音乐语言。20世纪70年代他曾同时担任BBC交响乐团和纽约爱乐乐团的首席指挥。

### 782

1970年，布列兹在普罗旺斯的姐姐家度假，突然接到了一个电话。"是爱丽舍宫打来的，"姐姐兴奋地说，"蓬皮杜总统想和你说话。"布列兹一点也没大惊小怪，"肯定是霍华德·哈托格[1]在跟我开玩笑，记下他的号码，我会给他打回去的。"

他回了电话，结果发现自己被邀请和总统、第一夫人一起吃晚饭。布列兹后来回忆，"蓬皮杜总统直率地问我为什么不回法国"，因他在过去十年中的大部分时间住在德国。"我说：我没有法国恐惧症。但如果我回去也没有乐队让我指挥，我在伦敦和纽约机会更多。但为了IRCAM这一理想，我可以放弃任何事情。"

他继续描述自己对这个机构的设想——作曲家、科学家和工程师将并肩工作，将音乐带入下一个更高的阶段。蓬皮杜几乎无条件地同意了布列兹的这个耗资九千万法郎的梦想。

### 783

1973年的作品《卡明斯是诗人》（*Cummings ist der Dichter*）这个题目是布列兹奇思怪想的另一产物。该作品计划在德意志联邦共和国演出，音乐会组织方一直催促他为曲目起个名字，以便印在节目单上。

---

[1] Howard Hartog，布列兹的朋友，也是他在伦敦的经纪人。

"我还没想好，"布列兹用德语写道，"现在我能告诉你的就是我选择了诗人卡明斯（All I can tell you now is e.e.cummings is the poet I have chosen）。"

几天后他收到了答复："关于您的作品《卡明斯是诗人》……"

"再也没有比这无心插柳的标题更好的了。"布列兹说。

## 汉斯·维尔纳·亨策
（Hans Werner HENZE, 1926—2012）

德国作曲家，他的歌剧《我们来到河边》旨在为马克思主义服务。

· 784 ·

科文特花园委托亨策创作的歌剧《我们来到河边》首演一点儿不成功。有些演员不喜欢这音乐，有些不喜欢其政治倾向，有些不喜欢亨策的制作人角色；评论界和公众都没有多少热情……

一天晚上，男高音罗伯特·蒂尔在后台宣布应该允许观众免费进场。他停顿了一会儿，让同事对这一噩耗有所适应，然后加了一句："但他们得付了钱才能出去。"

## 姆斯季斯拉夫·罗斯特罗波维奇
（Mstislav ROSTROPOVICH, 1927—2007）

俄国大提琴家、指挥家。他因与异见作家亚历山大·索尔仁尼琴的友谊而被苏联流放。

· 785 ·

**鲍里斯·帕斯捷尔纳克的情人奥尔嘉·伊文思卡娅（Olga**

Ivinskaya）在从列宁格勒去莫斯科的火车上和一个陌生人合住一间卧铺包厢——

我打开行李，拿出一本杂志，上面有一个著名苏联作家的连载作品。

"这种垃圾您怎么能读得下去呢？"陌生旅伴问道……"我只读那些无法公开发表作品的当代作家。"

"比如？"我问道。

"嗯，比如说索尔仁尼琴。我觉得他比托尔斯泰要好。但我猜您没有读过吧？"

我们整晚都没睡，喝着香槟，谈论索尔仁尼琴和他的支持者。我们辩论甚至争吵。他说："他不会像帕斯捷尔纳克那样放弃自己的原则。"

"你知道吗？罗斯特罗波维奇只在梁赞的一场独奏会后见过索尔仁尼琴，于是就立刻邀请他来自己家同住，和他分享一切。现在罗斯特罗波维奇不仅要帮助索尔仁尼琴取得在莫斯科的居住权，还要帮助他弄一套乡间别墅。他会直接和大领导打交道，什么也阻止不了他。"

很长一段时间，他激动地谈着罗斯特罗波维奇和索尔仁尼琴之间的友谊——当时我一点儿也不知道跟我说话的正是罗斯特罗波维奇本人。

## 卡尔海因茨·施托克豪森

（Karlheinz STOCKHAUSEN，1928—2007）

德国作曲家，先锋派领袖。1951年，他在达姆施塔特与布列兹、梅西安会面后，在巴黎学习了两年。他为六声部人声和电子乐所作的《音准》（*Stimmung*）以及为童声和回声所作的《少年之歌》（*Gesang der Jünglinge*）获得了广泛关注。

· 786 ·

有人问托马斯·比彻姆爵士："您听过施托克豪森的音乐吗？""没有，"他回答，"但我可能踩过一些。"

## 译后记

我和这本书还是很有缘分的。

自从看了英国著名乐评人诺曼·莱布雷希特写的《谁杀了古典音乐》之后,我就成了他的专栏、广播节目的忠实读者和听众,后来在亚马逊网站上查到他编过一本《音乐逸事》,乃是西方大音乐家的逸事集锦,爱好八卦如我者便迫不及待买了回来。事实证明这本书名副其实,妙趣横生,那些大作曲家的令人忍俊不禁的举动使得他们不再那样高高在上,反而像是成了我们的老相识。于是我立刻给当时《万象》的编辑陆灏先生写信,告诉他我发现了一本宝贝书,并选译了"布鲁克纳的哈巴狗儿"逸事一则让他先睹为快。他翌日就嘱我就此写篇文章,于是有了《天堂才是星星待的地方》。当时我还为这样有趣的书竟然没有中译本而可惜,巧的是没多久便接到北京三联书店樊燕华女士的电话,说刚谈好版权,正在着急找译者的时候恰好看到了《万象》上的文章。剩下的便只有四个字可以形容:一拍即合。

翻译常被人看成是吃力不讨好的活儿，译文雅致与否姑且不论，译对了是本分，译错了却是一定会遭谴责的。而幽默，当属两种不同语言文化之中最难翻译的部分。英国人的幽默不同于美国人，亦不同于德国人，西方的幽默又不同于中国，而每个人的幽默方式也有不同。我不得不遗憾地说，本书中存在不少依托英语语言的幽默，实在超出了翻译可及的范围。比如第50则逸事里的两位先生，一位是剧作家John Gay，一位是剧院经理John Rich，两人名字都叫John，而他们的姓氏Gay和Rich在英文中分别表示快乐和富有。Gay写了一部歌剧被Rich看中赚了大钱，于是该歌剧"made Rich gay and Gay rich"，巧妙地利用了二人姓氏的双关，译成中文就像掺了水的牛奶，淡而无味。

　　时至今日，《音乐逸事》中文版问世已经整整十年，受到了许多读者的喜爱。因为此书是我的第一本译作，错漏相当多；又因读者厚爱，总觉芒刺在背。此番终于借重版的机会逐字逐句修订旧译，纠正了许多新手易犯的幼稚可笑的错误，也改善了之前翻译腔较重的字句，希望能为读者提供一个更准确流畅的译本。

　　十年中莱布雷希特先生来中国三次，我去伦敦拜访数次，对他和他的家庭的了解也与日俱增。他的人生、写作是如此丰富多彩！下面就撷取一些老莱的逸事与读者分享。

## 专栏作家诺曼

　　老莱在《旗帜晚报》写了七年专栏并兼职助理主编掌管艺术版块，把这份小报的文艺版面办得别开生面，他一上任就解雇了九个批评家，得了个"伦敦屠夫"的绰号。虽然他后来又雇用了十二位批评家，但不管多雇多少人，名声也没救回来。

2009年俄国大亨、前克格勃亚历山大·列别杰夫象征性地花1英镑收购了《旗帜晚报》64%的股权（据说是买给他爱社交的儿子的生日礼物），导致主编和首席记者都辞职明志，老莱也跟同事共进退，宣布退休。列别杰夫买下报纸后，决定不再收费，在伦敦地铁中免费发放，这虽然迅速增加了报纸的读者群，但包括老莱在内的许多英国媒体人相信优质内容必须通过付费获得。

老莱是英国报业生态的典型产物。在美国，一个大城市一般只有一份大报，所以大报肩上承担的责任就特别沉重，万一文艺批评不得体或者不准确，就会对艺术机构造成伤害。那些大报的评论人总是很四平八稳，很少有出格言论。伦敦则不同，这个城市有许多大报和小报，有日报、周报、双周刊、月刊，每份刊物都有自己的立场和声音，它们对同一场演出的评价可能完全不同，无原则吹捧和公报私仇的评论会互相抵消影响，读者自会选择判断，艺术机构和艺术家也不会因为一两篇负面评论就伤了自尊。

《旗帜晚报》是著名的小报，已有近两百年的历史，现任主编是英国前财政大臣乔治·奥斯本。手里有小报的一大好处，就是可以无底线地攻击政敌，窃听、诽谤、挖黑历史、人身攻击都是小报惯用的手法，奥斯本治下的《旗帜晚报》成了炒他鱿鱼的首相特蕾莎·梅的噩梦——他说不将梅"碎尸万段塞进冰箱"绝不罢休。比起大报的正襟危坐，小报风格十分活泼伶俐，用的都是老百姓喜闻乐见的表达。微博大号"英国那些事儿"基本上搬运的都是英国小报的内容，比如《每日邮报》《太阳报》《旗帜晚报》

上各种煽情、狗血、猎奇的故事。英国退欧公投成功，少不了《太阳报》的摇旗呐喊。小报稿酬亦较大报丰厚，能邀请到好作者供稿。

老莱经常说：我是个作家，古典音乐正好是我选择的写作对象而已。他在涉足艺术之前，学习的是《塔木德》经义辩论，这段人生经历与思考他后来写进了小说处女作《名字之歌》中，拿了惠特布莱德文学奖。

老莱很敬仰的乐评前辈是《纽约时报》的首席乐评人哈罗德·勋伯格。我在翻译勋伯格的《伟大指挥家》期间曾经问过老莱一个很傻的问题，犯了很多无知年轻人容易犯的时代错误。我问他："《伟大指挥家》里有些段子跟你的《音乐逸事》一样，是不是勋伯格借鉴了你的书？"完全没有意识到勋伯格的书早在老莱之前。老莱没有立即指出我的愚蠢错误，而是很狡黠地眨眨眼说："这么说吧，我们在一个池子里游泳。"

## 犹太人诺曼

有一年我去伦敦，老莱说："周五来我家吃晚饭吧。"我并没有多想，也没怎么收拾打扮，穿着便装就去了。进门之后，便立刻感受到了underdress的尴尬。客厅里还有两三对犹太夫妇，都穿着非常正式，好像在歌剧院里一样。后来我才搞明白，周五的安息日晚餐是犹太人每周最隆重的一餐，从周五日落到周六日落是安息日，在安息日是不能工作的，严格遵守教义的犹太人不能生火、不能开关电器、不能出行、不能写字——上帝也要休息的日子，人类自然要遵嘱。

晚餐前先是唱安息日歌，一般是男主人领唱，宾客跟随，老莱天生好嗓音，又精通音律，自然带头吟唱。我不懂希伯来语，无法得知圣歌的内容，它们听上去没有太多旋律，有些像中国古诗文的吟诵，靠吟诵者的抑扬顿挫和一定的节奏把握来传达效果，有绵绵不绝循环往复之感。唱完圣歌，主人举杯，邀请客人共饮葡萄酒。

接下来进入一个奇特的环节，大家突然不再说话，打手势示意去隔壁房间；我一头雾水地跟着大家依样画瓢，走到水池前，在左右手掌分别倒了三次水，完成了洗手仪式。回到餐桌上，主人将面包分好，蘸上盐表示祝福，大家这才可以说话。原来这是安息日专用的"哈拉面包"，来自犹太人在摩西带领下出埃及的典故。

安息日晚餐极为丰盛，客人们还为我解释了符合犹太教义的食物要求：只有带裂蹄并能咀嚼反刍食物的动物，即家禽和牛、羊之类可以食用，猪肉、兔肉和野味等绝对禁食；水产品中只有带鳍和鳞的鱼类可食用，贝类和黄鳝之类不能吃；肉类和奶制品也不能同餐进食，这两类食物只能分别食用，而且必须间隔 6 小时以上。老莱夫妇尤其爱吃冰激凌，所以当日晚餐以鱼为主菜，没有肉类。老莱的客人都是住得很近的朋友邻居，他们都是律师和医生，这是犹太人最爱从事及尊敬的两项职业。老莱几次来中国，因为往往不能确定吃的是什么，就只吃素。他和太太爱尔碧对素菜荤做的功德林、枣子树等餐馆赞不绝口，恨不能顿顿都去大快朵颐。每次吃完，夫妻俩就会念叨：要是伦敦能有这样的中式素菜馆多好啊！

虽然我不信教,但也能够体会到宗教为何对犹太人如此重要。两千多年的离散,在不停融入非犹太社会的过程中,如果丢失了信仰,便很难保持身份认同。宋代在河南开封生活的犹太人,由于未能坚持宗教信仰,融入汉族社会几百年后几乎完全被汉化了,渐渐地不再说希伯来语,与中国女子通婚后,便再也无法在中国的父系社会中保持犹太教的母系传承。英国的犹太人很多是"二战"期间来避难的德国犹太后裔,还有19世纪来自西班牙、葡萄牙的一支,他们聚居在伦敦西北区的梅达谷,老莱也把家安在那里。老莱有三个女儿,近年来添了许多外孙外孙女,每到节假日家里就成了热闹的幼儿园。他平日的工作区是一个极为低矮逼仄的顶层阁楼间,堆满了唱片和他收藏的各种音乐会古董节目册、明信片等等,阁楼能给他与世隔绝的片刻清静。

## 不锦上添花,只雪中送炭

老莱的博客 Slipped Disc 是全球古典音乐社群的新闻港口,月点击量百万次以上,因为他大名在外,完全不用自己去挖新闻,每天会有各种匿名的实名的消息自动送上门来。他每天早上会花两三个小时处理各种信件,从各种新闻线索里选出值得采用的内容编辑发布。全球各大音乐机构人事变动尽在他掌握之中,音乐家结婚、生子、离异、生病、去世也不会错过,谁取消了音乐会、谁顶替救场,自然逃不过他的法眼。如果你常年关注老莱,就会发现他很少追捧那些占据最多资源的权势人物,他痛骂卡拉扬是独裁的老怪物,指责捷杰耶夫与普京交好,微讽西蒙·拉特尔带不动柏林爱乐,对几大歌剧院的老板、几大豪门经纪公司的掌门从没有好话。

相反,他一直致力于帮助年轻音乐家、低收入的乐团乐手,你看他不吝溢美之词的往往都是新秀、唱片业里的小众厂牌、票友歌剧节那些平时没人帮衬、缺乏关注的边缘群体。不锦上添花,只雪中送炭,大概可以概括老莱的评价框架。

Slipped Disc 里有两块内容很受关注,一块是跟踪报道各大航空公司对乐手随身携带的乐器的野蛮处理,因不符合登机行李尺寸规格而被碰碎、压扁的乐器比比皆是,航空公司的无知粗暴简直令人触目惊心,让人深深同情乐手出门巡演的不易和艰辛。另一块报道是各大音乐学校的性丑闻,音乐教师利用地位引诱或胁迫学生的事情老莱绝对是零容忍,全部指名道姓上照片,将衣冠禽兽晒到网上,以免继续祸害他人。因为英国文化对此类事件有大事化小、小事化了的倾向,校方通常躲在律师团身后不愿出头承担责任,性侵案件真的上了法庭又很难举证,性侵者往往逍遥法外,而受害者则在法庭交叉盘问中受尽屈辱心力交瘁,更有年轻人不堪忍受选择结束自己的生命。在法律无法完美解决此类棘手问题之时,老莱坚持不懈地曝光性侵者,的确是极有勇气的义举。

### 争议人物诺大嘴

哪怕跟老莱亲近的好友,有时候也不得不承认他写得太快,难免会有调查不周、小错不断的问题,有时他为了达到效果,也会刻意采用夸张的说法来博眼球。爱看热闹的爱乐者叫他"诺大嘴"。

拿索斯唱片的老板克劳斯·海曼把为老莱出书的出版社告上法庭，大概是最有名的例子。老莱在写唱片业兴衰的书《大师、杰作与疯狂》中，用了几页篇幅攻击克劳斯·海曼，大意说他压榨年轻音乐家录制廉价唱片，赚的钱在新西兰买豪宅。海曼十分愤怒，将企鹅出版社告上法院，说我买房子的钱是别的生意赚的，在唱片业我可是好人。企鹅出版社不得不召回已售图书，致歉并捐款给慈善机构，老莱在美国版问世时也主动要求修订相关部分的文字。我读硕士时曾一度在日本著名的古典经纪公司梶本音乐兼职，与海曼先生有过接触，他虽然有私人秘书，可是所有的工作电邮都亲自回复，非常务实敬业。

除了事实错误的硬伤之外，也有很多口水仗出于私人恩怨。比如2015年俄罗斯钢琴家索科洛夫被授予意大利的克雷莫纳音乐奖，但他拒绝领奖，还在网站上发表了公开信，说因为2014年莱布雷希特也得过该奖，他不屑与此人出现在同一名单上。好事者猜测，大概是索科洛夫的妻子去世时，老莱先在博客上说老索的妻子其实是他姑母，在有人指出错误后又改口说是他堂兄弟的寡妇（这点大概不错），引得老索非常不悦。其实除了这事，恐怕积怨早已埋下，老莱曾多次提过索科洛夫是被高估的钢琴家，还说他指力虚弱。被老莱批评过的人，好像很少有宽宏大量的。

老索的公开信发表后，老莱在博客上回应：钢琴家尽有权利选择他的同伴。没有人能被所有人喜爱。

推特上有一个账号叫假诺曼·莱布雷希特，多年如一日专黑老莱，在他的博文里挑刺，日子久了倒也成了一种行为艺术。真老莱有一万八千多"粉丝"，假老莱也有八千多"粉丝"呢。不过这个账号不知为何停更了，会计好事者有点失望吧。

在老莱眼里，争议肯定是好事。他的《大师神话》出版时，《泰晤士报文学增刊》发表了歌剧评论人迈克尔·坦纳的酷评："这可能是我读过的最恶心的书。"老莱在上海书展的对谈活动上还拿这事当例子："那天是我女儿小学毕业典礼，大家都兴致勃勃的，没想到看到这样一篇文章，真是当头一棒。写书评的人是一个德国研究专家，这位德国专家一定读过尼采的《查拉图斯特拉如是说》和希特勒的《我的奋斗》，他竟然还说我这本书是最糟糕的。后来出版商把这段话放在平装本封底，这本书就卖了二十五万册，到现在还畅销不止，可能和这篇评论也有关系。"他还说过："你宁可收到一篇说你不好的但是写得很好的评论，也不愿意收到一篇讲你好的，但是写得中不溜、很温和的评论。"

盛韵<br>2018 年 1 月